本书是湖北省法学会省级重点课题自选项目"中国反垄断制度改进的路径选择与实践展开"(SFXH15301)的最终研究成果。

本书受湖北经济学院社科类新进博士科研启动项目"反垄断法一般问题研究"和湖北经济学院PI团队项目"营商环境优化的经济法律保障研究"共同资助出版

国家限制竞争的法律规制

段宏磊 著

知识产权出版社
全国百佳图书出版单位
——北京——

图书在版编目（CIP）数据

国家限制竞争的法律规制 / 段宏磊著 . —北京：知识产权出版社，2021.6
ISBN 978-7-5130-7537-4

Ⅰ.①国… Ⅱ.①段… Ⅲ.①反不正当竞争—经济法—研究—中国 Ⅳ.①D922.294.4

中国版本图书馆 CIP 数据核字（2021）第 095393 号

责任编辑：刘 睿 邓 莹　　　　　责任校对：王 岩
封面设计：张国仓　　　　　　　　　责任印制：孙婷婷

国家限制竞争的法律规制
段宏磊　著

出版发行：知识产权出版社 有限责任公司	网　　址：http://www.ipph.cn
社　　址：北京市海淀区气象路 50 号院	邮　　编：100081
责编电话：010-82000860 转 8346	责编邮箱：dengying@cnipr.com
发行电话：010-82000860 转 8101/8102	发行传真：010-82000893/82005070/82000270
印　　刷：北京九州迅驰传媒文化有限公司	经　　销：各大网上书店、新华书店及相关专业书店
开　　本：720mm×1000mm　1/16	印　　张：16.75
版　　次：2021 年 6 月第 1 版	印　　次：2021 年 6 月第 1 次印刷
字　　数：260 千字	定　　价：78.00 元

ISBN 978-7-5130-7537-4

出版权专有　侵权必究
如有印装质量问题，本社负责调换。

序　言

得知段宏磊的博士学位论文《国家限制竞争的法律规制》即将正式出版，甚是欣喜。段宏磊于2013年9月至2016年7月在中南财经政法大学法学院攻读经济法学博士学位，我是他的博士生导师。就读期间，段宏磊致力于竞争法研究，并主攻一类特殊的反竞争行为——国家限制竞争。他认为，对处于经济转轨期、政府职能转变尚未完成的中国来说，防范公权力实施的限制竞争行为的重要性远高于对垄断协议、滥用市场支配地位等经营者限制竞争行为的规制。

2015年年初，段宏磊开始进行博士论文的正式写作，几乎与此同时，我承担了湖北省法学会省级重点课题自选项目"中国反垄断制度改进的路径选择与实践展开"（SFXH15301）的研究任务，段宏磊作为课题第一参与人全程深度参与研究，贡献了重要的智慧劳动成果。在研究过程中，我愈发强烈地认识到，与欧盟、美国等国家和地区建立在成熟市场经济体制上的反垄断法律制度相比，中国《反垄断法》的制定和实施更具有自身的特殊国情和时代特色。尚不成熟的市场体制、地位特殊的政府以及社会公众长期形成的对公权力的独特情感，都使中国反垄断法律制度的实施路径极具特殊性。我国《反垄断法》的改进，除了应当对经营者实施的各类限制竞争行为实现有效威慑之外，更应当正视和回应中国的本土问题，将政府落实经济干预职能过程中可能存在的扰乱市场机制、排除和限制竞争行为纳入规制范围。我的这一想法与段宏磊长期关注的国家限制竞争法律规制问题不谋而合。

于是，在我的鼓励和指导下，段宏磊对论文进行了结构性的修改和重塑。早先，段宏磊的研究视野更加具体和微观，他将国家限制竞争视为一类与"行政性垄断"相类似的独立垄断行为，并在此基础上探讨其概念、性质和法律规制问题。但在我的指导下，段宏磊最终选择了一种难度和挑战更强的写作方式——将国家限制竞争界定为中国反垄断制度实施绕之不去的体制性问题，以该行为的产生、表现和危害为立论基础，从整体意义上分析中国《反垄断法》制定和实施所面临的本土问题。

终于，在经历近两年的辛苦调研与写作后，段宏磊的毕业论文通过答辩，并且是 2016 年中南财经政法大学法学院经济法学博士研究生中唯一一篇集体全优通过的博士论文；与此同时，作为我主持的湖北省法学会省级重点课题最核心的研究成果参与结题，本课题也是当年结项的湖北省法学会省级重点课题自选项目中唯一一项获评优秀的项目。通过本研究，段宏磊展现出了自己的学术深度、人文关怀和对中国本土问题的深刻见解，为师深感欣慰。

博士毕业后，段宏磊正式进入教研岗位，成为一位青年学者，在后续的3 年以来，段宏磊在其博士学位论文的基础上，根据我国的新形势、新变化、新问题，不断地进行完善和修正，终于在今年，全书在真正达到段宏磊自认合格的水平时，方选择付梓。这种对学术长期保持的专注、严肃和持之以恒的态度，值得所有青年教师学习。

在本书中，段宏磊对国家限制竞争这一特殊行为的法律性质、现实表现、立法现状、比较研究和改进方案进行深入研究，对学界尚未有定论的一系列问题进行了具有说服力的阐释。比如，国家限制竞争与行政性垄断之间的关系，国家限制竞争与政府管制之间的关系，国家限制竞争行为如何影响中国《反垄断法》实施的体制性基础，中国的国家限制竞争法律规制结构应当如何改进，等等。相信本书会成为我国国家限制竞争法律规制问题的代表性学术成果之一，并为我国反垄断法律制度的整体修正和完善问题提供一定启迪。

最后，祝段宏磊工作顺利，家庭幸福，学术事业蒸蒸日上！

刘大洪

2020 年 9 月 1 日

前　　言

一、研究背景及意义

"国家限制竞争"是与经营者从事的限制竞争行为相对应的概念，意指以国家公权力机关为主体实施的限制竞争行为，它目前仍未构成我国学术研究中的通用话语体系。我国学界广为接受的类似概念是"行政垄断"，与国家限制竞争相比，行政垄断一词为我国所特有，以其所对应的英文名词"administrative monopoly"作为关键词在英文学术数据库中进行查找，大部分文献都是西方学者用来分析中国《反垄断法》问题的，或中国学者以英文写作向国外介绍中国《反垄断法》的论文。在中国，国家限制竞争与经营者限制竞争这两大概念经常被分别冠以"行政垄断"和"经济垄断"的称呼。但实际上，国家限制竞争与行政垄断二词在概念范畴上存在一定差距，后者概念外延过窄，无法周延地概括一切国家公权力主体实施的限制竞争行为。

我国对行政垄断的讨论始于20世纪80年代末，以《反垄断法》的出台为界限，这一富有中国特色话语体系的规制实践可以分成两个阶段：在《反垄断法》出台前，对行政垄断的讨论首先发端于学界文献中的自主运用，后来逐渐形成一股思潮，即主张在《反垄断法》中增加对反行政垄断的规定，与之相对，另有一部分学者对此建议予以坚决反对，认为《反垄断法》不适宜作出针对行政垄断的规定。最终，2008年8月1日开始实施的《反垄断法》采纳了前者的建议，以第五章专章的形式规定了行政垄断，但立法并未采用"行政垄断"的说法，而是使用了概念更为明确的"滥用行政权力排除、限制竞争"一词。因此，目前中国版本的国家限制竞争法律规制实践，基本局限于对滥用行政权力排除、限制竞争问题的规制上。尽管在立法过程中曾对这一规范体系赋予极大厚望,但现实执法和司法情况表明,对行政垄断的治理并不如其他限制竞争案件的查处一样,迅速进入如火如荼的时期,反而备受冷落,不论是执法还是诉讼,现实中的案件均屈指可数。在立法出台前被学界公认行政垄断的危害远大于经济垄断的我国,无论是从执法还是诉讼层面,行政垄断的治理却遭受如此严重的冷遇,不得不说是一大讽刺。

从2014年年底开始,我国的反行政垄断局面有所突破。在2014年12月1日的"竞争合规和行政性垄断国际研讨会"上,国家发改委价格监督检查与反垄断局局长许昆林曾表示2015年该局的首要任务是破除行政垄断。❶ 在那之后,从国家发改委陆续披露的对一系列行政垄断案件的查处状况来看,反行政垄断执法的频率确有提高之势。❷ 进入2016年之后,我国的反行政垄断工作开始在顶层制度设计层面取得重大突破:2016年6月14日,国务院发布《国务院关于在市场体系建设中建立公平竞争审查制度的意见》(国发〔2016〕34号),并在2017年由国家发改委、财政部、商务部、国家工商行政管理总局、国务院法制办共同出台《公平竞争审查制度实施细则(暂行)》(发改价监〔2017〕1849号)。公平竞争审查制度在反行政垄断方面被寄予厚望,它有利于"防止政府过度和不当干预市场,有利于保障资源配置依据市场规则、市场价格、市场竞争实现效益最大化和效率最优化"。❸

反垄断执法的新动态与公平竞争审查制度的建立究竟能否在反行政垄断

---

❶ 陈静:"发改委反垄断局局长:2015年将主攻行政垄断",载http://news.sohu.com/20141201/n406563286.shtml,最后访问日期:2020年1月1日。

❷ 仅在2015年,国家发改委即对山东省交通运输厅、云南省通讯管理局、蚌埠市卫生计生委等发起了反行政垄断审查。涉及的相关新闻报道与执法信息可参见:1. 邢婷:"国家发改委再向行政性垄断说'不'",载《中国青年报》2015年4月1日第4版。2. 发改委价格监督检查与反垄断局:"云南省通信管理局违反《反垄断法》滥用行政权力排除限制竞争被依法纠正",载http://jjs.ndrc.gov.cn/gzdt/201506/t20150602_694801.html,最后访问日期:2020年1月1日。3.《国家发展改革委办公厅关于建议纠正蚌埠市卫生计生委滥用行政权力排除限制竞争有关行为的函》(发改办价监〔2015〕2175号),载http://jjs.ndrc.gov.cn/fjgld/201508/t20150826_748682.html,最后访问日期:2020年1月1日。

❸ 《国务院关于在市场体系建设中建立公平竞争审查制度的意见》(国发〔2016〕34号)。

方面取得实际性突破,仍然需要较长一段时期的观察。但这起码表明,我国目前正处于一个反国家限制竞争的严峻的困境攻克期,在这一关键性的节点,如何从理论研究和实践两个方面探索挖掘反国家限制竞争的要义,显得弥足重要,而这正是本书选题的根由。

与过往对行政垄断相关问题的研究相比,本研究首先旨在实现话语体系的转换,即以"国家限制竞争"一词替代"行政垄断"的表达,原因在于后者存在概念范畴的狭隘性,无法真正全面系统地指代一切国家公权力主体实施的限制竞争行为。且这种中国与国际研究语境的不同,直接导致学术比较研究中的阻隔——至今中国学界仍大范围存在"欧美国家不反行政垄断"的误解,而这实际上是国外研究语境中的"国家限制竞争"与行政垄断概念不对接造成的。因此,本研究在将话语体系回归国家限制竞争一词的同时,旨在重新从国外立法经验中探寻最为全面深入的国家限制竞争规制经验,这既包括与我国《反垄断法》对行政垄断条款的规定十分类似的俄罗斯、乌克兰等发展中国家的规制范式,也包括在反国家限制竞争方面经验更为全面深入,但在我国研究中仍缺乏系统关注的西方发达国家规制范式。在这种全面系统的比较研究前提下,本研究希望能实现对多种国际规制范式的统筹,形成一种"采众家之长"的国家限制竞争规制范式,并以此为指导思想为未来我国国家限制竞争法律规制的制度设计提供指导。

近年来,我国已经进入新一轮深化改革的重要阶段,而国家限制竞争毫无疑问是一个长久困扰我国经济和社会发展的重要要素,如果在这一深化改革阶段能实现这一问题的根治,则功莫大焉。本书在这一重要的历史时期所开启的研究,是一次基于对国家限制竞争的话语体系和研究视角均有所更新的研究规划,希望能革新既有的研究成果,在未来为相关的制度变革提供必要的智识参考。

二、本书基本思路与逻辑结构

本书的写作遵循了一个从理论到制度、从国外到国内、从问题到解决的思路,除前言和结语之外,本书主要包含五章,其基本逻辑结构如下。

第一章为"核心概念界定"。本章旨在完成两项任务:其一,对本研究

3

最重要的三个关键词——国家限制竞争、管制和行政垄断——进行基本的概念界定，奠定本书的语境基础。其二，对三个概念之间的关系进行深入探讨，一方面，揭示出国家限制竞争与国家对市场的管制行为之间的关系，进而为以下从规范政府管制行为的角度规制国家限制竞争的分析逻辑奠定理论基础；另一方面，分析国家限制竞争与行政垄断概念外延之间的差别，从而论述研究语境从行政垄断转变为国家限制竞争的必要性。

第二章为"国家限制竞争的预防式规制机制：发达国家范式"。本章聚焦于西方发达国家规制国家限制竞争的若干有效经验的研究。首先以20世纪70年代在欧美国家开始并扩散至大多数发达资本主义国家的放松管制运动为研究焦点，系统地对这一经济体制改革运动的过程、特征和经验进行分析。在此基础上，探讨放松管制运动对西方国家国家限制竞争规制范式的影响：伴随着放松管制运动的开展，西方国家逐渐形成一种主要在政府管制的决策和实施阶段进行约束的规制形式，这种结构有利于在管制真正异化为国家限制竞争之前即予以有效规制，是一种预防式规制机制。在这一规制基础上，反垄断法对国家限制竞争的事后执法或司法仅发挥补充性的作用。

第三章为"国家限制竞争的补救式规制机制：发展中国家范式"。在介绍完发达国家经验后，再介绍与我国目前的立法模式更为类似的发展中国家的规制范式。与西方发达国家主要把规制机制着力于管制的决策与实施阶段相比，发展中国家更倾向于在反垄断法中对国家限制竞争进行专门立法，进而为反垄断执法和司法奠定法律依据。与西方国家的模式相比，这种补救式规制机制由于在立法层面建立起了更全面系统的对国家限制竞争的规定，因此立法的宣示效果更好。但由于国家限制竞争产生的管制体制基础并无法单纯通过立法予以真正限制，这些国家存在立法难以落实、执法和司法效果有限的尴尬。

在第二章、第三章分别对发达国家经验和发展中国家经验进行统一分析的基础上，本书第四章为"国家限制竞争的平衡式规制机制：中国的改进方向"。即开始探寻一种将两种规制范式予以有效结合的规制机制，它将综合发挥预防式规制机制和补救式规制机制的作用，从而建立起一个对政府管制的行为过程进行综合监控和限制的规制体系，能有效对国家限制竞争行为进行预防、限制和查处，笔者认为，这一平衡式规制机制应当成为未来中国的制度改进方向。其基本结构体现为如下四个规制制度共同运作和无缝对接的过程：基于自我控制机制的管制一般影响评估；基于外部约束机制的管制竞争专门评估与倡导；基于公共执行机制的反国家限制竞争执法；基于私人执行机制的反国家限制竞争诉讼。

第五章"平衡式规制机制的配套制度改革设计"，探讨我国在平衡式规制机制的制度指引下，如何对相关配套制度进行改革，进而促进该机制真正全面发挥作用，这主要体现为"一个时机，两个基础"。"一个时机"是指要在中国从事一场与西方国家相类似的放松管制运动，清理管制异化为国家限制竞争行为的体制性基础，为平衡式规制机制功能的发挥奠定社会基础性要素。"两个基础"是指通过立法修正和机构改革的形式，为平衡式规制机制的实施奠定法律文本基础和机构建制基础。

通过全书的分析，笔者寄望勾勒出一个在中国切实可行的针对国家限制竞争规制问题的改革范式，它既具备翔实可靠的理论基础，又具备现实的可操作性，有助于现实中国家限制竞争问题的解决，从而能为我国市场经济的发展和竞争机制的培养提供一个可资借鉴的重要建议。

三、国内外文献综述

对国家限制竞争进行研究的话语体系并不统一，国外研究文献中有的将其称为"政府反竞争的行为"（Government Anti-Competitive Conduct）、"反竞争的政府干预"（Anti-Competitive Government Intervention）、"反竞争的公共限制"（Anti-Competitive Public Restraints）❶或"政府实施的限制竞争"（Government-Facilitated Restraints on Competition）。❷ 与对经营者限制竞争行

---

❶ D. Daniel Sokol. Limiting Anti-Competitive Government Interventions that Benefit Special Interests, George Mason Law Reviews, 2009 (1). 在该文献中，作者于标题中使用的是"反竞争的政府干预"（Anti-Competitive Government Intervention）的概念，但在正文中则主要使用"反竞争的公共限制"（Anti-Competitive Public Restraints）一词。

❷ Michal S. Gal, Inbal Faibish. Six Principles for Limiting Government-Facilitated Restraints on Competition, 44 (1) Common Market Law Review 69 (2007).

为具有悠久的研究传统相比,国家限制竞争是晚近反垄断研究的新兴关注内容。国外学者认为,自20世纪50年代以来,伴随着市场经济体系在更多国家和地区的陆续确立,以及欧盟、世界贸易组织在减少各国公共政策中限制竞争内容的努力,应当在未来形成将政府实施的限制竞争行为亦纳入反垄断法规制羽翼之下的观念。❶ 还有学者注意到国家限制竞争可能产生的对全球经济的负面作用,并进而呼吁对这一问题予以重视。❷ 另有一些学者关注了国家限制竞争的产生根源,认为是政府干预市场的管制行为超越其社会正当性的体现,与私人限制竞争通常可以通过竞争法的实施予以打击相比,管制规划却通常是合法的,如果以相应程序予以采纳和实施,将会对社会产生潜在限制竞争损害,这一问题亟待解决。❸ 在这些对国家限制竞争的概念、性质、产生原因和危害的研究基础上,有学者提出对国家限制竞争进行规制的制度改进建议。如有代表性论述提出了针对国家限制竞争的六大规制准则:在管制立法阶段实施竞争倡导;对管制过程实施控制规则;限制管制豁免于反垄断审查的范围;建立对国家限制竞争司法审查的基本规则支撑;加强管制的监督过程;对管制机构和反垄断主管机构的权限予以协调。❹

在国内,国家限制竞争一词尚不构成大多数学者的研究语境,国内的反垄断法学者更倾向于使用"行政垄断"这一本土色彩极强的词汇,该词汇的早期使用可追溯至1987年的数篇经济学研究论文,❺ 随即这一概念也沿用至

---

❶ See Eleanor M. Fox, Deborah Healey. When The State Harms Competition——The Role for Competition Law. New York University Law and Economics Working Papers, Paper 336, 2013. http://lsr.nellco.org/nyu_lewp/336.

❷ See D. Daniel Sokol. Limiting Anti–Competitive Government Interventions that Benefit Special Interests, George Mason Law Reviews, 2009 (1).

❸ See Michal S. Gal, Inbal Faibish. Six Principles for Limiting Government–Facilitated Restraints on Competition, 44 (1) Common Market Law Review 69 (2007).

❹ See Michal S. Gal, Inbal Faibish. Six Principles for Limiting Government–Facilitated Restraints on Competition, 44 (1) Common Market Law Review 69 (2007).

❺ 1987年合计有6位学者在诸如《中青年经济论坛》《经济研究参考资料》《贵州财经学院学报》等经济学研究期刊上使用行政垄断的概念。参见石淑华:《行政垄断的经济分析》,社会科学文献出版社2006年版,第61-62页。

中国法学界，❶ 进而开展了如何对这一问题进行规制的讨论。在中国的《反垄断法》制定过程中，发生了对《反垄断法》是否应当对行政垄断进行规定的大讨论，这一场论争的实质和核心是行政垄断应当交由行政法还是反垄断法进行规制的问题。❷ 最后，《反垄断法》以"滥用行政权力排除、限制竞争"的形式对行政垄断进行了专章规定。

行政垄断的概念与国家限制竞争其实并不完全相同，前者将违法行为的主体完全局限于行政主体，但事实上，以公权力主体实施的限制竞争行为并不必然局限于此。在《反垄断法》出台后，陆续出现了一些论文探讨行政垄断概念的这一缺陷，如有学者通过研究俄罗斯反行政垄断的经验得出结论，认为我国客观存在着以地方人大制定地方性经济法规的形式实施的限制竞争行为，因此，不应将地方立法机关排除在违法主体之外。❸

伴随着对行政垄断概念的反思，国内开始有学者采纳与国际上研究的国家限制竞争相类似的概念。有学者陆续发表对规制"政府反竞争行为"进行研究的论文，其扩展了原来局限于行政垄断问题上的讨论，并对国外的相关研究成果进行借鉴。❹ 在此基础上，学者还尝试对"政府反竞争行为"建立起一个体系化的规制路径，认为应主要分为三个组成部分：以竞争评估为主要内容的"规制前置路径"、以竞争倡导为主要内容的"事前规制路径"和

---

❶ 早期使用行政垄断概念的代表性法学论述有 1. 魏剑："试论我国的反垄断立法"，载《中外法学》1989 年第 3 期。2. 李中圣："行政垄断的几个问题"，载《政法论丛》1990 年第 2 期。3. 王保树："企业联合与制止垄断"，载《法学研究》1990 年第 1 期。4. 梁慧星："中国反垄断立法的构想"，载《法学与实践》1991 年第 6 期。5. 方流芳："公司审批制度与行政性垄断——兼论中国公司法的走向"，载《中国法学》1992 年第 4 期。

❷ 朱崇实主编：《共和国六十年法学论争实录：经济法卷》，厦门大学出版社 2009 年版，第 296-297 页。

❸ 刘继峰："俄罗斯反垄断法规制行政垄断之借鉴"，载《环球法律评论》2010 年第 2 期。

❹ 应品广：《法治视角下的竞争政策》，法律出版社 2013 年版，第 177 页。张占江："论政府反竞争行为的反垄断法规制体系建构"，载《法律科学（西北政法大学学报）》2015 年第 4 期。张占江："政府反竞争行为的反垄断法规制路径研究——基于路径适用的逻辑展开"，载《上海财经大学学报》2014 年第 5 期。

7

以竞争执法为主要内容的"事后规制路径"。[1]

概言之，即使在国外，对国家限制竞争的研究也是反垄断法学术研究中的晚近现象，作为一个新生事物，相关著述必然远远少于对经营者限制竞争行为的相关研究。但由于国家公权力在决策和实施过程中可能产生的限制竞争现象是毋庸置疑的，其危害也具有共识。在国外，对国家限制竞争的研究呈现出发展速度较快、理论和实务界的认可程度较高的可喜现象。与之相对应，国内目前对国家限制竞争的研究成果则处于十分促狭的状态，除了有学者采纳"政府反竞争行为"这一与国家限制竞争同质的研究语境，并有所学术突破外，国内大部分学者仍然主要在行政垄断这一本土色彩浓郁的概念中对相关问题进行研究，研究的话语体系尚未实现更新，也与国际主流研究语境呈现出差别。更为重要的是，由于行政垄断概念和国家限制竞争的概念范畴并不相同，前者远小于后者，这便造成国内研究在国家限制竞争的具体表现、本质属性、规制策略等方面均呈现出一定的误解和偏差。限于学术论文的篇幅限制，单篇的学术论文也难以系统地对这些问题进行全部回应。正是这些研究现状进一步促成本书的选题，本书旨在通过一个系统性的研究开展对国家限制竞争法律规制的整体论述，为开拓本土这一领域的研究贡献力量。

四、主要研究方法及创新点

（一）主要使用的研究方法

第一，文献法。本书基于对国家限制竞争理论基础和国外规制范式的研究，均需要进行坚实的文献收集和查阅工作。其中涉及的管制理论及其放松管制实践的文献查阅工作，主要集中于欧美发达国家的学界成果；对行政垄断这一极具本土性特色的学术词汇的文献查阅，则主要集中于本土学界的研究成果。

---

[1] 张占江：" 政府反竞争行为的反垄断法规制路径研究——基于路径适用的逻辑展开"，载《上海财经大学学报》2014年第5期。

第二，经济分析法。国家限制竞争的法律规制问题具有极强的法学和经济学交叉研究色彩，因此，本书大量运用经济分析的研究进路，尤其是第二章对西方国家预防式规制机制中以成本收益分析为基本工具所建立的管制影响评估制度，以及第三章对中国国家限制竞争法律规制的实证研究，均大量借鉴了当前经济学界的分析范式或定量研究成果。

第三，比较研究法。本书意图在国家限制竞争比较研究方面考察全球10余个国家的立法状况，并按照经济发展阶段、经济体制和立法类型的不同进行一次系统的梳理和分类，从而形成可能是迄今为止中国大陆法学界对国家限制竞争比较研究最为周延的一次分析。

第四，实证研究法。对国家限制竞争法律规制问题的研究，不仅涉及其理论基础和制度构成，更会从实证层面论争其可操作性，在本书的具体分析中，一直注意选取若干典型案例对相关理论分析、制度建设进行实证层面的辅助和拓展，实现了规范分析和实证分析的有效结合。

(二) 本研究的创新点

首先，本书将管制理论、国家限制竞争和反行政垄断三个学术热点问题进行联动的理论和制度改进规划，在学界尚属首创，它既能有效地促进我国学术研究话语体系实现从"行政垄断"向"国家限制竞争"的转换，又能识别国家限制竞争的行为实质——政府管制行为的异化，从而拓展国家限制竞争法律规制范式的研究路径。中国法学界对反国家限制竞争问题的研究多年来滞留于立法层面对行政垄断的分析，尽管众多学者也认可经济体制改革相较立法改进在反行政垄断的实际效果上更为突出，但不得不承认，学者在这一经济体制改革的具体路径和范式上存在困惑，而本书从反思管制异化的角度研究国家限制竞争的规制问题，既在如今偏重于事后的补救式规制的制度基础上补足了其事前的预防性规制范式，又进一步对补救式规制制度进行改进，从而形成一个平衡式的规制范式，实际上是寻得了这一问题的突破口，有利于从根本上降低国家限制竞争发生的频率。

其次，在本书的第二章和第三章，会对国家限制竞争进行一次迄今为止可能是学界最为深入的比较研究。在此之前，中国学界对反行政垄断问题的比较研究要么局限于俄罗斯、乌克兰等与中国立法范式相类似的国家；要么仅在日本、美国等发达国家比较研究中"走马观花"，未获取其规制机制的系统考察结论。本书将在论述过程中打破这一视野限制，实现对发达国家或地区诸如美国、欧盟、德国、日本、韩国，发展中国家诸如越南、阿塞拜疆、乌兹别克斯坦，经济转轨国家诸如俄罗斯、乌克兰等十几个国家和地区反国家限制竞争的一次最为系统的比较研究。

再次，本书对国家限制竞争的研究涉及政府管制理论和实践、国外立法的比较研究以及公共行政的改革问题，除了使用法学研究范式外，主要沿用经济学尤其是管制经济学的若干理论成果，亦纳入政治科学和管理科学的若干理论和技术。因此，本书对多种社会科学理论与方法成果的综合运用性与交叉研究属性，在学界是较为罕见的。

最后，本书所设计的国家限制竞争平衡式规制机制，是在综合借鉴发达国家和发展中国家两种不同规制范式的基础上。结合中国国家限制竞争的若干规制困境所提出的一个既具有理论自洽性，又具有实践可操作性的系统化制度改进方案。它对于解决我国改革开放以来一直存在的政府不正当管制竞争现象，进一步促进发挥市场的决定性作用，进而推动经济社会的整体发展，具有不可忽视的重要作用。这在我国学界属于明显的理论和制度创新。

目　　录

第一章　核心概念界定 (1)

第一节　国家限制竞争内涵的基本界定 (1)
一、国家限制竞争的基本概念 (1)
二、国家限制竞争的行为类型 (5)
三、国家限制竞争的产生根源：政府管制权力的异化 (10)

第二节　国家限制竞争与管制 (15)
一、管制的概念界定 (15)
二、管制的正当性边界 (23)
三、国家限制竞争与管制的概念关系 (28)

第三节　国家限制竞争与行政垄断 (30)
一、行政垄断概念与立法的国内研讨 (31)
二、行政垄断概念的国外引介 (39)
三、国家限制竞争与行政垄断的概念比较 (43)

本章小结：实现从"行政垄断"到"国家限制竞争"的语境转换 (47)

第二章　国家限制竞争的预防式规制机制：发达国家范式 (49)

第一节　放松管制运动：预防式规制机制的时代背景 (49)
一、管制型政府：国家限制竞争的西方面孔 (49)
二、放松管制运动的理论依据 (52)
三、放松管制运动的基本过程 (55)
四、放松管制运动的反垄断价值:国家限制竞争规制结构的成型 (60)

第二节　管制影响评估：预防式规制机制的核心制度 (62)

一、管制影响评估的概念界定……………………………………（62）
　　　二、管制影响评估制度的基本沿革………………………………（65）
　　　三、管制影响评估的制度功能……………………………………（74）
　第三节　反垄断法调整范围的扩张：预防式规制机制的必要补充……（79）
　　　一、反垄断法适用除外范围的限缩………………………………（80）
　　　二、反垄断法规制行为范围的扩张………………………………（83）
　　本章小结：预防式规制机制的经验与启示………………………（88）

第三章　国家限制竞争的补救式规制机制：发展中国家范式…………（91）
　第一节　补救式规制机制的一般考察——基于"俄罗斯经验"的
　　　　　审视……………………………………………………………（91）
　　　一、"俄罗斯经验"下的基本立法状况……………………………（91）
　　　二、"俄罗斯经验"对中国的影响…………………………………（96）
　　　三、"俄罗斯经验"的误解与澄清…………………………………（99）
　第二节　国家限制竞争规制的中国面孔………………………………（101）
　　　一、《反垄断法》实施前的国家限制竞争规制（1978～
　　　　　2007年）………………………………………………………（101）
　　　二、《反垄断法》对国家限制竞争的规定及其规制效果（2008～
　　　　　2014年）………………………………………………………（106）
　　　三、公平竞争审查制度的导入与实施前景（2015年至今）……（120）
　　本章小结：补救式规制机制的教训与反思………………………（122）

第四章　国家限制竞争的平衡式规制机制：中国的改进方向…………（125）
　第一节　平衡式规制机制的基本内涵…………………………………（125）
　　　一、平衡式规制机制的理论基础与运作框架……………………（125）
　　　二、平衡式规制机制的实现路径与体制基础……………………（127）
　　　三、平衡式规制机制的立法回应与机构建制……………………（129）
　第二节　平衡式规制机制的功能定位…………………………………（130）
　　　一、目标性功能：消除国家限制竞争之体制性基础……………（131）
　　　二、制度性功能：全球国家限制竞争规制经验之功能互补……（133）
　　　三、理念性功能：《反垄断法》的市场规制基本法价值之
　　　　　重塑……………………………………………………………（135）

第三节　平衡式规制机制的运作机理……………………………（139）
　　　一、基于事前自我控制机制的管制一般影响评估……………（139）
　　　二、基于事前外部约束机制的管制竞争专门评估与倡导……（144）
　　　三、基于事后公共执行机制的反国家限制竞争执法…………（149）
　　　四、基于事后私人执行机制的反国家限制竞争诉讼…………（154）
　　　本章小结：建立政府管制的全程控制机制……………………（157）
第五章　平衡式规制机制的配套制度改革设计……………………（160）
　　第一节　平衡式规制机制的构建前景：中国放松管制运动的
　　　　　　开展………………………………………………………（160）
　　　一、ECOS 与 PPP 改革：中国放松管制运动的雏形…………（160）
　　　二、对 ECOS 和 PPP 改革的评价：机遇与遗憾并存 ………（167）
　　　三、中国开展放松管制运动的未来展望………………………（172）
　　第二节　平衡式规制机制的法律文本基础之奠定（一）：《反垄
　　　　　　断法》体系结构的重塑…………………………………（178）
　　　一、《反垄断法》体系结构重塑的基本内容…………………（178）
　　　二、反垄断法适用除外制度的范畴明晰………………………（181）
　　　三、《反垄断法》中政府管制正当性边界的厘定……………（188）
　　第三节　平衡式规制机制的法律文本基础之奠定（二）：公平竞争
　　　　　　审查制度的改进…………………………………………（196）
　　　一、重置公平竞争审查职权结构………………………………（196）
　　　二、健全公平竞争审查实体制度………………………………（202）
　　第四节　平衡式规制机制的机构建制基础之改革………………（208）
　　　一、当前机构建制存在的缺陷…………………………………（208）
　　　二、反垄断主管机构的品格重塑………………………………（218）
　　　三、政府管制机构的大部制重构………………………………（223）
　　　本章小结：塑造政府管制与反垄断的良性互动机制…………（230）
结　　语………………………………………………………………（232）
参考文献………………………………………………………………（235）

3

第一章　核心概念界定

第一节　国家限制竞争内涵的基本界定

一、国家限制竞争的基本概念

众所周知，限制竞争行为是反垄断法律制度的规制对象，各国反垄断立法文本中通常以若干典型限制竞争行为的规范体系为核心内容，我国《反垄断法》第二章、第三章、第四章即分别规定了"垄断协议"、"滥用市场支配地位"和"经营者集中"三类限制竞争行为。但是，限制竞争行为的实施主体并不见得一定是市场经营者，还有可能是政府，❶ 即国家公权力主体，在后者实施限制竞争行为的情形下，即称为国家限制竞争，它与经营者实施的竞争行为相对，构成限制竞争行为的二元划分体系。

国家限制竞争在国外研究文献中被称为"政府反竞争的行为"（Govern-

---

❶ 在本书的论述中，"政府"一词并非仅局限于行政主体的范围，而是一个泛化的概念，即可扩充至一切公权力主体，包括权力机关、行政机关和司法机关。这种概念界定也与经济学和管理学范畴中对"政府"一词的理解相符，而与法学的通常语境存在出入，本书之所以沿用了非法学的用法，是因为若以"立法机关、行政机关和司法机关"的形式进行论述会有失烦琐，且这种称呼也会将整体意义上的公权力代表细碎化为具体权力机构，从而丧失语境应有的宏观性旨趣。在反垄断法研究中，笔者所采用的此种语境已不乏实践者，代表性样本可参见张占江："政府反竞争行为的反垄断法规制路径研究——基于路径适用的逻辑展开"，载《上海财经大学学报》2014年第5期。其中大范围地使用了"政府干预""政府限制竞争"等词汇。因此，在本书的论述中，"政府"一词是国家这一公权力整体的指代，"政府干预"与"国家干预"两词没有本质区别。

ment Anti-Competitive Conduct)、"反竞争的政府干预"（Anti-Competitive Government Intervention)、"反竞争的公共限制"（Anti-Competitive Public Restraints)❶或"政府实施的限制竞争"（Government-Facilitated Restraints on Competition)。❷国内研究中，此概念并不普及，仅有少数学者对此进行过探讨，他们主要使用了"政府反竞争行为"的称呼。❸本书使用的是"国家限制竞争"，之所以与学界已经沿用的称呼不同，主要是基于如下两方面的考虑。首先，"政府"一词并不是严谨的法学学术用语，且极容易产生与"行政主体"相等同的误解，进而导致对政府反竞争行为和行政垄断两个概念主体（后者的行为主体仅限于行政主体）区分的乏力。而"国家"一词用于指代国家公权力实施限制竞争行为时的主体，则在国内学界早有沿用，如经济法学界探讨公权力对经济的干预时，一般均以"国家"一词称呼其主体；如经济法基础理论中著名的"国家协调论""需要国家干预说"，等。其次，"反竞争"一词也并不属于国内的固有学术词汇，单从字面意思来看，它有可能既包括限制竞争行为，又包括不正当竞争行为，这便错误地扩展了本概念的外延。因此本书使用的是国内反垄断法研究中更常用的"限制竞争"一词。

对国家限制竞争的研究一直处于反垄断法律制度研究中的"冷门"，这是因为，以市场经营者为主体实施的限制竞争行为一直被视为反垄断法的最主要调整范围。而以政府或其他国家公权力主体实施的限制竞争行为，则因为其主体难以纳入"经营者"的范畴，在很多国家的反垄断法律制度设计中被排除在反垄断法调整范围之外；与之相对应的，则是一些国家通过扩张反

---

❶ D. Daniel Sokol. Limiting Anti-Competitive Government Interventions that Benefit Special Interests, George Mason Law Reviews, 2009 (1). 在该文献中，作者于标题中使用的是"反竞争的政府干预"（Anti-Competitive Government Intervention）的概念，但在正文中则主要使用"反竞争的公共限制"（Anti-Competitive Public Restraints）一词。

❷ Michal S. Gal, Inbal Faibish. Six Principles for Limiting Government-Facilitated Restraints on Competition, 44 (1) Common Market Law Review 69 (2007).

❸ 参见应品广：《法治视角下的竞争政策》，法律出版社2013年版，第177页。或张占江："论政府反竞争行为的反垄断法规制体系建构"，载《法律科学（西北政法大学学报）》2015年第4期。

垄断法调整范围或对国家限制竞争进行专门规定的形式，打破了反垄断法只调整经营者行为的桎梏，尽管如此，即使在这些国家，反垄断法主要调整市场竞争中的限制竞争行为的观点也极为普遍。在我国，由于具有长久的高度集中的计划经济传统，即便在改革开放以后，国家对一些经济领域的不正当管制也一直存在，长期难以根治。所以，《反垄断法》不应只调整市场竞争行为，而应一定程度上将国家限制竞争行为纳入调整范围的观点，更容易得到认可和接受。但是，直至目前，国家限制竞争一词也尚未构成我国反垄断立法和学术研究所普遍关注的问题。因为我国对类似行为的研究，是通过"行政垄断"这一更加充满本土色彩的学术词汇进行的。在我国，以经营者为主体实施的国家限制竞争行为和以国家公权力主体实施的行为，经常被分别冠以"经济垄断"和"行政垄断"的称呼，这一思维范式也直接影响了我国的反垄断立法，《反垄断法》第五章即通过规定"滥用行政权力排除、限制竞争"的形式对我国的反行政垄断立法问题进行了回应。

但是，国家限制竞争与行政垄断其实在概念范畴上存在较大差别，尽管二者都被用来描述以公权力为主体实施的限制竞争行为，但行政垄断在立法上仅将主体限定为行政主体，即"行政机关和法律、法规授权的具有管理公共事务职能的组织"。实际上，任何国家公权力主体均有可能实施国家限制竞争行为，除了行政机关外，还有可能是立法机关。因此，从概念基本范畴的角度来看，国家限制竞争比行政垄断的外延更为广袤。

从国际反垄断法的发展趋势来看，反垄断法应当主要应对经营者实施的限制竞争行为的观念已经开始日趋遭受挑战，这是因为：其一，从历史回溯来看，反国家限制竞争的立法史其实并不促狭，只不过后来被规制经营者限制竞争行为的经验和制度所掩盖了。早在《美国谢尔曼法》出台以前，美国各州宪法即存在诸多反垄断条款，其针对对象主要不是经营者，而是政府特权培育下的垄断问题。[1] 之所以后来正式的反垄断立法愈发主要关注经营者行为，是因为西方国家后续的政治体制改革、行政法治建设逐步改进，国家

---

[1] 参见[美]查理斯·R.吉斯特著，傅浩等译：《美国垄断史——帝国的缔造者和他们的敌人》，经济科学出版社2004年版，第3页。

限制竞争行为发生的概率不断降低。其二，从当代实践来看，如今越来越多的国家和地区认识到以公权力为主体实施的限制竞争行为对市场机制的损害可能更大，俄罗斯、乌克兰、中国等经济转轨国家甚至直接对国家限制竞争行为进行明确规定。因此，反垄断法在规制经营者限制竞争之外，也应对治理国家限制竞争发挥其应有的作用，这种观念开始得到普遍认可。

国外学者认为，将政府实施的行为亦纳入反垄断法规制羽翼之下的观念，是20世纪50年代以来数次重要的历史事件反复推动的结果，这些事件既包括重要的国际政治变动，又包括直接的反垄断立法实践，还包括学术研究中对国家限制竞争的关注等，按照时间顺序，主要可以概括为五大典型事件：[1] 其一，1957年的欧盟前身欧洲经济共同体，依据罗马协议要求建立一个基于6个欧盟成员国的单一市场体系，这要求成员国在内部的欧洲市场内减少对贸易和竞争的限制行为。其二，20世纪80年代以来，在关税与贸易总协定以及随后的世界贸易组织的支持下，要求成员方之间对控制国家限制竞争的努力进行协作。其三，1989年柏林墙的倒塌和随后的苏东剧变使更多的国家开始采用市场经济体制，竞争法开始成为这些国家发挥作用的法律制度，体制性的国家限制竞争行为在这些国家也开始解体。其四，21世纪以来，发达国家的一系列文献开始聚焦于国家限制竞争行为对市场经济产生的危害后果，反垄断法应当规制国家限制竞争行为的观念开始发挥影响。其五，一系列新型反垄断立法开始切实实践反垄断法调整范围的扩张，尤其是中国、俄罗斯等，在其反垄断立法中均存在对国家限制竞争的相关规定。

综上所述，将国家限制竞争行为纳入反垄断法调整范围的做法，越来越多地成为先进国家法域的共同做法。[2] 在近几年的研究中，学界也日渐注意到国家限制竞争所可能产生的对全球经济的负面作用，有代表性论述认为它

---

[1] See Eleanor M. Fox, Deborah Healey. When The State Harms Competition——The Role for Competition Law. New York University Law and Economics Working Papers, Paper 336, 2013. http：//lsr.nellco.org/nyu_lewp/336.

[2] 参见张占江："政府反竞争行为的反垄断法规制路径研究——基于路径适用的逻辑展开"，载《上海财经大学学报》2014年第5期。

对全球市场竞争的扰乱性作用尚未得到足够的研究重视。❶ 对国家限制竞争进行规制的相关制度设计经验其实远不是目前我国对"滥用行政权力排除、限制竞争"的规定所能涵盖的。因此，无论是从研究话语体系与国际接轨的角度，抑或是促进相关法律制度革新的角度，都应当实现本土研究从"行政垄断"到"国家限制竞争"语境的转换。

二、国家限制竞争的行为类型

（一）公权力限制竞争的基本行为样态

一般认为，立法机关、行政机关和司法机关构成国家公权力的三大代表性主体，❷ 这三类主体均有可能实施对市场竞争具有限制效果的行为。但是，这并不意味着国家限制竞争这一概念的主体范畴能涵盖所有的国家公权力机关。国家限制竞争这一概念的使用是与经营者实施的限制竞争行为相对应的，即指在反垄断法层面具有规制必要性的一类行为，而在国家公权力实施的所有行为中，有一些即便产生了限制竞争的效果，也并不必然纳入规制范畴，或即便纳入规制范畴，其规制方法是受到限制的。这表明，一个在竞争法层面具有规制必要性的国家限制竞争概念，其外延必须有所取舍。

具体来说，对于公权力实施的限制竞争行为，依照其是否有必要规制以及如何规制的分类标准，实践中表现为以下三种情形。

第一，某些公权力主体实施的限制竞争没有规制的必要性，这表现为公权力主体基于其他公共经济职能所实施的刻意"纵容"垄断的行为。对国家公权力主体来说，反垄断只是其各种公共经济职能的目的之一，而并不是全

---

❶ See D. Daniel Sokol. Limiting Anti-Competitive Government Interventions that Benefit Special Interests, George Mason Law Reviews, 2009（1）.

❷ 在中国的政治语境中，一般称为权力机关、司法机关和行政机关，权力机关实际上就是中国的立法机关，但其除了享有立法权之外，还享有西方国家政治制度中不具有的一些职权，如对司法机关和行政机关享有自上而下的统一监督权。且在中国的政制建构中，三类机关也并非处于彼此分工制约的关系，而是赋予权力机关最高职权，其有权统一监督行政机关和司法机关。为了论述简便的考虑，本书原则上统一以"立法机关"进行称呼，只是在具体到中国问题时，部分替换为"权力机关"一词。

部目的。在有些情况下，国家会针对某些行业、某些领域具有在促进自由竞争之外的其他公共利益考虑，而刻意地"纵容"甚至鼓励垄断，从而便利产业政策、国家利益等非反垄断因素更普遍性的发挥作用。在反垄断法律制度中，此类国家刻意通过法律或政策排斥反垄断的做法，经常被转化为反垄断法适用除外制度，在被除外的相应行业或领域中，这种正当性的限制竞争行为，就没有规制的必要性。比如，我国《反垄断法》第56条所规定的农业适用除外，实际上便是基于农业在公共利益和国家安全的特殊性考虑，以及农民在农产品交易中的弱势地位，刻意地在本领域容忍一定程度的限制竞争行为。❶

第二，某些公权力主体实施的限制竞争没有规制的可能性，这集中体现在司法机关实施的限制竞争行为。与行政机关和立法机关相比，司法机关的行为通常并不直接牵涉经济政策问题，因此通常不会发生限制竞争的效果。但仍不排除司法机关在司法裁判或执行过程中实施了具有限制竞争效果的行为，但即便如此，这些行为也更适合在诉讼法体系内通过上诉、抗诉等诉讼程序予以解决，而不具有反垄断法规制的可能性。如果赋予反垄断主管机构对司法机关的国家限制竞争行为进行审查的权力，则会创制出行政机关审核司法机关的奇葩情形，这显然会扰乱三种权力分立的基本政制原理。基于此种考虑，国家限制竞争行为不应将司法机关纳入主体范围。

第三，某些公权力主体实施的限制竞争具有规制的必要性和可能性，但在规制方式上却是受到限制的，这表现为国家行为和中央立法行为。对一项不当行为的规制并不必然局限于执法和诉讼两种形式，尽管二者均属于法律实施的最常见形式，但不论是由行政执法机构主持的公共执法，还是诉诸法院的民事、行政或刑事诉讼，它们都主要是一种在违法行为已然实施或产生危害后果情况下的"事后的"规制形式。有些情况下，基于行为的特殊性，并无法开启执法或诉讼等事后规制形式，而仍然可以通过制度构建的方式在行为产生危害结果前即予以"事前的"控制。比如某些法律含有不正当的规

---

❶ 参见段宏磊："农产品流通竞争环境的现状审视与反垄断法规制改进"，载《法学论坛》2019年第2期。

定，在我国目前并不存在司法性质的违宪审查制度的情况下，基于司法层面对全国人大立法进行审查是不可能的，但依然可以通过健全立法程序、促进科学立法等事前约束的方式防止不当立法的产生，这本身也是一种法律实施的有效方式，与执法和诉讼等事后的"补救式"规制机制相比，这种事前的规制机制可称为"预防式"规制。具体到国家限制竞争问题来看，即使某些行为不具有事后的执法或诉讼的可能性，但仍有必要以事前规制的形式施加预防机制，这主要表现为国家行为和中央立法行为两类，以下分述之。

国家行为又称主权行为，它具有行使国家主权的性质。尽管可以从程序层面对其行为进行事前的限制和规范，但事后性质的诉讼却显然受到排斥。涉外的国家行为通常意味着行使主权的行为，如外交、国防等；对内的国家行为则通常是立法机关或行政机关在宪法和法律授权之下，行使的全局性、重大型事务，如宏观经济调控行为。❶ 之所以将国家行为排除在诉讼范围之外，并不是因为国家行为一定不会产生限制竞争的效果，而是因为国家行为在社会契约上通常意味着全体公民对国家机器最为刚性的意思委托，不在司法审查的范围之内，在法理上通常被认为不具有可审查性。❷ 我国《行政诉讼法》也明确规定，对于国防、外交等国家行为，人民法院不受理公民、法人或其他组织提起的诉讼。❸ 事实上，与行政机关滥用行政权力具体实施的行政行为相比，这类行为本身产生限制竞争的可能性较小，即使存在，这类行为也不具有以反垄断执法或诉讼的形式进行规制的可能性。但这并不表明

---

❶ 对宏观调控行为属于国家行为的分析可参见邢会强："宏观调控行为的不可诉性探析"，载《法商研究》2002年第5期。

❷ 国家行为具有限制竞争效果的一个典型例子是反倾销规则的制定。"倾销有可能损害进口国相似产业，但却肯定有利于下游产业或消费者。进口国采取反倾销措施，大多数情况下是没有合理依据的。进口国反倾销法把保护本国相似产业作为反倾销的标准，实际上也是意识到，如果以维护竞争为标准，许多倾销是不应受到谴责或惩罚的。"王中美：《以反垄断替代反倾销的法律研究》，法律出版社2008年版，第118页。近年来，越来越多的学者认为反倾销措施实际上对反垄断法的域内和域外适用进行了割裂，使得涉外竞争规则遵循了不同于反垄断法的制度，从而对该制度产生质疑。但尽管如此，恰如笔者在文中阐述的理由，仍然不适合在诉讼层面对具有国家行为的此项规则进行规制，而只能回归法律修正程序。

❸ 参见《行政诉讼法》第13条第（1）项。

它们完全无法进行规制，比如可以在国家行为的决策和实施阶段，基于维护竞争秩序的考虑，以程序控制的形式减少国家行为产生不合理的限制竞争的效果。比如，某项主权投资基金的运营将产生限制竞争的效果，则在该项行为的决策和实施过程中施加控制机制，以消除其危害竞争的后果，与执法和司法这些事后的补救式规制机制相比，这种规制方案具有事前的预防式规制的性质，也是一种国家限制竞争的有效规制形式。

另外一个在规制方式上受到限制的行为是中央立法行为。❶ 与行政主体相比，立法机关的行为由于通常并不直接涉入经济社会生活本身，其实施国家限制竞争的概率稍低，但它完全有可能以立法的形式制定具有国家限制竞争效果的法律规范，其限制竞争的效果可能更为广袤和深远。即使是中央级别的统一立法，也并不必然不出现这种对市场竞争的不合理限制情形，有些时候，由于法律制定时的短视而产生了意料之外的限制竞争效果，这无法完全避免；或在法律制定后，由于时过境迁，初始为了推行公共利益的立法却因为现实情形的改变而变得具有限制竞争的倾向。比如我国的盐业体制改革问题，最初对专营专卖体制的维护显然是为了维护公众用盐中的公共利益，而如今却显然具有明显的限制竞争效果，进而呼吁对其进行体制改革。但是，与国家行为相类似，此类行为也具有规制范式上的受限制性，在以全国人民代表大会为主体制定的法律中，即便存在国家限制竞争的现象，但由于这一立法的规范依据为与我国《反垄断法》具有同等效力位阶的正式法律，它不具有以执法或诉讼的形式进行事后查处的可能性。此时，对立法过程的控制和完善就显得尤为必要，这就是一种事前的规制机制。

值得注意的是，与中央层面的立法机关在立法中实施的国家限制竞争通常不具有可查处性相比，在单一制的我国，地方立法机关虽然不具有自治主权，但确实有通过制定地方性法规的形式所享有的部分自治权，这当中如果具有国家限制竞争的相关条款，则应当受到重视。尤其是在我国，伴随着改革开放对地区经济治理权力的下放，地方政府逐渐产生了一种区际经济竞争

---

❶ 在传统法学研究中，对具有法律关系性质的"行为"的研究通常不包含立法行为，本书对国家限制竞争行为的研究未受此限制，即将抽象的立法也视为一种行为。

冲动，于是开始以地方性法规的形式推动"地方保护主义"的产生，进而限制外地经营者在本地经营，或施加不合理的经营条件。对于此类行为，目前我国的《反垄断法》并未规定规制措施，而仍主要是在《立法法》所规定的范围内进行调整，即通过"上位法优于下位法"的形式，对此类行为施加非法性评价。换言之，目前我国对此类立法中存在的国家限制竞争，遵循了与中央立法相类似的预防式规制路径，即主要回归立法、修法过程，而拒绝通过反垄断执法或诉讼的形式予以规制，很显然，这种处理方式颇为被动和低效，如果能在反垄断法律制度层面赋予反垄断主管机构对地方性立法的主动执法权，则更能积极有效地防止类似行为。

（二）国家限制竞争行为类型的基本界定

通过对公权力限制竞争行为样态的基本分析表明，尽管从现实角度来看，行政机关、立法机关和司法机关都有可能实施具有限制竞争效果的行为，但基于将国家限制竞争定位为反垄断法所调整的一类限制竞争行为的角度，则必须考虑这些行为当中有哪些并不具有可规制性，进而将其排除在国家限制竞争的概念范畴之外。通过上文的分析可以得出的结论是：其一，对于行政主体实施的限制竞争，原则上都应纳入反垄断法审查范畴。国家限制竞争极有可能因为行政主体滥用行政权力或超越行政权力而产生限制竞争的效果，这类行为显然有必要纳入反垄断法的审查之中，构成反垄断执法或诉讼的典型关注对象，我国《反垄断法》对行政垄断的规定即主要体现为此类行为。除此之外，中央行政主体的某些国家行为也有可能限制竞争，它也应当纳入国家限制竞争的范围，只不过，对这类行为的审查只能通过程序控制等预防式规制机制进行，而不能诉诸事后的执法或诉讼。其二，对于立法机关实施的限制竞争，原则上也应当纳入规制范畴，但在规制手段上则受到限制。一方面，由全国人大实施的中央层面的立法与反垄断法具有同等效力，它们不具有事后的可审查性，只能以优化立法程序和评估过程的形式予以事前规制，而不能施加执法或诉讼；另一方面，对于由地方人大实施的地方性立法，我国《反垄断法》目前将其排除在规制范围，但基于我国单一制的政治体制和防止地方保护主义的考虑，未来有必要将其纳入反垄断执法或诉讼的审查范畴。其三，对于司法机关实施的限制竞争，出于三种公权力分立制衡的基本原理，无权由反垄断主管机关进行审查，而应当主要由司法机关在其诉讼程序体系内解决。

因此，反垄断法上所关注的国家限制竞争行为，其实施主体仅包括立法主体和行政主体两类，不含司法主体，以此为标准，可以将国家限制竞争行为分为立法主体实施的国家限制竞争和行政主体实施的国家限制竞争两类。而若按照规制手段的差异，国家限制竞争行为则可分为如下三类：第一类为通过违法行政行为实施的国家限制竞争，对其应实施"事前+事后"的健全规制手段。该行为与我国《反垄断法》目前所界定的"滥用行政权力排除、限制竞争"行为高度重合，对于此类行为，应当设置最为严苛和全面的法律规制机制，既包含执法、诉讼等传统意义上的事后的规制手段，又包含健全行政程序、建立科学的预评估制度等事前阶段的审查。第二类为通过地方立法行为实施的国家限制竞争，该类行为目前仅表现为事前规制，未来则应当建立起"事前+事后"的健全规制手段。该行为主体属于地方权力机关，在目前的《反垄断法》框架下，未纳入行政垄断的规制范畴，仅可通过《立法法》规定的备案、审批等程序控制机制进行事前阶段的审查。但是，基于我国单一制的政治体制和防止地方保护主义的考虑，未来有必要也将其纳入事后的规制范畴，即也可通过反垄断执法或诉讼的形式对其予以规制。第三类为通过国家行为或中央立法行为实施的国家限制竞争，该类行为仅可实施事前规制手段。国家行为的主体是具有最高行政级别的中央行政主体，不可能设置行政执法，在诉讼层面又不具有可诉性；中央立法行为的主体是全国人大，享有与反垄断立法效力等同的最高效力，亦不可能施加执法或诉讼。对于通过这两类行为实施的国家限制竞争，仅能通过程序控制、立法评估等事前手段进行规制。

三、国家限制竞争的产生根源：政府管制权力的异化

国家限制竞争行为之所以产生，是因为在当代社会，政府本身即负有广泛的参与和干预市场竞争的权力，这即是政府管制市场竞争的权力，它的正当性依据在于市场机制具有失灵的可能。党的十八届三中全会提出了要发挥

市场在资源配置中的决定性作用,它取代了曾经的"基础性作用"一词,意味着市场地位的重塑。通常认为,在具备一系列条件的情况下,市场于资源配置中的作用将是富有效率的,这些条件通常包含市场的普遍性、收益的递减性、处于完全竞争状态和信息完全条件下的确定性,等等。但在现实中,这些条件通常总处于一定程度的匮乏状态,这便会造成市场失灵,它成为政府作为一个非市场化的外部主体干预市场经济的根本理由,这即是政府管制权力的正当性依据。❶

在很多情况下,政府的这些管制行为是推行其公共政策目标的重要方式,也会由于对市场失灵的精确治理而产生对竞争的促进作用以及更多的消费者福利。在当代社会,政府管制市场的行为是必要的,但问题在于,管制行为并不必然有利于市场竞争,它在有些情况下反而会产生反效果,出现"管制失灵",使其超出了市场失灵的必要范围而产生不必要的社会成本。"管制有时会超越其社会正当性,进而产生对竞争的不正当限制作用。与私人限制竞争通常可以通过竞争法的实施予以打击相比,管制规划却通常是合法的,如果以相应程序予以采纳和实施,将会产生对社会的潜在限制竞争损害,这一问题亟待解决。"❷ 这种脱离市场失灵范畴、产生限制竞争效果的不正当管制便是国家限制竞争。换言之,国家限制竞争内生于管制的异化,如果能控制住管制的异化路径,国家限制竞争便能在很大程度上得到制约。

管制异化导致国家限制竞争的这一演化路径多种多样,但最被反复探讨的莫过于公共选择理论❸下的寻租行为。"公共选择释明,管制有时是一种基于利益集团实施的寻租行为。在此影响下,法律和管制会倾向于使精心组

---

❶ 参见余晖:《管制与自律》,浙江大学出版社 2008 年版,第 35 页。

❷ Michal S. Gal, Inbal Faibish. Six Principles for Limiting Government‐Facilitated Restraints on Competition, 44 (1) Common Market Law Review 69 (2007).

❸ 本书对公共选择理论的介绍综合参考了如下文献资料:1. 文学国主编:《政府规制:理论、政策与案例》,中国社会科学出版社 2012 年版,第 87~89 页。2. [美]霍温坎普著,许光耀,江山,王晨译:《联邦反托拉斯政策:竞争法律及其实践(第三版)》,法律出版社 2009 年版,第 784~786 页。3. [美]詹姆斯·M. 布坎南著,朱泱,毕洪海,李广乾译:《宪法秩序的经济学与伦理学》,商务印书馆 2008 年版,第 72~89 页。下文再提及相关理论的介绍时,不再重复注释。

织的小的利益群体而非社会整体受益。这些利益群体利用政府干预使其免于反垄断法。"❶ 在极端情况下，国家会由于这种寻租导致私人经济利益驱动下的败德行为，进而以治理市场失灵为幌子实施不必要的管制，在很多法域中，这种管制会产生所谓的"政府管制抗辩"（Regulated Conduct Defence）问题，即经营者基于政府管制要求所采取的行为可以免于适用反垄断法，进而产生抑制竞争的效果，❷ 国家限制竞争行为便产生了。此类声称"政府管制抗辩"的经营者若属于国有企业，管制异化的不良影响尤甚，根源在于国有企业附带有"政府控制"这一显著的共同特征，❸ 它们会使公共选择过程的成本大为降低，甚至会令管制主体带有直接的私益性倾向。因此，在国有企业实施的限制竞争行为中，反垄断主管机构很难完全摆脱政府角色在这当中的不良影响。❹ 此时，政府管制与政府投资行为相叠加，其限制竞争效果尤为严重。

即便在不存在公共选择或国有企业干扰的情况下，管制也有可能异化为国家限制竞争，因为在很多情况下，政府管制所引起的对竞争的不正当限制与政府的主观意识——故意或过失——毫无关系。❺ 有些时候，管制行为即使基于良善地克服市场失灵的正当考虑，也同样会发生限制竞争的后果。比如国家基于错误的信息判断，误认为不存在市场失灵的领域发生了失灵；甚至国家的管制行为确实是针对市场失灵而实施，但由于对市场经营信息判断的错误，使其产生了意想不到的负面效果。换言之，即便管制出于目的正当性条件下实施的行为，有时候也会因为操作不当而造成不必要的社会成本，进而异化为国家限制竞争。"当政策决定者更多地关注于干预经济的直接成

---

❶ D. Daniel Sokol. Limiting Anti-Competitive Government Interventions that Benefit Special Interests, George Mason Law Reviews, 2009 (1).

❷ See OECD. Regulated Conduct Defence, DAF/COMP (2011) 3, Overview.

❸ See OECD. State Owned Enterprises and the Principle of Competitive Neutrality, DAF/COMP (2009) 37, Executive Summary.

❹ See OECD. State Owned Enterprises and the Principle of Competitive Neutrality, DAF/COMP (2009) 37, Executive Summary.

❺ See D. Daniel Sokol. Limiting Anti-Competitive Government Interventions that Benefit Special Interests, George Mason Law Reviews, 2009 (1).

本时，（管制）对竞争的扭曲作用很容易被忽视，尤其是当这种对竞争的限制需要较长的时期方能显露时。"❶ 为了预防这一点，英国的竞争主管机构公平贸易局（Office of Fair Trading，OFT）甚至为管制部门罗列了一个速查式的表格，将各种政府管制的目的、理由、工具和可能造成的限制竞争效果进行一览式的罗列，进而起到对国家限制竞争行为的防范作用，这一表格笔者将其进行了翻译，如表 1.1 所示。❷

表 1.1　政府管制的目标、理由、工具和对竞争造成的风险

目标	干预理由	工具	对竞争造成的风险
改变消费者行为	某些消费者行为可能会对社会有负面影响，如酗酒、肥胖	教育 最低标准 信息披露 税 规章 政府定价 限制供应	限制特定商品的供应或政府定价会严重阻碍竞争，并为整体消费者提高价格。 消费者具有异质性，消费和行为的彼此不同使得供应端干预与政府定价的作用迟缓，并会影响到消费者整体
支持具体的市场、产地或产品	为充分适应经济上的和消费倾向的转变，政府可能希望发展特定市场或产品。 如果脱离干预，相应的市场和产品可能并不存在，如低碳技术	补贴 规章 指标 政策宣布	产生"挑选赢家"的风险。如果政府支持对不同的企业产生不同影响，或者通过对在位经营者施加优势产生进入壁垒，竞争会被扭曲。 政府支持会扭曲资源优化配置。经济以生产了消费者并不需要的产品告终。 私人市场更有利于资源优化配置
产业重组	为降低经济的负面干扰、长期的经济窘势或变化带来的影响而进行有序重组	规章 创造市场 供应 减免税	通过补贴支持产业可能会使低效率的企业仍然留在市场，而又未对优势企业实现充分奖励。可能会阻碍创新。影响正常的市场进入和退出，而这恰是竞争过程的关键环节。 鼓励并购会对竞争具有潜在的长期负面影响

❶ OFT. Government in markets：Why Competition Matters－a Guide for Policy Makers，2009，16.

❷ See OFT. Government in markets：Why Competition Matters－a Guide for Policy Makers，2009，17.

续表

目标	干预理由	工具	对竞争造成的风险
供应安全性	为了确保现代产业化经济的运转，有必要确保特定必要的供应链的安全性	补贴 减免税 规章	培育垄断供应者，鼓励并购以及保护在位经营者免于竞争会对消费者和其他经济领域产生严重负面影响。 此类市场会投入其他生产中。这会导致价格提高和抑制创新

上述分析表明，国家限制竞争是管制异化的产物，由此，对国家限制竞争的规制也将转换为对管制异化的防范、控制和救济问题。按照管制的实施过程，可以将政府管制分为决策阶段、执行阶段和发生效果阶段。而基于"防患于未然"的考虑，一个健全的国家限制竞争行为规制体系应当既包含对具有限制竞争效果的行为的规制，又包含对可能具有限制竞争效果的行为的规制。所谓"具有限制竞争效果"，即指管制已到了发生效果的阶段，此时已产生了不可逆的危害竞争机制的后果，而有必要以反垄断执法或诉讼的形式予以查处；所谓"可能具有限制竞争效果"，即指管制尚处于决策和执行阶段，但基于管制失灵的情形，未来有可能异化为具有限制竞争效果的行为。在我国目前对行政垄断问题的讨论中，多数文献的讨论囿于从反垄断执法或诉讼的形式对国家限制竞争问题的查处。换言之，这些研究偏重的是对已然产生危害后果的违法行为的事后补救式规制。一个更为理想的规制机制则应当在管制的决策和实施环节即发挥作用，进而为管制异化为国家限制竞争设置一道事前的预防式规制机制，OECD 在竞争政策圆桌论坛中即已认识到这一机制的必要性，进而认为有必要"在政府管制措施制定和实施阶段"即要进行若干有助于"缓解管制与竞争法潜在冲突的制度安排"。❶ 这些制度安排不仅是对行政主体的公共行政行为施加控制机制，有些情况下，它们还会直接反馈到立法机关的立法阶段，毕竟有些政府管制的政策依据是直接建立在全国统一立法层面的。从我国学界目前的研究倾向来看，这种从管制

---

❶ See OECD. Regulated Conduct Defence, DAF/COMP (2011) 3, Executive Summary.

过程的初始阶段即施加控制的制度设计逻辑，目前仍未构成我国反国家限制竞争研究学者的主要关注视野。从国际上对国家限制竞争的规制方式来看，不同国家的做法也大相径庭，有些国家与 OECD 的竞争政策主张颇为详尽，即比较偏重于在管制的决策和实施阶段进行预防式规制，如欧美等发达国家；有些国家则与我国相类似，更偏重于在管制产生危害竞争后果时进行以反垄断执法和司法为主要特征的补救式规制，如俄罗斯、乌克兰、越南等国。

综上所述，一个理想的针对国家限制竞争的法律规制体系不应当仅致力于对已然产生危害后果的国家限制竞争进行事后补救式规制，而应当致力于管制实施的全过程，在决策和实施阶段即对其异化进行有效的防控。这种针对国家限制竞争的全程跟进式的规制逻辑贯穿笔者全书的分析，成为一个系统地解决我国国家限制竞争问题的指导思想。

第二节　国家限制竞争与管制

一、管制的概念界定

（一）文献综述

无论是国家基于维护公共利益、弥补市场失灵的目的对市场经济的正当限制，还是不正当的国家限制竞争，本质上都是一种国家干预经济的行为。在学术研究中，这类国家干预行为经常被冠以"管制"一词。与其他学术名词不同，对管制进行概念内涵的精准界定是一项辛苦的工作，原因有二：其一，这一概念的适用具有严重的泛化倾向。它并不是一个绝对的政治学、法学、管理学或经济学词汇，而是构成了各领域社会科学所共同探讨的话题，不同研究领域的学者在不同层面上对管制的概念内涵予以理解和使用，由此产生的文献资料蔚为大观。从该词语的使用历史来看，作为经济政策层面的管制始于 19 世纪中叶，而系统的管制理论直到 20 世纪六七十年代才成型，通常以美国经济学家卡恩 1970 年出版的《管制经济学》（*The Economics of*

Regulation）为标志，随后则从经济学扩展至政治学、法学、管理学等领域，管制学说由此成为一个重要的跨学科研究领域和平台。❶ 其二，这一概念的使用也表现出语境极不统一的现状。除了管制一词以外，中国学者使用的类似词汇还包括"监管""管理""规制"，甚至在一些不严谨的非学术著作中使用的"治理""管控"等词也具有与管制相类似的内涵。但从语源来看，这些词汇均源于英文中的 regulation，只不过翻译使用的语境有所不同。❷

基于上述考虑，本书统一使用"管制"一词指代 regulation。在本书的不同语境中，除了"管制"一词外，还会使用"规制"一词，但后者在本书中只是作为一般语义进行使用，有运用法律制度进行执行、规范和调整的含义，并不直接表达 regulation 的学术性内涵，如本书标题"国家限制竞争的法律规制"，其中的"规制"只是作为法学研究中的常用语境进行使用，与 regulation 的规范化含义无直接关系。

整体来看，对管制的研究通常脱离不了"市场失灵下的国家干预"这一范式，即认为国家为了克服市场失灵，以管制的形式对市场经济进行干预。比如，有学者认为管制是由行政机构制定并执行的直接干预市场配置机制或间接改变企业和消费者的供需决策的一般规则或特殊行为，❸ 正是由于管制的这一内涵和功能，对市场失灵的治理显然构成了评价相应管制效果的重要标准。❹

---

❶ 参见文学国主编：《政府规制：理论、政策与案例》，中国社会科学出版社 2012 年版，序言。

❷ 将 regulation 译为"管制"的代表性译著可参见［美］丹尼尔·F.史普博著，余晖、何帆、钱家骏、周维富译：《管制与市场》，格致出版社、上海三联书店、上海人民出版社 2008 年版。或［美］W.基普·维斯库斯，小约瑟夫·E.哈林顿，约翰·M.弗农著，陈甬军、覃福晓等译：《反垄断与管制经济学（第四版）》，中国人民大学出版社 2010 年版。将 regulation 译为"监管"的代表性译著可参见［美］理查德·吉尔伯特：《产业监管的范式及其政治经济学》，见《比较》第 13 辑，中信出版社 2004 年版。而"规制"一词则是在日本学者翻译 regulation 的基础上直接转译的结果，参见［日］植草益著，朱绍文译：《微观规制经济学》，中国发展出版社 1992 年版，后记。

❸ 参见［美］丹尼尔·F.史普博著，余晖、何帆、钱家骏、周维富译：《管制与市场》，格致出版社、上海三联书店、上海人民出版社 2008 年版，第 45 页。

❹ 参见［美］丹尼尔·F.史普博著，余晖、何帆、钱家骏、周维富译：《管制与市场》，格致出版社、上海三联书店、上海人民出版社 2008 年版，第 10~11 页。

再如，有学者认为，我们的世界并非存在于一个如教科书所构建的完全竞争式的市场，而是处处存在市场失灵，此时就需要以政府管制的形式予以处理。❶ 管制学者安东尼·奥格斯（Anthony I. Ogus）则将现代工业化社会划分为市场体系（market system）与社群体系（collectivist system）两个部分，并认为维持前者正常运作的主要支撑工具是私法，而在后者的领域当中，则发生了市场失灵，为了满足集体和公众利益，必须诉诸管制。❷ 国内学者对管制的研究遵循了类似的范式，如认为管制是政府针对微观经济层面上的部分市场失灵而制定的公共政策和行政法律制度，它是行政机构通过法律授权的形式，制定并执行的直接干预市场配置机制或间接改变企业和消费者供需决策的一般规则或特殊行为。❸ 更有学者一针见血地指出，在市场力量无法达到的地方，或者市场失灵可能会对整个社会的福利造成损害的情况下，政府的管制之手就显现了。❹

综上所述，管制的目的在于治理市场失灵，管制的性质为一种国家干预方式，这可以视为当前管制研究的最基本共识。来自经济学、管理学、法学的不同学者即使对管制内涵和外延存在分歧，也几乎均未脱离前述基本结论所奠基的语境基础，但通常会对管制究竟治理何种类型的市场失灵，管制究竟表现为何种形式的国家干预存在分歧，这种分歧的普遍性十分广袤，以至于在国内目前的研究成果中，有学者索性放弃追求统一的管制定义，而是根据管制概念的前述分歧，从多个不同的概念外延层面对管制进行概念界定。如有代表性论述将管制分为三种概念层面，最广义的管制涵盖任何非市场的资源配置形式；较广义的管制指政府对微观经济进行干预的一系列活动；最核心意义上的狭义管制则仅指以替代竞争为目的的经济性管制和以维护系

---

❶ 参见［美］W. 基普·维斯库斯，小约瑟夫·E. 哈林顿，约翰·M. 弗农著，陈甬军，覃福晓等译：《反垄断与管制经济学（第四版）》，中国人民大学出版社2010年版，第2~3页。

❷ See Anthony I. Ogus. Regulation: Legal Form and Economic Theory, Oxford: Hart Publishing, 2004: 1-3.

❸ 参见余晖：《管制与自律》，浙江大学出版社2008年版，第43页。

❹ 参见文学国主编：《政府规制：理论、政策与案例》，中国社会科学出版社2012年版，第19页。

安全为目的的社会性管制。❶ 类似的范式在国外学者研究中也存在，如倾向于以广义和狭义两个层面理解管制，前者涵盖国家干预经济的所有宏观和微观职能，后者则仅指国家对微观主体的控制或干预。❷

（二）管制概念的三个层次

鉴于管制概念的复杂性，笔者亦采纳了在不同外延层面对管制进行理解的进路，即将管制分为广义、中义和狭义三个层面分别进行概念界定。

广义的管制概念，即"管制=国家干预"，任何国家对经济的干预形式均被视为一种管制，此时管制与市场共同构成了资源配置的非此即彼的两种形式，"非市场即管制"。❸ 在经济学界或法学界，均对这种广义的管制进行了类型化，且这种类型化的基本成果是高度类似的。在管制经济学的经典理论中，认为市场失灵的存在印证了国家干预的必要性，由此衍生出三种不同功能范畴的干预手段：宏观调控、微观监管和微观管理。❹ 而在法学界，尤其是以国家干预经济为研究核心的经济法学界，亦存在十分类似的观点，即根据国家干预经济形式的不同，将经济法的体系分为宏观引导调控法、市场规制法和国家投资经营法，❺ 三个部分所对应的宏观调控行为、市场规制行为和国家投资经营行为与经济学中的宏观调控、微观监管和微观管理在内涵上几乎是一一对应的。在另外一些文献中，也是采用了十分类似的逻辑对国家干预经济进行了"三分法"，只不过采用的语境有所不同，如有学者分别称之宏观调控（macro-economic control）、市场规制（regulation）、公共投资

---

❶ 参见张江莉：《反垄断制度与政府管制》，北京师范大学出版社2011年版，第4~8页。较为类似的另一个研究成果可参见段宏磊：《国家干预经济的类型化谱系与治理行政垄断的再思考》，见刘大洪主编《经济发展中的法治与效益研究（2014）》，湖北人民出版社2015年版。

❷ 参见张红凤：《西方规制经济学的变迁》，经济科学出版社2005年版，第3页。

❸ 参见张江莉：《反垄断制度与政府管制》，北京师范大学出版社2011年版，第7页。

❹ 参见余晖：《管制与自律》，浙江大学出版社2008年版，第41~46页。

❺ 参见漆多俊：《经济法基础理论（第四版）》，法律出版社2008年版，第20~21页，第166~170页。

和管理（public investment and management）。❶ 再如，有些论著以国家干预经济行为类型的不同对经济法上的权力进行划分，进而总结出三种国家干预权力即宏观调控权、市场规制权和政府参与权，其各自的内涵和逻辑也是十分相似的。❷ 本书基于叙述简要的考虑，将这三种广义的国家管制经济的行为分别简称为调控、管制和投资，此时的"管制"一词即为中义的管制。换言之，广义与中义的管制概念之间的区别可用等式表述为："管制（广义）=调控+管制（中义）+投资"。

调控、管制与投资三种行为存在根本性的区别。调控是以政府借助市场手段影响宏观经济变量的形式，间接对市场经营主体产生影响，比如货币政策的收紧或放宽、税率的提高或降低，等等。它并不直接影响主体的权利和义务，而是通过后者趋利避害的"理性经济人"逻辑，对宏观经济产生调节作用。而管制则是由政府制定直接的法律、政策或规范，直接对市场经营主体的权利或义务产生影响，与调控相比，管制有明显的直接性和强制性，比如要求经营者的生产、经营活动遵守产品质量，不得实施限制竞争行为，等等。与调控和管制不同，投资是政府运用国有资产直接参与市场经营活动，从而弥补在提供公共服务和社会保障等方面一般的市场经营主体难以完成的任务。打一个恰当的比方，如果市场经济是一场足球比赛，那么赛场上踢球的就是经营者，观众就是消费者。此时，国家对这场比赛的干预主要体现为三种身份：其一为"安保员"，即守在球场门口维持秩序、负责整体比赛的安全、稳定和平衡，而不参与对具体赛事状况的管理，这便是调控；其二为"裁判员"，即对赛场上的经营者行为进行规范和限制，必要时还要出示红牌将不合格的运动员罚下，这便是中义的管制；其三，当赛场上的运动员不足22人，比赛难以进行，或运动员质量堪忧，观众纷纷退场，为了让比赛能继续下去，国家以"运动员"的身份直接上台参与比赛，以弥补在市场机制下产生的运动员数量不足或质量缺陷，这便是投资。

---

❶ 参见盛学军、陈开琦："论市场规制权"，载《现代法学》2007年第4期。
❷ 参见韩志红、宁立志等：《经济法权研究》，武汉大学出版社2012年版，第40页。该书作者同时认为，与宏观调控权和市场规制权作为纯粹的权力的属性不同，政府参与权由于是国家以经营者的身份直接参与市场经营，既属于权力，又属于权利。

之，管制的内核被天然地嵌入了一个有可能与反垄断的价值理念相违背的灵魂，作为捍卫市场自由竞争精神的反垄断法，就有必要对这些管制作出评价，并进而厘定出一个管制正当与否的边界，从而维护反垄断法的理念与信仰不受到来自管制力量的排斥或挤压。这也正是反垄断法享有"经济宪法"或"市场规制基本法"美誉的原因所在，即它应当构成判断其他政府管制手段正当与否的基石性制度。

在剥离反垄断这一特殊管制形式的情况下，狭义管制可进一步类型化为社会性管制与经济性管制两种。一般认为社会性管制是以保障劳动者和消费者安全、健康、卫生和环境保护等社会公益性标准为目的进行的管制；[1] 而经济性管制则是对存在自然垄断和信息不对称等问题的部门，以防止无效率资源配置发生和确保需要者对产品和服务公平利用为主要目的的管制。[2] 正是由于社会性管制和经济性管制的此种基于管制目标上的区别，在管制立法中，二者的法律形式有较大不同。社会性管制通常是以特定社会问题为导向进行立法，如典型的社会管制立法《消费者权益保护法》《食品安全法》《环境保护法》等；而经济性管制通常是以特定行业为导向进行立法，比如具有一定自然垄断属性而需要以经济性管制替代竞争的行业立法，如《电力法》《电信条例》《民用航空法》等，再比如具有较强信息不对称性而需要经济性管制解决信息福利问题的行业立法，如《银行业监管法》《证券法》等。

经过前述纷繁的分析，笔者梳理出了三个不同层面的管制内涵，三者之间的概念相容关系可以通过公式简易地表达如下：

---

[1] 由于对社会公益性标准的判断涉及非常复杂的问题，这一标准过于宽泛，而经常引起对社会性管制的外延界定过宽的批评，在美国学界，经常以社会公益问题最为集中的健康管制、安全管制和环境管制三个方面对社会性管制的外延进行框定，因此，社会性管制有时被简称为 HSE 管制（Health, Safety and Environmental Regulation）。参见文学国主编：《政府规制：理论、政策与案例》，中国社会科学出版社 2012 年版，第 29 页，第 272~273 页。

[2] See Anthony I. Ogus. Regulation: Legal Form and Economic Theory, Oxford: Hart Publishing, 2004. 4-5；或参见王雅丽，毕乐强编著：《公共规制经济学（第 3 版）》，清华大学出版社 2011 年版，第 19~21 页。

国家干预＝管制（广义）

　　　　＝管制（中义）+投资+调控

　　　　＝管制（狭义）+反垄断+投资+调控

　　　　＝社会性管制+经济性管制+反垄断+投资+调控

在本书通篇所探讨的语境中，如没有特别说明，使用的"管制"一词均为最典型意义上的狭义管制内涵，社会性管制和经济性管制构成了其最重要的两大表现形式。在这种概念体系下，反垄断构成了与管制相并行的概念。这一界定与当前经济法学界对"市场规制法"的研究有所差别，按照通说的市场规制法范畴，它既包含反垄断法，又包含一系列社会性管制和经济性管制立法，其对管制的理解更接近于中义的管制；而经济法中作为基础理论的国家干预学说❶则更类似于广义的管制。为了能在论述中实现这些近似词汇的明确区分，笔者在本书中表达中义的管制时，通常以"管制与反垄断"这种合称的形式进行指代，或直接按法学研究语境称为"市场规制法"，而广义的管制则一律使用学界较为通用的"国家干预"一词。

二、管制的正当性边界

（一）正当管制的基本理据

恰如前述分析，市场失灵显然构成了管制的最基本理据。对于市场失灵的具体表现，学界论述纷繁多样，有的学者将市场失灵分为微观经济层面的失灵和宏观经济层面的失灵，前者表现为垄断和不正当竞争、外部性、内部性、公共物品、非价值性物品、风险，后者则表现为公平分配和经济稳定性。❷ 还有的学者将市场失灵的表现分为垄断、市场的不普遍、信息在量上的不充分和在分布上的不均匀、外部性问题、市场运行存在成本、

---

❶ 在经济法基础理论研究中的国家干预学说亦存在学术语境的差别，比如李昌麒教授的"需要国家干预说"、漆多俊教授的"国家调节论"、杨紫烜教授的"国家协调论"等。

❷ 参见余晖：《管制与自律》，浙江大学出版社2008年版，第36~39页。

经济周期。[1] 另一些分类则更为简化，将市场失灵分为市场障碍、市场唯利性及市场调节的被动型和滞后性三个方面。[2]

笔者认为，之所以认为市场在资源配置中处于决定性的作用，很大程度上在于"竞争机制"能够得以启动，即各经营者在理性经济人思维的驱动下，主动地通过价格、数量、市场等核心市场要素开展竞争，优胜劣汰的过程便是资源优化配置的过程。从这个角度来看，市场机制的本质是竞争机制，市场失灵的本质是竞争机制的失灵，要么是竞争机制缺位，根本未发挥应有的作用；要么则是竞争机制在特定领域所能发挥的作用是片面性的。因此，可以将市场失灵简化为两种情形：第一类为竞争机制的缺位性，即竞争机制在特定领域根本无法启动，从而无法开启资源优化配置的路径。比如在自然垄断领域，由于沉没成本巨大、市场需求的经营者数量极少、存在天然准入壁垒等一系列特征，即使在自然垄断行业实现自由竞争，竞争的最终结果也必然是垄断。[3] 因此，在这一领域，竞争机制由于经营者数量极少而根本无法启动，建立在竞争机制基础上的价格竞争、质量竞争等也必然"皮之不存，毛将焉附"。再比如在信息偏在较严重的领域（如金融服务业），由于此类行业的产品交易信息极度不对称，消费者难以甄别其获取的服务是否优质，基于优胜劣汰逻辑的竞争机制作用便难以发挥，反而可能会"劣币驱逐良币"，在这种市场透明性严重不足的情况下，金融业整体也易于发生系统性风险，甚至导致严重的社会危机。[4] 第二类为竞争机制的无效性，即在竞争机制已经启动的情况下，其在解决具有社会公益性的特定问题上的效果

---

[1] 种明钊主编：《国家干预法治化研究》，法律出版社2009年版，第2~3页。与此类似的一个观点则是将市场失灵的表现分为市场的不完全、市场的不普遍、信息不充分和偏在、外部性问题、公共产品、存在经济周期，参见李昌麒，应飞虎："论经济法的独立性——基于对市场失灵最佳克服的视角"，载《山西大学学报（哲学社会科学版）》2001年第3期。

[2] 参见漆多俊：《经济法基础理论（第四版）》，法律出版社2008年版，第20页。

[3] 参见刘大洪，谢琴："自然垄断行业改革研究——从自然垄断行业是否为合理垄断的角度出发"，载《法学论坛》2004年第4期。

[4] 参见朱崇实主编：《金融法教程（第三版）》，法律出版社2011年版，第46~47页。

是有限的。市场竞争之所以有利于资源优化配置，核心在于经营者自发的逐利目的而产生的竞争效果，这决定了竞争机制在解决不同资源配置问题上的效果是相异的。对于私人物品，竞争机制可有效促进资源优化配置；而对于具有强烈非竞争性和非排他性的公共物品，意图通过竞争机制让以逐利为目的的经营者提供，则是虚妄的，此时外在于市场的不容易受到私人利益驱动影响的政府的作用就更应该受到重视，❶比如环境保护、国防安全、基础设施建设，等等。

竞争机制的缺位性和无效性，几乎能够涵盖最典型的市场失灵的若干表现。在管制研究体系下，这也为管制正当性提供了最为有力的理据。针对竞争机制的缺位性，要着重发挥经济性管制"替代竞争"的作用，即以管制的形式弥补竞争机制的缺位，发挥出类似于竞争机制的效果。比如在自然垄断领域，针对数量极少的在位经营者，以价格管制的形式限制其盈利范围和涨价倾向，从而发挥出类似于竞争机制之下价格竞争的效果；再比如在信息偏在领域，以信息管制的形式对经营者课以严格的强制性信息披露义务，保证消费者的知情权，从而修正"劣币驱逐良币"现象，促进优胜劣汰。针对竞争机制的无效性，则要着重发挥社会性管制促进公共利益的作用，比如在目前市场经济运行中最受关注的 HSE（Health，Safety and Environment）管制领域，即为了维护普遍受到关注的公共利益问题，当前的社会性管制主要集中于工作场所的健康与安全（Health）、产品质量与安全（Safety）、环境保护（Environment）三个方面。❷

---

❶ 参见胡乐明："公共物品与政府的作用"，载《财经研究》2001 年第 8 期。
❷ 在美国对管制的研究和实践中，社会性管制经常被等同于 HSE 管制，其原因除了对社会性管制中的"社会公共利益"的具体外延进行限定之外，还因为经济性管制和社会性管制分界线的不明确性，并非所有的管制措施都可以依据经济性管制的"替代竞争"和社会性管制的"维护公益"作出泾渭分明的区分。参见文学国主编：《政府规制：理论、政策与案例》，中国社会科学出版社 2012 年版，第 272~273 页。因此，在美国的一些典型管制与反垄断著作中，索性直接以"健康、安全与环境管制"的词汇取代社会性管制一词，如［美］W. 基普·维斯库斯，小约瑟夫·E. 哈林顿，约翰·M. 弗农著，陈甬军，覃福晓等译：《反垄断与管制经济学（第四版）》，中国人民大学出版社 2010 年版。

(二) 不正当管制的表现与成因

"国家干预的正当性来源于被反复讨论的市场失灵问题，市场失灵的范围就是国家干预的边界，理想中的政府与市场的互动性关系是：市场失灵则政府干预，市场恢复则干预退出。"❶ 以弥补竞争机制的缺位性和无效性为目的成为管制具有正当性的基本理据。换言之，在理想的社会中，市场的决定性作用和管制的正当性是一个彼此互动的谱系：哪里有竞争机制的缺位，哪里就应当有经济性管制；哪里有竞争机制的无效，哪里就应当有社会性管制；而哪里的市场竞争机制仍是客观有效的，就不应当存在管制，应当优先发挥市场的决定性地位。此时如果仍然施加管制，这便超出了其正当性边界，将有可能产生管制力量对市场机制的损害，即"管制失灵"，产生了不正当管制。

不正当管制主要表现为如下两种状态：其一，违背替代竞争价值的经济性管制（以下简称"不正当的经济性管制"）。这种管制并未发挥经济性管制上以效率为目的的替代竞争作用，要么在仍能实现有效竞争、市场机制能够发挥作用的领域实施了并不必要的管制；要么是管制手段过于刚性，从而超出了市场失灵的限度，演变为对管制行业利益的变相维护。比如在自然垄断行业管制中经常实施的价格管制，其用意在于以该手段替代竞争性行业的价格竞争效果，从而防止行业暴利；但是，如果以价格管制的形式将行业定价限制在一个极不合理的高度，则不但替代竞争的目的无法实现，反而会维护行业在位经营者的垄断地位，将经济性管制的目标走向完全不同的反面。在我国，这种不正当经济性管制比较严重的领域，通常会伴随着在位经营者对高额垄断利润的攫取，并因此诱发寻租创租空间，极容易成为近期经济体制改革格外关注的对象，这方面的一个典型是近两年受关注度颇高的食盐专营制度，2014 年年底，工信部已确认内地将逐步取消食盐专营制度。❷ 其

---

❶ 刘大洪，段宏磊："谦抑性视野中经济法理论体系的重构"，载《法商研究》2014 年第 6 期。

❷ 参见徐华："食盐专营取消在即，食安监管有待跟进"，载《食品安全导刊》2014 年第 28 期。

二，违背公共利益价值的社会性管制（以下简称"不正当的社会性管制"）。这种管制并未实现在健康、安全、环境等方面的社会公益性目标，第一种表现是管制手段过于柔性，并无法有效实现对背德行为的治理，比如我国目前严峻的食品安全问题；第二种表现则较为特殊，这种管制政策的制定表面上看起来是以维护公共利益为目的的社会性管制，但实际上是以公共利益的名义制造并不需要的竞争壁垒，行限制竞争之实，构成了对市场决定性地位的倾覆。比较典型的一个例子是在2007~2008年发生的国家质检总局产品安全监管案：❶ 2007年12月，国家质检总局发布《关于贯彻〈国务院关于加强食品等产品安全监督管理的特别规定〉实施产品质量电子监管的通知》，要求从2008年7月1日起，食品、家用电器、人造板等9大类69种产品要加贴电子监管码才能生产和销售。而该电子监管码及其监管网络是国家质检总局从2005年4月开始不断推广的一家名为"中信国检信息技术有限公司"经营的，它由中信21世纪电讯与国家质检总局信息中心、华信邮电合资注册。据此，北京兆信信息技术有限公司、东方惠科防伪技术有限责任公司、中社网盟信息技术有限公司、恒信数码科技有限公司四家防伪企业认为这一强制推广电子监管网络经营业务的行为损害了全国防伪行业的利益，遂因此而提起诉讼。该案是在《反垄断法》实施的第一天：2008年8月1日起诉的，被称为"行政垄断第一案"。

不正当管制之所以产生，是由如下几方面的原因造成的：其一，公权力天然的"自我膨胀"属性使其很难满足于仅在市场失灵范围内施加管制措施，而是无时无刻都处于扩张的冲动过程中，当这一管制权力的行使超越了市场失灵的界限，就会造成对市场竞争机制的破坏。其二，即便是在管制权力仅局限于市场失灵的场合，管制失灵也仍然可能发生。其根源在于，与市场通常能有利于资源优化配置的盖然性结论不同，经济学研究认为政府的干

---

❶ 参见李昱，刘筱君："以行政垄断为视角——评中国反垄断法第一案"，载《辽宁法治研究》2009年第2期。

预行为对市场发挥出的改善效应是或然性的。❶ 这是因为管制天然地有利于效率或公益的结论不仅建立在市场自行运转会发生失灵的前提，还建立在管制过程是无交易成本的这一重要假设之上。❷ 申言之，作为一个外在于市场的官僚集团，管制机构的行为很难超越市场自发运转的效果而发挥出更优作用：在管制实施过程中，对市场失灵的准确查知是需要成本的；确定何种管制工具能扭转这一失灵也是需要成本的；在解决前两者的前提下，管制工具真正发挥治理失灵的效果，也通常需要很强的时滞性，并调动足够多的社会成本。如果将这一系列成本考虑在内，管制是否真正具有实效将有可能变得可疑，如果忽略这些潜在成本强行以一个并不适宜的管制体系作用于市场，其产生的管制失灵对市场机制的危害程度可能与市场失灵同等重要。❸ 其三，再后退一步，即便一个严谨的管制能够解决其成本问题，其在运行过程中也难免会遭受扭曲，超出了市场失灵的必要范畴，其根源在于管制主体并非天然地以公共利益为目的，而是存在私益性的追求。著名的"管制俘获"理论即认为，在经济管制实施过程中，与其本应遵循的以替代竞争方式实现效率的追求不同，管制机构在运行过程中反而逐渐被它所针对的行业利益集团所"俘获"，在实证研究下，实际的管制结果经常被证明反而是有利于被管制行业攫取经济利益。❹

三、国家限制竞争与管制的概念关系

国家限制竞争也是国家干预经济的一种体现，只不过与致力于弥补市场

---

❶ 这在经济学当中被总结为两个对比性明显的原理："市场通常是组织经济活动的一种好方法"和"政府有时可以改善市场结果"，参见［美］曼昆著，梁小民译：《经济学原理·微观经济学分册》，北京大学出版社2009年版，第10~13页。

❷ See Richard A. Posner. Theories of Economic Regulation, Bell Journal of Economics and Management Science, Vol. 5 No, 2 1974.

❸ See Charles Wolf: A Theory of Non-Market Failure, Journal of Law and Economics, 1978（2）.

❹ See George J. Stigler: The Theory of Economic Regulation, Bell Journal of Economics, 1971（2）.

失灵的正当国家干预不同，国家限制竞争显然是一种国家对经济的不当干预。它是政府以一种直接影响经营者或消费者权利和义务的形式所施加的作用于微观经济活动的行为，但其效果非但没有治理市场失灵，反而产生了不合理限制竞争的效果。从国家限制竞争的这种实际表现来看，由于它涉及对经营者或消费者直接行为自由的限制，这种微观干预活动显然不属于调控或投资，而是一种管制，既有可能是不正当的社会性管制，也有可能是不正当的经济性管制。当然，将国家限制竞争的性质定位为不正当管制，并不意味着它与投资、调控两类国家干预行为一定是彼此独立、互不关联的，在以国有经济为主体的我国，国家限制竞争频发的领域经常容易积聚在那些国有资本占据主体地位的行业，从而呈现出"管制+投资"的现象，即在国家限制竞争的行为支撑下，一方面为民营资本或外国资本进入这类行业塑造了较高的准入壁垒，另一方面国家投资企业则因此获取了相较其他经营者更为有利的优势地位。对此问题，我国学界多有指摘，如有论述认为"目前我国垄断行业中行政干预太强，非市场机制配置资源的能力过大。具体表现在国有资本比重过大，存在'一股独大'现象"。[1] 而这种基于政府控制背景下的经营行为，由于其不可避免地存在公权力背景，显然为反垄断的正当执法过程制造了挑战。[2]

国家限制竞争并没有穷极不正当管制的全部行为，二者实际上属于包含和被包含的关系，国家限制竞争属于不正当管制概念集合中的子集。除国家限制竞争以外还有其他表现的不正当管制，比如在社会性管制中的食品安全质量管制，由于在这一领域中存在的管制方式错误、政府不作为、管制执法实效差等问题，导致中国目前的食品安全问题非常窘迫，市场失灵未能得到真正有效的治理，但这种不正当管制并未带来对竞争机制的限制性作用，只是使食品安全这一关乎社会公共福祉的问题存在极大风险。在现实生活中，不正当管制的负面表现极为多样，对竞争机制的限制只是其中之一。

---

[1] 戚聿东主编：《垄断行业改革报告》，经济管理出版社2011年版，第17页。

[2] See OECD. State Owned Enterprises and the Principle of Competitive Neutrality, DAF/COMP (2009) 37, Executive Summary.

国家限制竞争构成不正当管制概念集合的子集这一结论，既揭示出国家限制竞争的管制实质，又打通了管制理论与国家限制竞争研究予以联动的桥梁，进而构成了本研究的一个重要分析视野。与中国当前国家限制竞争治理问题的若干困境相比，西方发达国家不正当管制发生的频率则整体较低，治理国家限制竞争行为的疑难问题也相对较少。但如果从管制层面探究，如今西方发达国家政府管制经济的这一良性格局，与20世纪70年代末逐渐开始的"放松管制"运动的作用休戚相关。在放松管制之前，欧美发达国家也在"二战"后践行了30年左右的管制型政府，彼时的西方世界，政府对市场竞争的限制局面也是非常普遍的。这一现象积累到70年代时，已经到了积重难返的地步，进而导致政府财政负担大、宏观经济形式窘迫、市场竞争活力低下、经营者的合规负担重等一系列的问题，这是放松管制运动开启制度改革的基本社会背景。也正是由于放松管制的有效开展，西方国家才得以系统地革除了国家限制竞争行为发生的体制性根源，政府管制行为在这一改革运动后得到了系统的修正和重构，市场经济重新焕发出竞争活力。

对当前的我国来说，放松管制运动在治理国家限制竞争方面的经验价值举足轻重。在整体经济形势上，我国目前所处态势的多个方面均与20世纪70年代初放松管制前的欧美国家存在耦合：伴随着40余年改革开放的渐进式实践，市场经济体制与竞争机制得到了较大程度推广，纯粹的计划经济时代已经一去不复返；但另一方面，国家对经济的不正当管制仍然较为深厚，尤其是在若干经济性管制较普遍的特殊行业，国家限制竞争的现象尤为明显。这一现状与70年代初的欧美国家状况存在一定共通性。而我国目前对国家限制竞争法律规制问题的探讨，则仍然主要停留在《反垄断法》对"滥用行政权力排除、限制竞争"相关规定的研究上，这实际上忽视了国家限制竞争在管制体制上的深刻根源。从未来的制度改进方向来看，只有真正抑制住管制异化为国家限制竞争的路径，才能真正实现对这一问题的根治。

第三节　国家限制竞争与行政垄断

与国外文献已经对国家限制竞争进行过充分的探讨相比，这一词汇目前尚不构成中国反垄断学术研究的共同语境。在中国，用来形容政府具有限制竞争效果的不正当管制行为的类似概念是"行政垄断"，它又称行政性垄断、行政型垄断等，是一个纯粹的中国本土学术词汇。"本土学术词汇"的说法蕴含了两层意思：其一，在国外并不存在行政垄断的概念，作为英文名称的"administrative monopoly"通常只被用来分析中国的行政垄断问题。❶ 其二，即使在国内，行政垄断这一词语也并未出现在立法当中，而仅停留于学术讨论语境，《反垄断法》使用的立法词汇为"滥用行政权力排除、限制竞争"，其内涵被界定为行政机关和法律、法规授权的具有管理公共事务职能的组织滥用行政权力，排除、限制竞争的行为。❷

行政垄断与国家限制竞争这两个概念并不仅是称呼的不同，尽管二者都被用来形容政府实施的不正当限制竞争的管制行为，但在具体的概念范畴上，二者其实仍具有较大的差距。另外，即使仅在行政垄断这一概念的使用上，中国的经济学和法学领域也存在较大的分歧。本节首先从对行政垄断的文献综述入手，对行政垄断的概念界定和主要研究成果进行梳理，随即分析其与国家限制竞争之间的概念关系。

一、行政垄断概念与立法的国内研讨

（一）对行政垄断概念界定的分歧与共识

最初使用行政垄断这一说法的，可以追溯至 20 世纪 80 年代末的经济学者，1987 年即有合计 6 位学者在诸如《中青年经济论坛》《经济研究参考资

---

❶ 事实上，不仅是国外，就连中国的香港、澳门、台湾等学界，也几乎见不到使用行政垄断概念的论述，比如台湾，少数几篇使用行政垄断概念的论文几乎都是用来讨论我国法律的，如纪振清："评析中国大陆以反垄断法管制'行政垄断'之历程及现状"，载《世新法学》2008 年 6 月；沈雨轩：《两岸限制竞争法制之比较研究》，台北大学 2006 年法学硕士学位论文。本书对台湾学界使用行政垄断概念的总结转引自邓志松：《论行政垄断的成因、特点及法律规制》，法律出版社 2012 年版，第 9~10 页。

❷ 参见《反垄断法》第 8 条。

料》《贵州财经学院学报》等经济学研究期刊上使用行政垄断的概念。❶ 1988年，经济学家胡汝银首次在著作中使用行政垄断一词。❷ 而法学界在这一时期较早讨论行政垄断的则有魏剑、❸ 李中圣、❹ 王保树、❺ 梁慧星、❻ 方流芳❼等学者。进入90年代后，使用行政垄断概念的论述逐年增多。迄今为止，以研讨行政垄断为核心的著述在中国已不是少数。从中国知网上获取的数据来看，以"行政垄断""行政性垄断"等为关键词或篇名查找得到的文献中，均展现出了一个以2006～2008年为峰值的"抛物线"式研究状态：从90年代开始，研究行政垄断的文献在2006～2008年以前逐年缓慢增多，在这之后又逐年缓慢下降。这一现象很容易解释：在2006～2008年我国《反垄断法》出台前后，爆发了对行政垄断是否应当规定在立法当中的讨论，由此造成研究行政垄断文献数量的井喷。

从国内行政垄断概念的产生来看，它实际上是在中国经济转轨期的背景下，学者为了形象地对政府不正当干预和限制竞争的行为和状态予以描述，并在此基础上阐述治理方案时，自发使用的词汇。因此，从使用概念的学术性目的上来看，起码在行政垄断这一概念的早期使用中，它与国家限制竞争这一词的使用目的是一致的，都是为了解决不合理限制竞争的政府管制的治理问题。但从20世纪80年代开始，伴随着行政垄断概念的使用演化，遵循不同研究领域、研究方法和关注点的学者对行政垄断概念的使用也各不相同，对其内涵和外延的分歧也陆续增加。直至2007年《反垄断法》出台并

---

❶ 参见石淑华：《行政垄断的经济分析》，社会科学文献出版社2006年版，第61～62页。

❷ 参见胡汝银：《竞争与垄断：社会主义微观经济分析》，上海三联书店1988年版。

❸ 参见魏剑："试论我国的反垄断立法"，载《中外法学》1989年第3期。

❹ 参见李中圣："行政垄断的几个问题"，载《政法论丛》1990年第2期。这应当是中国最早在论著标题中出现行政垄断一词的文献。

❺ 参见王保树："企业联合与制止垄断"，载《法学研究》1990年第1期。

❻ 参见梁慧星："中国反垄断立法的构想"，载《法学与实践》1991年第6期。

❼ 参见方流芳："公司审批制度与行政性垄断——兼论中国公司法的走向"，载《中国法学》1992年第4期。

正式纳入反行政垄断条款之前，这一阶段对行政垄断概念认识的分歧主要体现在如下三个方面。

其一，对行政垄断的"行为说""状态说"还是"行为、状态兼有说"的分歧。之所以产生不同意见，是因为"垄断"一词本身即存在"属于行为还是状态"的概念分歧。总体来说，法学研究着重于以法律行为为基础的规范分析，而经济学研究则更着重于以现实状态为基础的实证分析，这一学科差别在反垄断研究中亦有类似体现。致力于反垄断法研究的法学学者通常将垄断视为一种法律行为，具体来说则包括垄断协议、滥用市场支配地位以及经营者集中三类行为表现；但经济学者则更倾向于以状态来看待垄断。❶ 这一分歧同样影响到了对行政垄断的认识上，较早研究行政垄断的胡汝银的观点即类似于"状态说"，他认为"国家对企业实行财政统收统支，产品统购统销，劳动力和物质技术统一分配等方法，直接统制企业的投入和产出，从而统制着整个社会的生产和流通，形成一种绝对垄断的局面。这种垄断基本上是通过行政手段和具有严格等级制的行政组织来维持的，为了便于同一般的市场垄断相区别，我们把它称为行政垄断"。❷ 而"行为说"则主要集中于法学界，认为行政垄断仅指政府及其部门滥用行政权力限制竞争的行为，❸ 这一概念

---

❶ 在英文中，行为层面的垄断和状态层面的垄断表达方式并不相同，因此不会造成误解。学者邓志松对此有过深入分析：英文中的 monopoly 是指垄断状态；而 monopolize 和 monopolization 则均是指垄断行为，monopolize 是动词形式，monopolization 是名词形式。邓志松进一步指出，按照《反垄断法》的定义，行政垄断是指一种行为，因此准确的翻译应当是 administrative monopolization 而不是 administrative monopoly，但现在英语国家对中国行政垄断的介绍却统一使用后者，这是因为"语言的形成是一种动态的发展过程，行政垄断不存在于西方经典法律体系之中，加之中英文之间的语言差异，以讹传讹，由此造成的中英文无法精确对应也就在所难免"。参见邓志松：《论行政垄断的成因、特点及法律规制》，法律出版社 2012 年版，第 15~17 页。

❷ 胡汝银：《竞争与垄断：社会主义微观经济分析》，上海三联书店 1988 年版，第 48 页。

❸ 持此观点的代表性论述有 1. 王晓晔："我国反垄断法立法框架"，载《法学研究》1996 年第 4 期。2. 王晓："论反垄断法一般理论及基本制度"，载《中国法学》1997 年第 2 期。3. 封丽萍："行政垄断与我国反垄断立法"，载《浙江大学学报》1999 年第 5 期。

界定与后来《反垄断法》立法对"滥用行政权力排除、限制竞争"的界定已没有本质区别。在这一时期亦存在认为行政垄断行为、状态兼有的观点，如有学者认为行政垄断是指凭借行政机关或其授权组织所拥有的行政权力，滥施行政权，而使某些企业得以实现垄断和限制竞争的一种状态和行为。❶

其二，对行政垄断实施主体的分歧。在法学界，多数学者认为行政垄断的主体应当局限为行政主体，只不过在表达行政垄断主体所使用的词语上存在差别，有的直接以行政法上的"行政主体"一词进行界定，❷ 甚至索性把行政垄断看作一个标准的违法行政行为，这一观点直接影响了《反垄断法》出台时的学界论争，即认为以反垄断法这一非属行政法的立法来规制行政垄断是不合时宜的。❸ 而有的学者则更倾向于以规范描述的形式对行政垄断的主体进行列举，如认为主体包括"地方政府、政府经济主管部门或其他政府职能部门或者是具有某些政府管理职能的行政性公司"。❹ 但从外延来看，实际上与行政主体的外延并没有本质区别，这些观念也随之影响了《反垄断法》的具体条文，该法将行政垄断的主体界定为"行政机关和法律、法规授权的具有管理公共事务职能的组织"，无论是从用语习惯还是概念外延来看，都与行政法上的行政主体无区别。《反垄断法》将行政垄断限定为行政主体的做法，开始让行政垄断的概念外延与国家限制竞争行为呈现出明显的分歧，因为在后者的探讨语境中，它并不专指行政主体做出的限制竞争行为，还有可能包含立法机关。在中国的社会结构中，以各级人民代表大会及其常务委员会为主体实施的不正当限制竞争的行为，尽管其整体发生概率会低于行政主体做出的行政垄断，但在效力上通常更难以撼动，在不良影响上通常波及面更广、更难以治理。如果是从行政垄断概念产生的初衷来看，其最初

---

❶ 参见漆多俊："中国反垄断立法问题研究"，载《法学评论》1997年第4期。或张淑芳："行政垄断的成因分析及法律对策"，载《法学研究》1999年第4期。

❷ 参见许光耀："行政垄断的反垄断法规制"，载《中国法学》2004年第6期。

❸ 持此观点的代表性论述有李伯侨，吴晔："行政垄断的反垄断法反思"，载《广西社会科学》2006年第2期；蔡全胜："行政垄断的法理分析与管制"，载《中国工商管理研究》2002年第3期。

❹ 种明钊主编：《竞争法》，法律出版社1997年版，第2页。

也并未刻意将行为主体限定在"行政主体"范围内,而是用于描述政府对经济的一切限制竞争行为;在一些早期研究中,有些学者尽管在概念表述上将行政垄断的主体限定为行政主体,但其具体列举的行政垄断行为表现却实际纳入了立法机关。❶ 这种现象之所以产生,是因为行政垄断这个概念是经济学者创造但后续主要于法学领域中进行讨论的词汇,经济学界在使用这个词时,对"行政"一词的理解更接近于笼统的"公权力"或"政府"的概念,即容纳行政、立法乃至司法等所有公权力主体,而法学家群体在研究中承继这一词汇后,天然地按照法学语境进行理解,这便将"行政"一词限缩为行政主体。除此之外,法学研究中未将权力机关纳入行政垄断主体范围内的另一个可能原因是,按照中国权力分立的基本逻辑,以权力机关实施的限制竞争行为存在治理的理论基础上的困境。在行政法上,以行政机关和法律、法规授权的具有管理公共事务职能的组织为主体实施的行政垄断可以理解为一种不当行政行为;但以权力机关为主体实施的类似行为,则由于其权力来源于全民,具有宪法上最天然的正当性,由此陷入了治理类似行为缺乏理论基础的困境。尤其是以权力机关制定法律的形式实施的限制竞争,这些立法实质上具有与《反垄断法》相等同的强制效力,显然无法将此纳入行政垄断的范畴予以治理。

其三,对行政垄断属于非法还是"合法兼非法"的分歧。在法学研究中,多数学者以违法性的前提使用行政垄断,因此通常认为行政垄断必然违法,这一观念也自然在《反垄断法》出台后的反行政垄断条款中得到进一步

---

❶ 比较代表性的一个论述可参见盛杰民:"竞争法视野中的行政垄断",载《中国工商管理研究》2000年第4期。作者在文章前半部分对行政垄断的描述中,以"行政部门""政府部门""政府"等词概括这一行为的主体,整体来看,其认可行政垄断的主体限定于行政主体的观点。但在文章后半部分,作者谈到要"对当前我国集中典型的行政垄断谈谈一些看法",然后明文列举了三类,包括行政性公司垄断、国家指定专营和行业壁垒。严格来说,这三类行为均不属于纯粹以行政主体为主体的行政垄断,行政性公司严格来说属于民事主体,应当纳入经济垄断的范畴,尽管这种垄断背后通常存在着滥用行政权力排除、限制竞争行为的支撑;而国家指定专营的依据既有可能是国务院层面的行政法规,又有可能是人大层面的立法,后者实际上是立法机关以立法的形式实施的限制竞争;行业壁垒亦存在不同情况,如果壁垒的产生来源于人大层面的立法,则属于立法机关实施的限制竞争,如果来源于在位行业经营者滥用市场支配地位,则构成经济垄断,只有在行政主体制造行业壁垒的情况下,才构成行政主体的限制竞争行为。

明确。但在立法出台前，亦有学者将行政垄断的概念外延扩大化，将它单纯地视为一种对政府管制状态的描述，认为它是"对政府凭借公共权力来排除或限制竞争的一种表述"，"并不以违法为前提"。❶

2007年8月《反垄断法》出台后，立法所规范的"行政垄断"范围被确定为行政机关和法律、法规授权的具有管理公共事务职能的组织滥用行政权力，排除、限制竞争的行为，这成为行政垄断的通识性概念。据此，前述三类对行政垄断概念的分歧被一一明确，行政垄断的概念界定遵循了"行为说"、"行政主体说"和"非法说"，行政垄断的概念使用因此而从分歧逐渐走向共识。但是，如果说立法完全终结了对行政垄断概念分歧的讨论，则并不符合实际。以立法的形式对某一具有分歧的概念作出盖棺定论，其影响通常只作用于法学界，在《反垄断法》出台后，确实罕见法学界对行政垄断的概念发生较大的分歧，但在经济学界，对行政垄断的研究并不必然依照立法所作出的概念界定进行。比如对于行政垄断属于行为还是状态的分歧，《反垄断法》出台后，法学界从此一致采用了行为说，不再出现认为行政垄断属于状态的观点。但在经济学界，将行政垄断视为一种状态的认识至今并不罕见，❷ 这种研究范式的典型体现是有经济学者尝试以一定的模型对中国若干典型领域的行政垄断程度实现定量化的测度，并进而归类出中国不同行业、不同行政区域行政垄断的指标。❸ 另外，即使是在法学界，伴随着近些年来

---

❶ 张瑞萍：《反垄断法理论与实践探索》，吉林大学出版社1998年版，第56页。

❷ 在《反垄断法》出台后，经济学界已然将行政垄断看作一种状态的代表性论述有1. 于良春，余东华："中国地区性行政垄断程度的测度研究"，载《经济研究》2009年第2期。2. 于华阳，于良春："行政垄断形成根源与运行机制的理论假说——基于制度需求供给视角"，载《财经问题研究》2008年第1期。3. 丁启军："行政垄断行业的判定及改革"，载《财贸研究》2010年第5期。

❸ 代表性的研究成果可参见于良春等：《转轨经济中的反行政性垄断与促进竞争政策研究》，经济科学出版社2011年版。该研究成果借鉴产业组织经济学中的SCP（结构、行为、绩效）分析范式，形成了行政垄断的ISCP分析框架，I（institution）表示行政性垄断得以形成和持续的制度性因素，S（structure）则表示反应行政性垄断程度的市场结构、产权结构等结构类因素，C（conduct）表示政府和厂商的行政垄断行为，P（performance）表示具有行政垄断特征产业的绩效，包括微观、产业和宏观层面的效率。在此结构下，作者分别实现了以时间、地区和行业为类别的中国行政垄断的测度。

对行政垄断研究的深入，也陆续有学者开始对立法当中行政垄断的概念产生质疑。一个典型体现便是将行政垄断的主体局限于行政主体引发的批判，恰如前述，立法所做的这种主体限制并不符合我国公权力不正当限制市场竞争的现实表现。虽然全国人大作为国家权力最高级别的代理人，无法也不可能纳入行政垄断的主体范围，但是，在我国，以地方人大制定的地方性经济法规不合理地限制竞争的情形是比较多见的，不应将地方立法机关排除在违法主体之外。❶

(二) 反行政垄断立法模式的论争

谈及行政垄断的国内研究，除了概念界定的分歧与共识外，就不得不提及那一场旷日持久的论争，即在我国《反垄断法》出台前发生的对《反垄断法》是否应当对行政垄断进行规定的大讨论，这一场论争的实质和核心是行政垄断应当交由行政法还是反垄断法进行控制的问题。❷ 反对《反垄断法》对行政垄断进行规定的学者（以下简称"反对论者"）认为，行政垄断其实与经营者实施的所谓"经济垄断"有着较大不同，与后者相比，前者的主体是行政主体，而非市场经济中的经营者；行为表现为行政主体滥用或超越行政权力，而非达成垄断协议、滥用市场支配地位或施行经营者集中；因此，它在本质上是一种行政违法行为而非反垄断法所禁止的限制竞争行为，❸ 应该通过行政法尤其是行政许可法来实现对行政垄断的治理。❹ 这种观点也得到了国内外立法实践的佐证：一方面，欧美发达国家反垄断立法的历史和现实未见对行政垄断的规定，基于与国际接轨的考虑，我国《反垄断法》亦不应该对行政垄断进行规定；另一方面，我国早在《反垄断法》出

---

❶ 参见刘继峰："俄罗斯反垄断法规制行政垄断之借鉴"，载《环球法律评论》2010年第2期。

❷ 参见朱崇实主编：《共和国六十年法学论争实录：经济法卷》，厦门大学出版社2009年版，第296~297页。

❸ 参见刘大洪，殷继国："论行政垄断的行政法规制——兼评反垄断法说"，载《安徽大学法律评论》2006年第1期；或参见赖朝辉："行政垄断法律规制渠道的复位——一个反垄断法误区的澄清"，载《政法论丛》2002年第6期。

❹ 参见黄辉，胡榴榴："行政许可法在反行政垄断中的地位研究"，载《河南省政法管理干部学院学报》2007年第2期。

者。在反行政垄断的策略问题上，英语书写环境下的中国学者同样提到了中国反行政垄断的困境，即认为在立法之外，相应的政治与经济体制改革是十分必要的。"在政治体制重构缓慢、经济体制改革尚未彻底成功的背景下，尽管许多行政垄断已然被打破，但由于在行政垄断背后经常隐藏着部门的，地区的乃至个人的经济和政治利益，行政垄断仍将会长期存在，并会持续性地对中国的经济和社会产生损害。"❶ 在这类文献资料中，王晓晔教授是最持之以恒地向国外介绍中国的反行政垄断情况的，从《反垄断法》出台时对中国立法状况的引介，一直到立法出台后对运行状况的评价，均笔耕不辍，在向西方学者介绍中国的反行政垄断前沿问题上，她是最具有代表性的学者。❷

由于西方学者都是在介绍中国反垄断问题时使用行政垄断一词，他们对行政垄断的概念界定多直接基于中国反垄断法草案或正式文本中的规定，因此在概念上分歧不大。❸ 一件有意思的事情是，以类似于"滥用行政权力排除、限制竞争"规定的形式在立法中对行政垄断进行规定的并不局限于我国，在很多发展中国家或经济转型国家，如俄罗斯、乌克兰、乌兹别克斯坦、越南等，也都存在类似的立法，但西方学者却仅将"administrative monopoly"用来形容中国的行政垄断。有学者认为其原因在于"这些国家实行的是一种快速的政治和经济转型，有关政府限制竞争行为只是暂时现象，而

---

❶ SUN Jin. On the Defects of Administrative Monopoly in China's "Anti-Monopoly Law" and Its Improvement, Canadian Social Science, Vol. 6, No. 2, 2010.

❷ 《反垄断法》出台前介绍中国立法进程的代表性论述可参见 Wang Xiaoye. Issues Surrounding the Drafting of China's Anti-Monopoly Law, 3 WASH.U.GlOBAL STUD.L.REV.285 (2004), available at http：//openscholarship.wustl.edu/law_ globalsutdies/vol3/iss2/4《反垄断法》出台后的代表性介绍和评述可参见 Wang Xiaoye. Highlights of China's New Anti-Monopoly Law, Antitrust Law Journal, Vol.75 2008.

❸ 在对行政垄断的概念界定上与《反垄断法》的界定几乎无异的代表性论述有 Mark Williams. Competition Policy and Law in China, Hong Kong and Taiwan, Australia：Cambridge University Press, 2005, 138. 或 Eleaner M. Fox. An Anti-Monopoly Law for China—Scaling the Walls of Protectionist Government Restraints, Antitrust Law Journal 2008 Symposium.

中国行政垄断的存在则与改革开放并存，似乎还要存在很长的时间"。❶ 笔者认为，这仅能用于解释俄罗斯、乌克兰等北欧国家，而对于越南等在政治和经济转型落后于我国的国家来说，却难以自圆其说。其实，或许问题很容易回答，即只有在我国的学界存在"行政垄断"这一称呼，而西方学者只是以英文直译的形式搞了一次"拿来主义"而已。

对比中西方法学界对行政垄断的论述，尽管都是基于对中国问题的分析，但研究内容却存在微妙的不同。中国法学人对行政垄断的分析存在强烈的"立法论"倾向，在《反垄断法》出台前，探讨的内容以如何实现立法对行政垄断的调整为重点；而在《反垄断法》出台后，尽管研究的内容逐渐扩展至行政垄断的治理路径、执法优化、法律责任等问题，但也通常是将立法中的行政垄断条款作为分析的基本语境。吊诡的是，尽管中国法学人多数承认行政垄断的治理绝非纯粹立法所能完成的问题，但却甚少看到在立法之外系统地探讨政治和经济体制改革促进反行政垄断的论文。从概念渊源上来看，管制、国家限制竞争以及行政垄断三个概念的关联性极强，均构成研究政府干预经济正当性边界的重要学术领域，但从中国的研究状况来看，在论述中将管制理论和行政垄断予以联动的探讨甚少，这种状况可能与"管制"被视为一个法律词汇在中国学界的普适度仍然不够造成的。与之形成明显类比的是，在西方学者视野中，由于对管制和国家限制竞争的研究已然处于一个较为普遍和深入的状态，即使是对作为舶来词的行政垄断，他们的很多论述也能十分敏感地把握到其与管制存在的千丝万缕之关联。比如有学者认为"中国的竞争政策是在它现行的管制结构背景下制定出的"，"从 1978 年开始，中国领导层逐渐意识到了国家对经济的不当干预所产生的危害，采取了一系列措施减少国家权力的滥用，但仍维持在关键产业的政府控制。"在这之后的 30 年来，中国的管制改革被认为取得了较好的成果，但"中国的管制体系仍然被政府管制权力的滥用所困扰着，这种管制权滥用最为突出的一

---

❶ 邓志松：《论行政垄断的成因、特点及法律规制》，法律出版社 2012 年版，第 12 页。

类便是所谓的'行政垄断',即政府所产生的垄断"。❶ 类似的表述还有:"'行政垄断'一词被用于描述政府机构使用其管制权力对受青睐的公司施加竞争优势的情形,这一结果的实现尤其见于通过制造进入壁垒、提高竞争对手的费用等方式实现。"❷ 另有一些论述则更为深入,它们把握到了中国行政垄断问题的复杂性,即以不正当管制的形式使一些国家投资企业取得政策优势,从而在国家干预形式中表现出了"管制+投资"的叠加状态,在垄断行为中则表现出"经济垄断+行政垄断"的叠加状态,这一特点得到了国外学者的注意。"中国有很多'行政性公司',它们既有权力进行产业管制,本身又能参与产业经营。这种行政性公司的存在是政府改革未能与中国的(经济)改革跟上步伐所造成的。这种市场参与与管制权力的联合是管制俘获的结果———一个行政性公司将在于市场中营利的目标和为了维护消费者、经济以及国家整体利益对市场进行管制的目标中发生冲突。"❸ 甚至有一种比较罕见的论述直接把国家投资企业混同为行政垄断概念,认为"整体来说,'行政垄断'一词意指通过合法的立法或行政途径获取市场力量的国家

---

❶ Bruce M. Owen, Su Sun, Wentong Zheng. Antitrust in China: The Problem of Incentive Compatibility, Conference on China's Policy Reforms: Progress and Challenges, October 14-16, 2004. Stanford Institute for Economic Policy Research.

❷ Fei Deng, Gregory K. Leonard. The Expanding Universe of Antitrust: Couseling on Comples Issues International Development, Antitrust Spring, 2008.

❸ Jacob S. Schneider. Administrative Monopoly and China's New Anti-Monopoly Law: Lessons from European State Aid Doctrine, 87 WASH. U. L. REV. 869 (2010), available at http://openscholarship.wustl.edu/law_lawrevies/vol87/iss4/5. 引用文献中的括号和括号内的"经济"一词均为原文,并非笔者在翻译时添加。另外,该文献中使用的"行政性公司"(administrative company)是一种欧美国家常用的企业归类方式,在中国法律制度环境中,并无法找到特定的公司类型与之匹配,从该学者论述的特征来看,它很像是中国法律规定的专营专卖行业中的国有企业,即既有行业管制权力,又能自动参与行业经营中的集"运动员"与"裁判员"于一身的企业,如改革前的中国盐业总公司、中国铁路总公司等。当然,亦有论述研究的国家投资企业的范围更大一些,其涉及的外延扩展至全部国有企业(State-Owned Enterprises, SOEs),并认为在这一庞大的国家投资体系下,中国的反垄断和反行政垄断前景仍面临挑战,详情可参见 Bruce M. Owen, Su Sun, Wentong Zheng. China's Competition Policy Reforms: The Anti-Monopoly Law and Beyond, 75 Antitrust L. J. 231 (2008), available at http://scholarship.law.ufl.edu/facultypub/223.

所有或国家经营的企业。在中国，行政垄断发生的一种常见场合是国有企业能够对一些管制部门施加优势待遇式的直接影响"。❶ 从行为主体的角度来看，尽管国有企业确实具有公权力背景，但将其与国家公权力主体直接实施的行政垄断行为混同，仍是不够严谨的，因此，这种研究并不妥当，但是，这也足见国外学者研究中国行政垄断时对不正当管制以及国家投资企业现象的重视。

三、国家限制竞争与行政垄断的概念比较

（一）行政垄断对国家限制竞争的概念限缩

对行政垄断的文献综述表明，中国学者对行政垄断概念的最初应用意在表达对不正当限制竞争的政府管制行为的关注，彼时这一概念的描述性价值远大于应用性价值，也正是因为如此，早期对它的概念使用是极为宽泛的。既可以是行为，也可以是状态；既能是行政主体，也能是其他任何公权力主体，甚至可以是具有民事主体性质却具有公权力背景的国有企业；既能是依现行法律非法的不当行为，也能是在现行法律范围内合法的不正当国家干预。甚至有学者连正当管制市场下的政府干预行为也视为一种行政垄断。但是，伴随着这一概念进入法学家探讨的范围，并进而在21世纪成为立法议题，行政垄断的概念逐渐从一种描述性词汇过渡到法律词汇，这便必然会使学者从主体、客体、客观表现等构成要件的角度对其进行概念限缩，以便其能够成为法学研究视野中的法律行为。这个过程的正面效果是能实现在法律制度层面反行政垄断的可操作性，负面效果则是行政垄断必然在实际概念应用中与最初学者创制其的既定目标发生偏离。从这个角度来看，笔者认为，中国学界所探讨的反行政垄断问题，具有"形"与"实"的不同，反行政垄断之"形"是指立法中的"滥用行政权力排除、限制竞争"之治理问题，它概念外延较窄，并不涵盖所有国家限制竞争的现象；反行政垄断之"实"

---

❶ Jared A. Berry. Anti-Monopoly Law in China: A Socialist Market Economy Wrestles with Its Antitrust Regime, 2 BYU Int'l L. & Mgmt. R. 129 (2005), available at http://digitalcommons.law.byu.edu/ilmr/vol2/iss1/6.

则范围极为宽泛，既反立法中所界定的行政垄断，又反未经立法纳入但亦具有限制竞争效果的其他公权力行为，它更贴切行政垄断这一概念最初创制时的目的，也更贴近国际反垄断研究中的国家限制竞争的概念。在《反垄断法》已然出台并适用的当前，中国法学家多以"形"的层面理解行政垄断，从而便利将其作为一个法律行为予以探讨；但很多经济学家则并未受立法所界定的语境所限制，其对行政垄断的理解则更宽泛，更接近于"实"的范畴。

因此，与国家限制竞争这个概念相比，行政垄断的概念外延更为促狭，它相当于国家限制竞争概念集合的子集。具体来说，行政垄断对国家限制竞争进行了概念主体、行为和违法性上的三重限缩。

首先，行政垄断将国家限制竞争的主体限定为行政主体，即"行政机关和法律、法规授权的具有管理公共事务职能的组织"，排除掉了其他管制主体，比如立法机关。《反垄断法》所规定的行政垄断将主体限定在行政主体范围内，非行政主体实施的不正当管制行为并不能被视为行政垄断。由此产生的一个悖论是以地方人大立法推动的地方保护主义在现行反垄断制度框架下无法得到治理，在地方人大的调研中，这种地方保护主义现象早已有之，如某地《科技创新促进条例（草案）》第46条第2款规定：对自主创新产品、服务或需要重点扶持的产品、服务，在性能、技术等指标能够满足政府采购需求的条件下，政府采购应当优先购买；政府采购的产品尚待研究开发的，采购方应以招标方式优先确定本市科研机构、高等学校或企业进行研究开发，并予以订购。❶ 这种管制显然产生了限制竞争的效果，但并不属于《反垄断法》所界定的主体范围。

其次，行政垄断将国家限制竞争的行为表现限定为特定范围。即使是在行政主体从事的所有国家限制竞争行为范围内，也无法完全视为行政垄断，而是存在严格的行为类型限定。《反垄断法》第五章对行政垄断的规范采取

---

❶ 武汉市人大法制委员会、武汉市人大常委会法规工作室："关于地方立法中地方保护和部门利益倾向问题的思考"，载 http://www.whrd.gov.cn/lltt/10686.shtml，最后访问日期：2020年1月1日。

的是逐条列举违法行为表现的方式，❶ 且并不存在一个兜底性质的条款，这便意味着不能将不在列举范围内的行为视为行政垄断。比如，《反垄断法》第 36 条规定："行政机关和法律、法规授权的具有管理公共事务职能的组织不得滥用行政权力，强制经营者从事本法规定的垄断行为。"但在实践中，行政主体不见得必须以强制经营者从事违法行为的形式实施限制竞争行为，还有可能表现为行政主体与经营者的共谋，或行政主体通过怠于查处经营者违法行为的形式实施垄断，等等。若严格依照《反垄断法》第 36 条的规定，上述此类行为均不能界定为行政垄断。

最后，行政垄断还将国家限制竞争进行了违法性限缩。以市场失灵为界限对管制是否正当的判定，其实只是一种价值判断，而并不是合法性判断。换言之，即便是依照不正当限制竞争的标准将某类政府管制判定为国家限制竞争，也并不意味着这一行为一定是违法的，而是需要在立法层面将其以违法性评价的形式固定下来，才能调动执法或司法资源对其进行查处。而行政垄断恰是在当前法律体系下予以明确了违法性的国家限制竞争，除此之外，我国《反垄断法》其实还存在合法的国家限制竞争的规定，最典型的便是第 7 条第 1 款："国有经济占控制地位的关系国民经济命脉和国家安全的行业以及依法实行专营专卖的行业，国家对其经营者的合法经营活动予以保护。"诚然，并不排除对这些特殊行业中保持在位经营者地位的准入管制措施具有一系列正当性，但本条规定显然过于一概论之，将这当中可能存在的国家限制竞争现象纳入了受保护的合法性范围之内。

---

❶ 《反垄断法》第 32~37 条将行政垄断的表现列举为行政机关和法律、法规授权的具有管理公共事务职能的组织实施的如下行为：1. 限定或者变相限定单位或者个人经营、购买、使用其指定的经营者提供的商品；2. 通过歧视性收费、歧视性标准化要求、歧视性行政许可等行为妨碍商品在地区之间的自由流通；3. 以设定歧视性资质要求、评审标准或不依法发布信息等方式，排斥或者限制外地经营者参加本地的招标投标活动；4. 采取与本地经营者不平等待遇等方式，排斥或限制外地经营者在本地投资或设立分支机构；5. 强制经营者从事本法规定的垄断行为；6. 制定含有排除、限制竞争内容的行政规范性文件。

(二)"行政垄断"概念的反思

中国学者创制并使用行政垄断概念的初衷,是寄望于对一切国家限制竞争予以描述和治理,但在立法运动的过程中,这一概念经过了主体限缩、行为限缩和违法性限缩后,演变为如今的行政垄断概念。

对处于经济转轨期的我国来说,由于多年计划经济体制的遗留问题,政府对经济的不正当管制仍然是一个普遍性存在的问题,由此构成了对发挥市场在资源配置中决定性地位的侵袭。因此,反垄断立法层面对国家限制竞争法律规制的最理想状态是,将一切国家限制竞争行为均予以明确的违法性评价,而不是仅局限于行政垄断的范畴。因此,当前研究中将国家限制竞争的法律规制问题等同于规制行政主体从事的行政垄断的做法"并不高明,它令国家干预经济的概念体系愈发混乱"。❶ 如果说司法机关通常不太可能从事限制竞争的行为,那么目前将权力机关也排除在主体范围之外的做法则显然不符合我国混乱的政府管制现状。2015年3月15日,新《立法法》通过,其中一个重要的立法修正是它进一步扩展了地方立法权的主体,自此以后,任何设区的市都将享有一定程度的立法权。❷ 从刺激地方权力机关发挥主观能动性以完善地方治理的角度来看,这一修正功莫大焉,但从国家限制竞争的治理角度来看,地方人大立法权主体的扩张则意味着以地方性法规的形式实施不正当管制的可能性提高了,未来以地方人大立法的形式实施国家限制竞争的可能性将有可能进一步扩大。在目前《反垄断法》的制度框架内,这一问题是无解的。

"是制度使得竞争成为可能,并塑造了其形式和强度。"❸ 在法治化的市

---

❶ 段宏磊:"国家干预经济的类型化谱系与治理行政垄断的再思考",见刘大洪主编《经济发展中的法治与效益研究(2014)》,湖北人民出版社2015年版。

❷ "设区的市的人民代表大会及其常务委员会根据本市的具体情况和实际需要,在不同宪法、法律、行政法规和本省、自治区的地方性法规相抵触的前提下,可以对城乡建设与管理、环境保护、历史文化保护等方面的事项制定地方性法规。"参见《立法法》第72条。

❸ [美]戴维·格伯尔著,陈若鸿译:《全球竞争:法律、市场和全球化》,中国法制出版社2012年版,第3页。

场经济体系中，市场要发挥决定性作用，国家干预则要限于在治理市场失灵的正当性边界范围之内运行。立法在多大程度上将国家限制竞争纳入违法的范围并加以查处，将成为限制政府这只"看得见的手"尽全力推动市场这只"看不见的手"的有力制度保障，这或许需要壮士断腕的勇气。当前在《反垄断法》层面对概念外延极为有限的行政垄断进行查处的规定，则显然范围过窄，为政府不正当管制在法外空间的运转埋下了隐忧。这种立法模式也会在学术研究上产生两个缺陷：第一，人为割裂国家限制竞争与不正当管制之间的概念关系，令人忽略在管制改革层面消除国家限制竞争的体制性基础的重要性。第二，使对国家限制竞争的研究被分离在国际学术研究语境之外，甚至产生"欧美发达国家的反垄断法不反行政垄断"的误解。❶ 事实上，西方发达国家只不过不存在与中国《反垄断法》相类似的"滥用行政权力排除、限制竞争"的概念而已，但对国家限制竞争的法律规制，却存在丰厚的法律渊源与制度经验。这些有益的比较法学术资源却长期被中国反垄断法的学术研究所忽略，在《反垄断法》实施已十年的现在，国内在比较研究层面上对反行政垄断的论述仍然较为匮乏，对欧美等发达国家的研究著述极少，恰相反，对俄罗斯反行政垄断的研究却有细微突破，其原因也无非是这些国家有着与中国立法模式更为类似的"滥用行政权力排除、限制竞争"的概念而已。而对在防止国家限制竞争的实践历史和立法经验更为浓郁的西方发达国家的比较研究，却只是因为研究语境的不同而被长期忽视。

因此，我国对国家限制竞争规制问题的研究亟须从"行政垄断"问题的探讨桎梏中解放出来，以一个更为科学、开放和更与国际接轨的视野研究国家限制竞争的整体规制问题。

本章小结：实现从"行政垄断"到"国家限制竞争"的语境转换

本章完成了对国家限制竞争、国家干预、管制、行政垄断等本书最为重要的概念的界定问题，结合相关分析，可以通过图 1.1 对本研究涉及的

---

❶ 具有类似观点的论述可参见魏剑："试论我国的反垄断立法"，载《中外法学》1989 年第 3 期。曹士兵：《反垄断法研究》，法律出版社 1996 年版，第 16 页。

若干重要概念之间的种属关系进行表达。我国学界当前对国家限制竞争法律规制的研究，实际上仅局限于行政垄断的概念范畴之中，对于非属行政垄断的其他国家限制竞争，则构成了一个严重的法外空间，成为法律规制的盲点。因此，将国家限制竞争的研究混同为行政垄断是不恰当的，后者并不是一个严谨的学术概念，它无法对一切限制竞争的政府管制行为囊括在内。

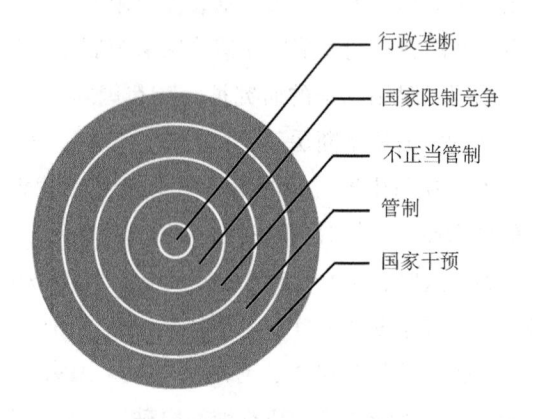

图 1.1　本书所使用的主要概念间的种属关系

我国未来的学术研究，亟须实现从"行政垄断"到"国家限制竞争"的概念转化和语境重塑，将反行政垄断、政府管制行为的规范化以及国家限制竞争的法律规制三个问题合一讨论。如此才能实现对国际研究语境的接轨，也方能真正探索出国家限制竞争问题的"根治"策略。

第二章　国家限制竞争的预防式规制机制：发达国家范式

第一节　放松管制运动：预防式规制机制的时代背景

一、管制型政府：国家限制竞争的西方面孔

管制，还是不管制，这是一个问题，它并不见得比哈姆雷特那终极的生命追问更容易回答。❶ 不管是计划经济还是市场经济，东方国家还是西方国家，对这一问题的回答都曾辗转反复，且均曾犯过类似的错误。一方面，市场失灵的发生已经是一个不容回避的现实问题，由此呼唤政府管制；但另一方面，很多管制的实施并无法有效弥补市场失灵，反而会产生一系列比原本的市场失灵更为棘手的负面影响。这种过于轻信管制对市场失灵的纠正作用，进而导致不正当管制对竞争机制的损害的情形，在全球不同经济制度、不同发展阶段的国家均有不同层面的体现。即使是在欧美等最为重视市场经济和竞争机制的国家，也曾在"二战"之后的很长一段时间呈现出国家对经济的管制日渐膨胀的状况，这在当时的西方社会已经是一个普遍趋势。❷ 以现在的眼光来看，彼时西方国家由于管制扩张而产生的国家限制竞争行为泛

---

❶ "Regulation, or De-regulation, that's a question！"见文学国主编：《政府规制：理论、政策与案例》，中国社会科学出版社2012年版，序言。

❷ 参见顾丽梅："规制与放松规制——西方四国放松规制的比较研究"，载《南京社会科学》2003年第5期。

际市场竞争中的价格优势受到重创。❶

二、放松管制运动的理论依据

社会经济形势的急转直下迫使欧美国家的决策层开始反思管制型政府的弊端。与此同时，西方这一时期的若干新生经济学理论也对国家管制经济实践的反思奠定了理论基础，如可竞争市场理论、❷ 管制俘获理论、❸ 公共选择理论，等等。

可竞争市场理论认为，当一个市场处于不存在严重的进入和退出障碍的"可竞争"的状况时，即便在位经营者处于较高的垄断地位，由于潜在经营者的压力，市场上的经营者也会保持良好的经济效率，而并不会轻易滥用市场支配地位；否则，以滥用行为攫取垄断利益的做法很容易给潜在的竞争对手释放一个可逐利的信号，从而激励其进入市场与在位经营者展开竞争。这一理论衍生出了所谓的"潜在竞争者效应"观念，它挑战了以替代竞争为目的实施的经济性管制，认为在可竞争市场状态前提下，经济性管制并无必

---

❶ 参见［法］亨利·勒帕日著，李燕生译：《美国新自由主义经济学》，北京大学出版社1985年版，第157页。

❷ 本书对可竞争市场理论的介绍综合参考了如下文献：1. 文学国主编：《政府规制：理论、政策与案例》，中国社会科学出版社2012年版，第89页。2. ［美］霍温坎普著，许光耀，江山，王晨译：《联邦反托拉斯政策：竞争法律及其实践（第三版）》，法律出版社2009年版，第36~37页，第783~784页。3. J. Brock. Contestable Markets and Theory of Industry Structure：A Review Article, 91 J. Ool. Econ. 1055（1983）. 4. ［美］理查德·A. 波斯纳著，孙秋宁译：《反托拉斯法（第二版）》，中国政法大学出版社2003年版，第161~162页。后文再提及相关理论的介绍时，不再重复注释。

❸ 本书对管制俘获理论的介绍综合参考了如下文献：1. 文学国主编：《政府规制：理论、政策与案例》，中国社会科学出版社2012年版，第72~74页。2. ［美］霍温坎普著，许光耀，江山，王晨译：《联邦反托拉斯政策：竞争法律及其实践（第三版）》，法律出版社2009年版，第784~786页。3. ［美］W. 基普·维斯库斯，小约瑟夫·E. 哈林顿，约翰·M. 弗农著，陈甬军，覃福晓等译：《反垄断与管制经济学（第四版）》，中国人民大学出版社2010年版，第41~42页。4. W. A. Jordan. Producer Protection, Prior Market Structure and the Effects of Government Regulation, Journal of Law and Economics, 1972（1）. 5. George J. Stigler：The Theory of Economic Regulation, Bell Journal of Economics, 1971（2）. 后文再提及相关理论的介绍时，不再重复注释。

要，或其力度应有所收敛。以价格管制为例，如果市场处于准入壁垒并不高的状态，即使对在位的具有垄断地位的经营者未予价格限制，其为了防止潜在竞争者进入市场，也会以富含效率的形式进行定价，从而防止价格暴涨。

管制俘获理论和公共选择理论在管制效果的实证研究上则更像是一对孪生姊妹，❶ 它们打破了管制措施的实施被认为天然地有利于促进效益、公益等社会福祉的幻想，而是特殊利益集团俘获管制者的结果。在公共政策择取过程中，与普遍性的公众需求相比，同质性强的小利益集团反而更能有效地表达并实现其利益诉求，其手中的选票会成为其向政客购买公共政策的对价，❷ 最终的结果便是，法律的制定与实施很可能代表了少数人而非多数人的利益；在管制领域，这一逻辑的表现是管制者与被管制者并非总是针锋相对的，而有时是一对利益共同体，管制者为了保证官僚岗位的不受裁撤和财政拨款的充实，会倾向于强化所在领域管制的正当性，而被管制者则希望受到公共政策的庇佑而非打压，最终的结果是行业私益偷换了公众福祉，成为管制决策和实施时的标准，致力于弥补市场失灵的管制行为最后却异化成国家限制竞争，彼时在向国家若干管制行业的实证研究印证了这一结论。

综上所述，一方面，管制型政府于"二战"后的实践在 20 世纪 70 年代时已处于积重难返的情境，宏观经济形势的窘迫、微观经济活力的不足以及政府财政负担均迫使欧美国家进行政策反思和改革，战后对政府管制正当性的信心大为减弱；另一方面，彼时经济学理论的若干成果又迎合了质疑管制

---

❶ 霍温坎普直言管制俘获理论实际上是公共选择理论的更加具体化，参见［美］霍温坎普著，许光耀，江山，王晨译：《联邦反托拉斯政策：竞争法律及其实践（第三版）》，法律出版社 2009 年版，第 785 页。这种修辞的意蕴在于，公共选择理论和管制俘获理论实际上都揭示了管制决策作出和实施的过程并不天然地以促进公众福祉为目的，而是同质性强的小利益集团俘获的结果，公共选择理论将这一研究投注到整体政治运作格局之中，进而探讨选民、政治人物和政府官员在民主体制或其他类似的社会体制下的互动，常被视为政治经济学的理论；而管制俘获理论则将视野放到具体的受管制领域或行业，其结论更为微观和精细，常被视为法律经济学的理论。

❷ 之所以同质性小的利益集团更容易以选票购买到公共政策，是因为与社会公众相比，这一群体的诉求单一且集中。如同性恋群体几乎都倾向于享受到一个同性恋婚姻合法化的公共政策，而异性恋群体尽管在人数上远大于同性恋，但他们对公共政策的需求是多样化的，不利于在公共选择中换取同质性的公共政策。

的思维，对竞争和市场的信心增强，古典自由主义的思潮一定程度回流。❶这种综合社会背景最终促成了管制实践的一次革命，即放松管制运动，以美国这一"领头羊"为先锋，放松管制运动从欧美国家20世纪70年代末开始，一直持续到21世纪初，并在过程中陆续将这一态势影响到亚洲、拉丁美洲等多数遵循市场经济体制的国家，至今在个别国家的个别行业或领域仍有所持续。这一运动本质上是在整体经济体制中降低不正当管制的存量，进而拓展市场在资源配置中所发挥作用的广度和深度的过程，更是国家自上而下系统开展的对国家限制竞争行为的体制性因素进行系统清理的改革运动。在我国，体制性因素被普遍视为国家限制竞争行为频发的症结，因此，系统地梳理欧美国家放松管制运动的整体过程，对我国国家限制竞争问题的规制极具借鉴意义。

值得注意的是，尽管放松管制运动具有改革政府干预手段并扩张市场机制作用的内涵，但这一概念并不笼统地涵盖任何在同一时期进行经济体制改革的国家。事实上，在放松管制运动持续进行的20世纪七八十年代，苏联、东欧以政治剧变的形式经历了体制变革，我国则以改革开放的形式既保证了社会稳定，又实现了经济体制的转轨。如果是以这些改革的结果来判断，它们确实也实现了管制体制的放松，但是，其性质与以欧美国家为首的放松管制存在极大不同：一方面，欧美国家的放松管制是在市场经济体制本身已然建成的情势下开展的，改革运动仅旨在进一步扩展市场的力量，限缩政府的不正当管制，而苏联、东欧的政治剧变与我国的改革开放尽管发生于类似的时间，但其实质是完成市场机制在这些国家从无到有的剧变；另一方面，欧美国家的改革无论是从目的还是结果上来看，均聚焦于管制的放松，而社会主义国家则是在对整体国家经济和政治体制进行一次系统修正，管制的放松只是这次改革的"附带品"，且从整体存量上来看，尽管不正当管制在改革后确实大大减少，但仍然未达到放松管制运动国家的程度。至今，在与我国

---

❶ 将放松管制的理论基础总结为"对竞争和市场的信心增强"和"对管制过程的信心减弱"的论述援引自［美］霍温坎普著，许光耀、江山、王晨译：《联邦反托拉斯政策：竞争法律及其实践（第三版）》，法律出版社2009年版，第783~786页。

反行政垄断立法中模式较为类似的俄罗斯、乌克兰等国，国家限制竞争仍是一个备受关注的问题。

三、放松管制运动的基本过程

放松管制运动涉及多个国家和地区，并辐射到众多受管制的行业或领域，且每一地域或市场上的表现也均具有微妙的差别，但整体而言，放松管制运动的基本过程可以简练地概括为分权化策略、绩效化策略、组合优化策略和法治化策略四个方面，❶ 经过这一系列制度规划，国家限制竞争在西方发达国家的发生频率大降，市场在资源配置中的作用得到强化。

（一）分权化策略

分权化策略是指下放政府管制权力，通过将以前政府普遍实施的部分职能转向市场或社会中介组织的形式，进行管制的"卸载式"改革，从而缩小政府管制规模，降低国家限制竞争行为的发生频率。这其中的一个重要体现是若干受管制行业经营者以民营化替代国有企业的过程，在此之前，欧美国家以政府投资的形式在若干特殊行业推行国有化进程。国有化可以说是一种最为极端和刚性的管制，❷ 因为它相当于以准入管制的形式直接将民营企业排除在相关市场之外，替代为公权力的独占式经营。从这个角度来看，民营化的过程本身既是一种管制权力的下放，与此同时，它还有利于若干关联问题的解决。比如社会资本在公共服务行业的涌入有利于缓解财政压力；再如，对被管制者民营化身份的再造，也有利于打破管制者和被管制者的政企同盟，减少管制俘获的发生比率，进而抑制以保护在位经营者为目的的国家限制竞争行为。

分权化策略的直接功能是若干受管制行业"管制指数"的降低，所谓行

---

❶ 对这四种策略的总结援引了卢颂华文献当中的提法，参见卢颂华："美国放松规制改革的发展与启示"，载《行政论坛》2002年第3期。但下文所叙述的各策略的具体内容在参阅其他国内外文献的基础上进行了修正，与该文献的具体范畴存在差别。

❷ See Anthony I. Ogus. Regulation: Legal Form and Economic Theory, Oxford: Hart Publishing, 2004. 265.

业管制指数，是采用定量方法对若干行业尤其是管制较深切的垄断行业进行的管制测度。❶ 如果行业管制指数高，则表明政府管制规模偏大，潜在的不正当管制的存量也通常较高。比较有公信力的是 OECD 管制指数，即对每个产业进行从进入壁垒、公共所有权、市场结构、纵向一体化、价格管制等方面进行评价的测度方法。❷ 以英国、美国为例，依照 OECD 的统计，二者在航空、电信、电力、天然气、邮政、铁路、公路七大受管制行业 1975 年的管制指数分别为 4.8 和 3.7，而在 2003 年，二者已经分别降低到 1.0 和 1.4。❸

（二）绩效化策略

绩效化策略是指对政府管制的决策和实施施加一个以经济分析工具为主要形式的控制策略，实现管制措施设置的科学化，从而在不正当管制真正发挥出限制竞争的效果之前，即对其予以清理、修正或废除。正当管制的前提是市场失灵，即在市场本身无法保证资源优化配置的情况下，发挥管制对市场的纠偏性作用，而 20 世纪 70 年代欧美泛化的管制体系则远超管制的正当性边界，一个典型体现便是管制在寻租和扩权冲动下的不断膨胀，导致管制成本日趋推高。此时，不正当的管制不但没有弥补市场失灵而推进资源的优化配置，反而更加导致了资源的浪费，这也是彼时欧美国家发生严重财政赤字的重要原因；而在经济运行方面，若干行业的市场经营行为开始在管制化的背景下运行，进而呈现出国家限制竞争下的畸形运作局面。为了对此进行系统的治理，在放松管制的历史时期内，日渐衍生出一整套名为"管制影响评估"（Regulatory Impact Analysis，RIA）的促进管制行为绩效化的机制。它是以经济学上的成本收益分析为主要工具，以确保政府管制行为在实现治理市场失灵的正当性要求前提下，又不会产生国家限制竞争等过高社会成本和

---

❶ 参见戚聿东等：《中国垄断行业市场化改革的模式与路径》，经济管理出版社 2013 年版，第 468~480 页。

❷ 根据产业的不同，管制指标可能存在若干差别。具体的介绍可参见戚聿东等：《中国垄断行业市场化改革的模式与路径》，经济管理出版社 2013 年版，第 480~489 页。

❸ 转引自戚聿东等：《中国垄断行业市场化改革的模式与路径》，经济管理出版社 2013 年版，第 495 页。

风险的现象为根本目的,对政府管制实施的一种以考察其是否符合经济绩效要求为主要内容的控制机制。

从管制影响评估的历史发展过程来看,它主要包含三个阶段:❶ 第一阶段是从 20 世纪初到 70 年代初,即放松管制运动全面开展的前夕,这是管制影响评估的制度雏形阶段,彼时尚不存在普遍性的制度实践,但在一些纯粹财政货币层面的政府管制行为上,存在一些原理相类似的机制,如评估某一项公共事业管制的资金收益是否大于成本、政府管制经济的行为是否会造成不必要的通货膨胀,等等。第二阶段是从 70 年代到 21 世纪初,这是管制影响评估制度的成熟期,以 1981 年美国里根总统第 12291 号总统令《联邦规制》第 2 条为标志,一个全面的成本收益分析工具开始引入,管制影响评估制度真正开始系统地影响行政机构的组织和行为,放松管制运动也因为这一绩效化策略的全面引入开始加速推进。在这一阶段内,欧美发达国家得以系统地对国家限制竞争的体制性基础进行卸载。第三阶段是 21 世纪以降,基于进一步防止政府管制行为可能产生的限制竞争效果,加上国际反垄断学术研究中对国家限制竞争法律规制的日趋重视,管制影响评估在保留既有运转机理的前提下,升格为"竞争评估"(Competition Assessment),即系统地评估管制对竞争机制可能产生的影响,防止对竞争产生不正当的妨碍效果。目前,为了保证制度运转最大程度的效率,已经有多个国家或地区将成熟的管制影响评估和竞争评估整合为一揽子体系,这成为西方国家规制国家限制竞争行为的最核心经验。

(三) 组合优化策略

组合优化策略是指在放松管制运动过程中对政府管制结构进行科学调整,并非对所有类型的管制都进行放松,而是建立在管制结构优化、合理的前提上进行甄别,"有所为、有所不为"。

组合优化策略的第一个体现是着重放松以行业为导向的经济性管制,但在以现实公益性问题为导向的健康、安全与环境等社会性管制等方面则并未放松,甚至还有加强的趋势。之所以做此区分,是因为经济性管制致力于弥

---

❶ 在本章第二节,会对管制影响评估的三个发展阶段有更进一步的论述。

补竞争机制的缺位性，意图发挥替代竞争的作用，因此它通常直接作用于市场准入资格、定价机制、产品标准、市场划分等直接的生产要素，一旦操之过猛，就容易发生偏差，使目标从竞争之替代演变为竞争之"取代"，这个时候，国家限制竞争就产生了。比如，自然垄断领域中的准入管制旨在扶持一个优质的经营者进入独占性市场，但在发生权力寻租的场合，这种管制就变成对在位垄断者的培育。相比经济性管制，社会性管制以弥补市场在解决社会公益性问题上的乏力为目的，在这些领域中，市场本身是力不能及的，因此，其产生国家限制竞争的可能性较低。如果忽视经济性管制和社会性管制的这一差别，强行在两个领域均放松管制，就有可能造成政府在推进公众福祉问题上的缺位。因此，放松管制运动并非纯粹意义上对所有管制的放松，而是表现为经济性管制和社会性管制的"此消彼长"般的结构优化过程。美国学者曾将这一过程与20世纪30年代的情况进行对比，在30年代，美国为了应对经济形势而设置了一系列扩张管制权力的经济性管制机构，但从六七十年代开始，伴随着前述经济性管制机构的缓慢放松，与之对应的是与环境保护以及劳动者、消费者、穷人、残障人士等民权运动的保护相契合的社会性管制机构的膨胀，这一现象被美国学者称为"权利革命"。❶

组合优化策略的第二个体现是，即使在放松管制所偏重的经济性管制领域，也在甄别不同行业特性的基础上存在明显的结构性偏重，主要致力于管制较为普遍、不正当管制频率更高的自然垄断行业，如航空、铁路、电力、电信、公路、有线电视、天然气等领域。❷ 在放松管制前，这些行业所具有的自然垄断属性被认为属于市场失灵的多发地带，也便成为彼时管制体系建立的重要理论基础。但伴随着理论和实践的进展，一方面，管制俘获和公共选择揭露了管制实践存在私益性的异化倾向；另一方面，自然垄断领域也在市场需求扩大和科技进步的环节中不断限缩，如传统上被视为自然垄断的电力行业，其实只有高压输电和低压配电环节是自然垄断的，而电力设备供

---

❶ 参见［美］凯斯·R. 桑斯坦著，钟瑞华译：《权利革命之后：重塑规制国》，中国人民大学出版社2008年版，第26~27页。

❷ 参见戚聿东等：《中国垄断行业市场化改革的模式与路径》，经济管理出版社2013年版，第496~499页。

应、电力生产和供应均可实现有效竞争，在后者范围内并无必要施加太过深切的经济性管制。❶ 此时，如果在这些行业再继续保持高度的管制结构，那便是在放任国家限制竞争行为不予治理。因此，严谨来讲，放松管制的核心领域实际上是国家限制竞争最为频发的若干特殊行业经济性管制之放松，而不是其他。

（四）法治化策略

法治化策略是指注重立法、修法和废法等活动在放松管制运动中的重要作用，保证管制改革有法可依。这一点可从美国管制传统最为浓郁和深厚的铁路行业改革得到明显体现。❷ 美国的铁路行业堪称管制传统最为深厚的"重灾区"，对铁路的管制历史基本上与管制本身的历史一样长，1887年成立的州际商务委员会（Interstate Commerce Commission，ICC）即负责铁路管制，它是美国第一家在联邦层面成立的独立管制机构，❸ 州际商务委员会成立的法律依据——1887年《州际商务法》（An Act of Interstate Commerce）也经常被视为现代管制立法起源的标志性事件。❹ 但到了20世纪70年代，面对普遍性的管制所致的国家限制竞争的伤害，美国铁路行业已经到了崩溃边缘，许多铁路公司濒于破产。在这一背景下，一系列的铁路行业放松管制法案在美国陆续通过，如1970年将铁路客运业务与货运业务分离的《国家铁路客运法案》（Rail Passenger Service Act）；组建联合铁路公司的1973年《地区铁路改组法》（Regional Rail Reorganization Act）和1976年《铁路复兴与管制改革法》（Railroad Revitalization and Regulatory Reform Act）；进一步放

---

❶ 参见刘大洪，谢琴："自然垄断行业改革研究——从自然垄断行业是否为合理垄断的角度出发"，载《法学论坛》2004年第4期。

❷ 参见王立平："规制与放松规制：美国铁路体制改革的启示"，载《郑州航空工业管理学院学报》2007年第6期。

❸ 参见宋华琳："美国行政法上的独立规制机构"，载《清华法学》2010年第6期。

❹ 如文学国主编：《政府规制：理论、政策与案例》，中国社会科学出版社2012年版，第9页。再如 ［美］W. 基普·维斯库斯，小约瑟夫·E. 哈林顿，约翰·M. 弗农著，陈甬军，覃福晓等译：《反垄断与管制经济学（第四版）》，中国人民大学出版社2010年版，第5页。

松政府管制、赋予铁路公司更多经营自主权的1980年《斯塔格斯铁路法》(Staggers Rail Act);最终,在1995年《州际商务委员会终止法案》(ICC Termination Act)为这一管制改革进程"一锤定音",它撤销了存在超过1个世纪的州际商务委员会,并于1996年成立了地面运输委员会(Surface Transportation Board),赋予其执行经放松管制后美国所有运输业的全部管制职能。

事实上,美国在放松管制运动中这种对法治化策略的重视绝非铁路行业的"一家独秀",几乎任何一个受到放松管制运动辐射的行业均在不同层面得益于立法运动的推动:如针对航空运输业的1977年《航空运输放松管制法》和1978年《航空放松管制法》、1978年针对电力行业的《公用事业管制政策法》、1980年针对地面运输的《激动运输法》和《家用货物运输法》、1982年针对城市公共交通的《公共汽车管理改革法》、针对电信市场的1984年《电信电缆法》、1995年《通讯竞争与解除管制法》、1996年《联邦通信法》,等等。❶ 诸如此类的例子不胜枚举。

四、放松管制运动的反垄断价值:国家限制竞争规制结构的成型

经过分权化策略、绩效化策略、组合优化策略和法治化策略四个方面轰轰烈烈的改革,欧美国家的放松管制运动激活了市场机制发生作用的广度和深度,国家限制竞争的发生频率降低,市场与政府的关系得到优化与重构。在这一改革之后,西方发达国家的国家限制竞争行为虽说不至于完全消失,但已经不再作为一个集中性的社会现象和急迫的改革问题而存在。与其他体制改革不同的是,放松管制由于所涉政府权力范围极广,又面临与管制权力拥有者、所涉行业的经营者群体及社会公益等多方面的利益博弈,它远不是一个一蹴而就的改革运动。也正因为如此,即使在今天,放松管制仍然在欧美国家的若干行业持续,并表现出了跨区域、跨国别的特点:一方面,放松管制的风潮陆续自欧美发达国家扩展开来,影响至亚洲、拉丁美洲等众多资本主义国家。如日本在1983年公布了《行政改革法》、1994年成立了行政

---

❶ 参见文学国主编:《政府规制:理论、政策与案例》,中国社会科学出版社2012年版,第557页。

改革委员会,陆续推进放松管制的进行,并在 1995 年成立了放松管制委员会,开始实施《放松管制推进计划》;❶ 紧跟日本后尘,金大中政府时期的韩国在 1998 年制定《行政管制基本法》,并依此成立了中央机构管制改革委员会,公布《1998 年管制改革白皮书》,在两年内将 11125 项管制项目消除了 5958 项,并对 2981 项管制进行了修订,❷ 这一激进迅速的改革方式极大地增强了韩国市场经济的活力。另一方面,不同国家之间开始尝试相应领域放松管制政策的对接,从而使市场机制的作用能够超越国境的限制,实现国际上的有效竞争。比如在民航业的放松管制方面,2007 年 4 月 30 日,欧盟与美国签订了《欧美航空运输协定》,从而将民航业的放松管制纳入国际趋同的视野,这被形象地称为"开放天空"。❸

欧美国家旷日持久的放松管制运动,既是对国家管制经济实践的一种系统式自检,从而整体上降低不正当管制的发生频率;又是一场市场在资源配置中的作用得以再次振兴的改革过程。如果是以我国于党的十八届三中全会之后所强调的官方语境来审视,这实际上是市场在资源配置中应起"决定性作用"的体现。而从反垄断法的角度来看,放松管制运动意义深远,因为它标志着西方国家形成了一个成熟有效的国家限制竞争的规制结构,这一规制结构与中国目前的制度设计呈现出较大差别。与中国目前主要通过规定行政垄断的形式对国家限制竞争进行事后规制相比,国家限制竞争规制结构的西方经验则主要以事前的预防式规制机制为主:借助放松管制运动的开展,西方国家逐渐建立起一套以绩效化策略为主的政府管制控制机制,通过管制影响评估的形式,对可能具有不正当的限制竞争效果的管制在决策或实施阶段即予以修正、改进或索性废除。这种评估机制主要引入了经济学上的以成本收益分析为主的分析工具,从而为政府管制是否不恰当地提高社会成本、是

---

❶ 详细的放松管制过程可参见徐梅:《日本的规制改革》,中国经济出版社 2003 年版。

❷ See Byungki Ha., Economic Effect on Regulatory Reform in Korea, Korea Institute for Industrial Economics and Trade, 1999.

❸ 参见黄涧秋:"'开放天空':欧盟航空运输管理体制的自由化",载《欧洲研究》2009 年第 2 期。

否不适宜地限制经济自由和产生垄断影响提供一个更具有可操作性的控制标准。我国的国家限制竞争研究长期对欧美国家的这一规制结构欠缺足够的重视，从而导致若干有效的制度经验至今未被学习和吸纳。

在这一有效的审查机制基础上，西方国家大部分的国家限制竞争行为在真正产生危害结果之前即已经得到有效的事前治理，对国家限制竞争进行事后规制的"权重"较低。因此，在西方国家对国家限制竞争的法律规制结构中，真正以执法或诉讼的形式进行规制的制度设计，反而处于一个从属性和补充性的地位。因此，西方国家反垄断法并不致力于构建一个与中国反行政垄断规定相类似的专门条款，而是通过反垄断法调整范围的改革为国家限制竞争的规制确立法律依据：一方面，欧美各国反垄断法适用除外制度的范围在放松管制过程中发生变化，适用除外的范围有不断缩小的趋势，这相当于将更多的政府管制行为施加了反垄断审查，限缩了政府管制的法外空间。另一方面，反垄断法所调整的行为范畴也进行了一定程度扩张，传统上被认为主要调整经营者限制竞争行为的反垄断法律制度也开始对以国家公权力机关为主体的国家限制竞争行为发挥作用。各国在反垄断法制定和实施过程中将本国若干典型的政府管制行为类型化和要件化，从而清晰地划定一个管制的合法界限，超出合法界限的管制行为将受到查处。

概而言之，西方国家经历放松管制运动后，对国家限制竞争的规制经验可以概括为：以政府管制影响评估形成的预防式规制机制为核心制度，以反垄断法调整范围的扩张所形成的补救式规制机制为必要补充。本章第二节、第三节内容即对两类经验体系进行分述。

第二节　管制影响评估：预防式规制机制的核心制度

一、管制影响评估的概念界定

管制影响评估（Regulatory Impact Analysis，RIA）是伴随着 20 世纪 70 年代西方国家放松管制运动陆续完善的一个制度体系。管制影响评估是经济学上的成本收益分析（Cost-Benefit Analysis）渗透到政府管制运行过程的典型体现,即以经济学方法预测和考察管制对市场的实际影响,从而判断其是否符合经济绩效要求,进而决定对其是否有必要予以维持、修正或取消。面对瞬息万变的社会经济运作状况,管制必须要随时调整其实施工具以应对现实需求,尤其是在发生市场失灵的情况下,有必要以政府管制的形式发挥对市场机制的纠偏性作用;但是,公权力时刻存在扩张和异化的冲动,尤其是在管制为主导的公共管理模式下,它愈发地强调行政行为的命令与服从机制,这便更有可能使政府管制在制定和实施过程中加速出现"自我积累"过程,从而使其在正当性范围之外变异运行,国家限制竞争便是其在市场竞争领域产生不良影响的最典型体现。此时,如何以一个科学的标准将管制限定在正当性边界之内,保证其在维护公共利益和治理市场失灵之外,不会徒生管制失灵问题,就成了放松管制运动时期西方国家经济体制改革的核心命题,这也正是管制影响评估制度产生的现实根源。通过借助经济学工具的绩效化审查,管制更能保证其制定和实施过程是"划算"的。

  不同的文献对管制影响评估有不同的称呼,有的直接称呼为管制的"成本收益分析",[1] 相类似的称呼还有"成本效益分析方法及其评估机制",[2] 美国的经济学者还有的将其称为管制的"监督过程"。[3] 而"管制影响评估"这一称呼则是经济合作与发展组织(以下简称 OECD)的规范性称呼,在国内学术研究中也多有援引。[4] 使用"成本收益分析"一词的相关文献大多基于美国放松管制的经验基础,研究以经济学上的成本收益分析为主要工具,以确保管制符合比例原则、防止国家限制竞争为根本目的,对管制实施的一

---

[1] 刘权:"作为规制工具的成本收益分析——以美国的理论与实践为例",载《行政法学研究》2015 年第 1 期。

[2] 冯玉军主编:《法经济学》,中国人民大学出版社 2013 年版,第 123~126 页。

[3] 参见[美] W. 吉普·维斯库斯,小约瑟夫·E. 哈林顿,约翰·M. 弗农著,陈甬军,覃福晓等译:《反垄断与管制经济学(第四版)》,中国人民大学出版社 2010 年版,第 21 页。

[4] 中国这方面的代表性文献有席涛:"政府监管影响评估分析:国际比较与中国改革",载《中国人民大学学报》2007 年第 4 期。刘东洲:"比较西方监管影响评估分析标准——以美国、欧盟与经济合作与发展组织为参照",载《北京工商大学学报(社会科学版)》2008 年第 4 期。

种以考察其是否符合经济绩效要求为主要内容的控制机制。❶ 毫无疑问,如果要在当今世上寻得一个管制影响评估制度运用最为娴熟和深入的国家,美国当之无愧,这与该制度所依托的研究范式——法经济学——在产生和发展过程中美国本土所发挥的举足轻重的作用休戚相关。❷ 但是,放眼全球范围,伴随着放松管制运动在发达国家的开展,这一制度的实际表现早已不局限于美国,在制度建设语境中直接援引"成本收益分析"这一经济学话语体系的却主要是美国,其他富含影响力的管制影响评估制度,如欧盟的管制影响评估框架、OECD的管制质量与绩效指引、OECD竞争评估工具书,等等。❸ 本质上也是以经济学工具对管制予以绩效化审查的有效实践,但它们多以更贴合政治或法律语境的词汇描述该制度,没有直接援引"成本收益分析"的语境。因此,如果以"成本收益分析"直接称呼管制影响评估,会产生该制度专属美国的误解,且成本收益分析是一个未经法学语言消化的纯经济学词汇,将其直接纳入法学分析语境,容易产生概念范畴的理解偏差,比如,它容易被不具有经济学知识构成的学者误以为是纯财政预算层面的评估审查,这不利于共同研究语境的养成。另外,从这一制度的晚近发展态势来看,其内涵和表现也日渐超越经济学上的成本收益分析工具,而呈现出多样化的制度特色,在这一趋势下,若再单纯以成本收益分析称呼,则有可能限缩该制度在实践演化中的生命力。因此,本书以内涵更为广袤的"管制影响评估"一词对其进行概括。

---

❶ 中国这方面的代表性文献有:1. 刘权:"作为规制工具的成本收益分析——以美国的理论与实践为例",载《行政法学研究》2015年第1期。2. 石涛:"政府规制的'成本—收益分析':作用、内涵及其规制效应评估",载《上海行政学院学报》2010年第1期。3. 蒋红珍:"政府规制政策评价中的成本收益分析",载《浙江学刊》2011年第6期。它们均以美国作为唯一的制度考察对象。

❷ 关于美国在法经济学思想脉络中作用的详述可参见易宪容:"法经济学的思想轨迹与当前发展",载《江西社会科学》1996年第7期。

❸ 参见席涛:"政府监管影响评估分析:国际比较与中国改革",载《中国人民大学学报》2007年第4期。

二、管制影响评估制度的基本沿革

(一) 早期雏形：财政与货币层面的管制影响评估

管制影响评估制度的早期雏形可以追溯至20世纪初美国的管制立法，如1902年《美国河流与港口法》和1936年《美国防洪法案》均存在对管制效果进行评估的粗略规定。❶ 但是，以现在的眼光看，彼时的制度设计非常粗糙和促狭，基本上局限于财政预算和货币资金领域，即纯粹在可以量化为资金数量的层面衡量成本收益的绩效性，此时的管制影响评估与其说具有防止国家限制竞争的性质，不如说只是在会计层面衡量一下管制的实施"值不值"。对相关成本收益分析进行规定的管制领域也通常局限在物质构造性较强、管制实施的成本和收益方便以货币进行量化的领域，如港口建设、河流治理等公共事业建设。而一个成熟、全面的成本收益分析则"既包括可以计量的措施，也包括成本和效益难以数量化但又必须考虑的定性措施"，❷ 如管制对主体行为产生的影响，社会意识形态的转化，等等。这些通常无法体现在财政资金层面的直接改变，因此，这一时期的管制影响评估尚不具有防止国家限制竞争的制度意义。

直至美国尼克松政府时期，一个审查程序得以制定，它旨在一定程度上获知管制的成本及其经济影响，这应当是现代意义上的管制竞争评估制度的最早雏形，但由于这一审查程序是非正式的，其实际发挥的作用很有限。真正将财政预算层面的管制竞争评估推向高潮的是1974年福特政府时期颁布的第11821号总统令，它要求管制机构要为其所有主要的规范性文件准备

---

❶ 1902年《美国河流与港口法》规定："工程师委员会应当考虑这些工程的现有商业的数量与性质或即将受益的合理前景，和这些工程相关的最终成本，包括建设和维护成本、相关的公共商业利益，以及工程的公共必要性，建设、保持、维护费用的妥当性。"River and Harbor Act of 1902, 32 Stat. 331, 372 (1902). 1936年《美国防洪法案》规定防洪工程的建构"可能获得的收益应当超过估算的成本," Flood Control Act of 1936, 33 USCS § 701a (1936). 两部法律规定均转引自刘权："作为规制工具的成本收益分析——以美国的理论与实践为例"，载《行政法学研究》2015年第1期。

❷ 冯玉军主编：《法经济学》，中国人民大学出版社2013年版，第112页。

"通货膨胀影响报告",并评价相关新的法规可能具有的成本与价格影响,白宫成立了工资与物价稳定委员会(Council on Wage and Price Stability)来管理这一工作。❶ 从此以后,管制影响评估制度与放松管制运动同期进入迅速发展过程,这一总统令的历史意义重大,因为它在美国开启了以总统令的形式促进成本收益分析的先河,并促进了管制影响评估开始逐渐突破财政货币层面的限制,从制度雏形走向完善和成熟。

（二）制度完善：全面成本收益分析工具的引入

从福特政府开始,美国管制影响评估制度历经卡特政府、里根政府、老布什政府、克林顿政府、小布什政府和奥巴马政府陆续通过颁发总统令的形式予以改进和完善,进而形成一个以全面纵深的成本收益分析方法对管制进行绩效化审查的制度体系。通过表 2.1 可以了解每届政府在推动管制影响评估制度发展上的主要贡献。❷

表 2.1　美国历次政府总统令对管制影响评估的阶段式改进过程

时间	政府	总统令	取得的突破
1974	福特	第 11821 号总统令《通货膨胀影响声明》	要求管制机构为其所有主要的规范性文件准备通货膨胀影响报告,从而评价管制可能具有的成本与价格影响

---

❶ [美] W. 吉普·维斯库斯,小约瑟夫·E. 哈林顿,约翰·M. 弗农著,陈甬军,覃福晓等译：《反垄断与管制经济学（第四版）》,中国人民大学出版社 2010 年版,第 21 页。

❷ 表 2.1 所列举的每位总统令的内容和改革状况是在综合如下文献的基础上予以整理的结果：1. [美] W. 吉普·维斯库斯,小约瑟夫·E. 哈林顿,约翰·M. 弗农著,陈甬军,覃福晓等译：《反垄断与管制经济学（第四版）》,中国人民大学出版社 2010 年版,第 21~25 页。2. 吴秀尧："奥巴马政府监管的行为法经济学分析——'成本收益国家'在'行为时代'的人性化改革",载《时代法学》2013 年第 4 期。3. 刘权："作为规制工具的成本收益分析——以美国的理论与实践为例",载《行政法学研究》2015 年第 1 期。4. 美国国家档案馆网站（National Archives）的相关内容：载 http://www.archives.gov/federal-register/codification/,最后访问日期：2020 年 1 月 1 日。除表格所列内容外,历届总统还有其他总统令亦涉及管制影响评估,但不涉及制度改进的未在表格中列出。

续表

时间	政府	总统令	取得的突破
1978	卡特	第12044号总统令《改善政府管制》	为通货膨胀要求加上了成本收益测试，管制影响必须确保选择了成本最低的可接受方案
1981	里根	第12291号总统令《联邦管制》	提出一个成熟的成本收益标准
1993	克林顿	第12866号总统令《管制计划与审查》	针对成本收益分析中许多政策结果的难以量化性，加强对其质的方面的考虑
2002	小布什	第13258号总统令《修正12866号管制计划与审查总统令》	使经济学原则得以更充分指导对管制进行的分析；推行"需迅速处理信件"机制以鼓励管制机构创新监管方法
2012	奥巴马	第13610号总统令《识别和减少管制负担》	运用成本收益分析对现存的重要性管制进行回顾性审查

在整个发展过程中，里根总统在1981年颁布的第12291号总统令《联邦管制》第2条具有革命性的意义，它正式形成一个成熟的成本收益分析要求，❶ 这是管制影响评估制度走向成熟的标志。拜此所赐，与此同时开展的放松管制运动获得了更为坚实的制度基础，自此之后开始加速进行，在美国日益取得显著成效。❷ 根据该条规定，针对管制颁布新的法规、审核既有法规或提出管制的立法提案时，所有管制机构都应当同时符合如下绩效化审查的构成要件：（1）对计划实施的政府行为的必要性及其后果具备完备信息；（2）管制对社会的潜在收益超过潜在成本；（3）管制必须以社会利益最大化为目标；（4）在所有可选择的管制方案中择取对社会净成本最小的方案；（5）应在考虑受管制影响的特定产业状况、国民经济状况以及未来将要采取的其他管制行为后，以实现社会总的净收益最大化为目标，确定管制的优先次序。

很显然，成本收益分析是美国管制影响评估的最核心关键词，也是经济

---

❶ See Ronald Reagan. Executive Order 12291：Federal Regulation, 3CFR128, 2 (1981). 载 http：//www.archives.gov/federal-register/codification/executive-order/12291.html，最后访问日期：2020年1月1日。

❷ 参见陈世香："新公共管理运动期间美国政府规制改革的基本内容及启示"，载《武汉大学学报（人文科学版）》2005年第1期。

学分析范式直接影响管制立法和实施的明显佐证。在其他发达国家或地区，管制影响评估制度也具有不同层面的体现。在英国，从 1979 年撒切尔夫人上台执政后开展放松管制的运动，对管制开展绩效化审查的机制建设也同样如火如荼，最典型的便是 1985 年《附加负担白皮书》的出台，该报告建议所有政府部门都要提出税务执行费用评估，以采取控制措施，这类似于财政与货币层面的管制影响评估。在 1994 年则制定了《减少国家干预经济和执行法案》，开始系统地减少管制负担，在这一过程中，英国政府还常态性的公布规制影响分析指南，为管制影响评估提供进一步的指引。[1] 欧盟自 2002 年颁布管制《影响评估指引》（Impact Assessment Guidelines）之后，其区域范畴内的统一管制影响评估制度建设速度飞快。[2] OECD 近年来也在管制影响评估方面的制度建设发挥了重要作用，2005 年出台了《OECD 管制质量与绩效指引原则》（OECD Guiding Principles for Regulatory Quality and Performance）。[3]

（三）新发展：管制的竞争评估与竞争倡导

自 1981 年里根总统开启的管制影响评估的成熟系统，致力于对一切不符合绩效性要求的不正当管制进行审查，由于国家限制竞争行为本质上是一种典型的不正当管制，因此，管制影响评估能直接减少国家限制竞争的发生频率。从制度目的上看，管制影响评估并非单独服务于反垄断，并不具有国家限制竞争性质的其他不正当管制，如对经营自由的过度控制、管制权力的寻租行为等，在这一评估系统中也能得到有效制约。但在进入 21 世纪后，管制影响评估开始有了新发展，其中最重要的体现是管制影响评估过程面向国家限制竞争问题的精细化，它单独衍生出了一类名为"竞争评估"（Competition Assessment）的制度体系，专门用于管制对市场竞争影响所产生的评

---

[1] 参见文学国主编：《政府规制：理论、政策与案例》，中国社会科学出版社 2012 年版，第 562 页。

[2] 参见席涛："政府监管影响评估分析：国际比较与中国改革"，载《中国人民大学学报》2007 年第 4 期。

[3] OECD Guiding Principles for Regulatory Quality and Performance，载 http://www.oecd.org/fr/reformereg/34976533.pdf，最后访问日期：2020 年 1 月 1 日。

估,其制度设计目标直指管制行为中国家限制竞争的防止和控制。在竞争评估之前,以成本收益分析的一般形式对冠字号的评估可称为"一般评估",它实质上是在管制机构内部予以自我控制,或依赖行政部门上下级之间的政治监督关系而进行,在美国,这一过程由管制决策机构自身实施,并附加专门机构白宫管理与预算办公室(Office of Management and Budget, ONB)施加监督。与之相比,管制的竞争专门评估则通常交由反垄断主管机构专司进行。近年来,竞争评估制度发展迅速,OECD 在 2009 年通过了《对竞争评估的理事会建议案》,在 2010 年则出台了竞争评估工具书(Competition Assessment Toolkit),为各国在这方面的制度变革提供一个简易指引,并在 2011 年进行了 2.0 版本的修正。❶

在日本,早在 2001 年 6 月即颁布了《政府政策评估法》,确立了针对政府政策的竞争评估机制,2010 年 4 月日本又引入 OECD 竞争评估工具书中的竞争评估制度,将其作为日本政府政策事前评估的一部分。❷ 日本的竞争评估过程已经成为一个标准化的行政流程,日本公平交易委员会在这一过程中对管制可能造成的限制竞争效果施加了全方位的评估,这一过程的具体运作状况可以参见图 2.1。❸ 依照图 2.1 的显示,日本的竞争评估其实主要由两个步骤构成,即评估"是否会对市场竞争产生影响"和评估"对市场竞争产生什么影响"。

---

❶ 工具书包含两卷,分别是"原则"(Competition Assessment Principles)和"指南"(Competition Assessment Guidelines),OECD 提供的 2011 年 2.0 版两卷中文版分别参见:载 http://www.oecd.org/daf/competition/98765436.pdf,载 http://www.oecd.org/daf/competition/98765437.pdf,最后访问日期:2020 年 1 月 1 日。其中 2009 年《对竞争评估的理事会建议案》可参见原则卷第 53~56 页。

❷ 参见应品广:《法治视角下的竞争政策》,法律出版社 2013 年版,第 195 页。

❸ 图 2.1 的原型参见应品广:《法治视角下的竞争政策》,法律出版社 2013 年版,第 196 页。此处是参照该文献的图表格式,对若干学术词汇进行调整后(如将"规制"一词改译为"管制"),以 Office Publisher 软件绘制后,再转化为图片 jpg 格式插入本文档生成。

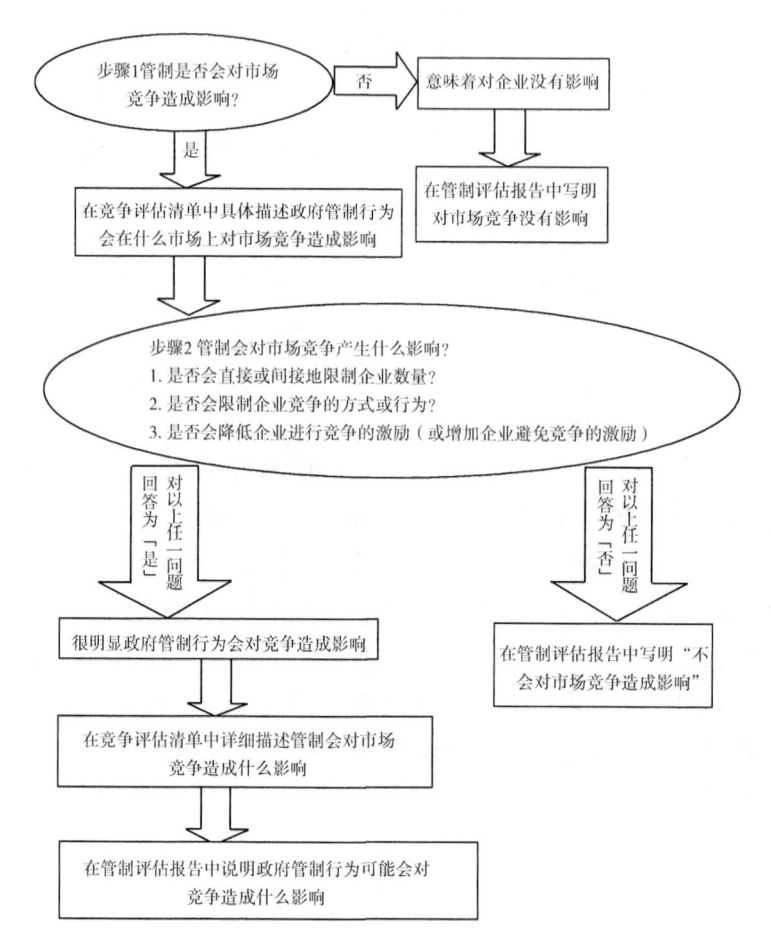

图 2.1　日本的竞争评估清单

竞争评估制度的产生是基于越来越多的国家对以下事实的认同：最大化有效竞争的程度是实现最有经济增长及社会福利最大化的根本。❶ 因此，与不正当管制可能产生其他的高成本问题相比，其对市场竞争有可能产生的限制所造成的危害就有可能更大、也更深远。而依靠这种专门针对管制是否限制竞争问题的评估，可以得出管制"对竞争的限制的成本与收益是否符合比

---

❶ 参见 OECD：《竞争评估工具书原则 2.0》，第 32 页。

例原则的要求"❶ 的结论，进而决定是否有必要予以实施、修正或索性废除。由此可见，竞争评估与一般评估的指导思想并无不同，其只不过是成本收益分析工具在市场竞争影响评估问题上的精细化，因此，评估工具书针对竞争评估和管制影响的一般评估特意做出了"整合"的倡导，目的是能最大化地减少由于评估程序的烦琐、负责机构的多样化所产生的成本和时滞问题，进而促进二者的功能组合。在管制影响的一般评估中，对成本和收益的分析往往是对可能发生的结果进行比较，这种比较是在现有的经济和管制环境中进行的，并且不允许影响这些环境的主要参数有相关变化。与之相比，竞争专门评估更着眼于未来，关注特定变化对决定竞争强度的市场条件的影响，同时也关注政策可能产生的与经济效率和消费者福利相关的结果。❷ 因此，竞争评估既是管制影响评估的深化和发展，又是防止国家限制竞争问题在整体不正当管制治理问题中具象化的体现。

　　竞争评估的另外一个制度改进体现在评估主体开始从"自检"走向"外包"。从里根总统以来，日臻成熟的管制影响评估的主要形式是为管制的实施施加一个事前的控制要求，即按照成本收益分析方法建立若干标准，管制机构只有在确保同时符合这些要求的前提下方可开展相关行为，❸ 而这种控制要么依赖于管制机构的自律，要么则依赖于行政机构上下级关系的政治监督关系。但是，伴随着社会经济的深度发展，管制必须不断深入微观经济运作的整体过程以实现其正当性目的，在确保治理市场失灵或公众福祉的目的达成的前提下，管制机构陷入一个对管制信息的偏在与自负的陷阱中：它不是直接的市场经济参与者，所以难以对这种积极干预的姿态可能出现的负面作用精准

---

❶ 张占江："政府反竞争行为的反垄断法规制路径研究——基于路径适用的逻辑展开"，《上海财经大学学报》2014年第5期。

❷ 参见OECD：《竞争评估工具书原则2.0》，第33页。

❸ 严格地说，在奥巴马政府时代，他通过建立"回顾性审查"机制的形式，要求对已实施的规制也进行评估审查，使其发挥出一定程度的溯及力，令其在事前审查之余，还具有一定程度的事中和事后审查的功能，但并未本质改变成本收益分析的经典框架。See Barack Obama. Executive Order 13610: Idetifying and Reducing Regulatory Burdens, Federal Register, Vol. 77, No. 93, 28469（2012）. 载 http://www.gpo.gov/fdsys/pkg/FR-2012-05-14/pdf/2012-11798.pdf，最后访问日期：2020年1月1日。

知晓，在大部分情况下，它又可能过于自信而倾向于低估管制的消极影响。此时，再轻易地相信一个来源于行政机构本身的管制影响评估能够防止不正当管制的产生是虚妄的，而更有必要将这种职责"外包"给一个更精通市场经济知识结构的专业部门去处理。然而在管制的竞争评估制度下，承担评估职责的主体通常不内源于管制机构本身或其上级，而是专门的竞争主管机构。尽管同属政府部门，但竞争主管机构专司市场经济的反垄断执法、反不正当竞争执法以及相关的消费者保护问题，其对市场经营信息的偏在性最弱，最有可能预估一项管制所可能产生的社会成本与潜在收益。因此，从管制影响的一般评估到竞争评估，还是将管制的绩效审查从自我约束走向外部控制的体现。❶

管制的竞争评估不仅停留于竞争主管机构对政府管制的竞争影响作出评价，在竞争主管机构识别出管制存在国家限制竞争性质时，还会进一步对相应管制的改进和修正提出相关意见，这被称为竞争倡导（competition advocacy）。作为一个宽泛的概念，竞争倡导可以是反垄断主管机构运用其在竞争、经济和消费者保护方面的专业知识推进一切形式的政府决策加强在促进竞争和消费者选择上的作用的过程。❷ 甚至有研究认为它应涵盖反垄断主管机构实施的除正式行政执法以外的所有改善竞争环境的行为。❸ 这当中除了会对

---

❶ 另外，由于管制影响的一般评估和竞争评估所存在的这种主体不一致的问题，也造成了二者在整合时的困难，参见 OECD：《竞争评估工具书原则 2.0》，第 32 页。从未来发展来看，如果将管制一般评估和竞争评估整合为同一个制度当中，会明显有利于评估的效率，但也会产生若干疑难问题：制度的整合必然以两种评估的实施主体合一为前提，如果是管制机构吸收反垄断主管机构进行整体评估，则有可能架空反垄断主管机构的应有权力，造成竞争评估的软约束；因此，长远来看，由反垄断主管机构吸收管制机构进行一般评估与竞争评估合一的"大评估"制度更为科学，但这需要对反垄断主管机构在建制、人员和专业性上进行多方面的重新构建，并非一蹴而就。

❷ See James C. Cooper, Paul A. Pautler, Todd J. Zywicki. Theory and Practice of Competition Advocacy at the FTC, Antitrust Law Journal, Vol. 72, No. 3, 2005.

❸ 有研究认为竞争倡导其实在规制国家限制竞争之外，也存在若干在规制经营者的限制竞争行为方面的重要制度，比如知名的企业合规指引（Compliance Guidance）即是反垄断主管机构协助、引领经营者构建符合反垄断规定制度的行为。更为全面的对竞争倡导制度路径的介绍可参见张占江："竞争倡导研究"，载《法学研究》2010 年第 5 期。本书对竞争倡导概念的使用局限在其在规制国家限制竞争方面的作用，即被实施竞争倡导的主体通常局限为公权力主体，针对其他主体的竞争倡导则在所不论。

经营者实施的限制竞争行为进行倡导之外，该制度最大的价值便是易于针对法律、政策的制定机构和管制机构而实施，目的在于促进管制以有利于竞争的方式设计和执行。❶ 严格地说，竞争倡导并不必然是紧随在竞争评估之后予以实施的制度，❷ 竞争评估是对决策阶段的管制予以评估，而竞争倡导则既有可能是对竞争评估认为限制竞争的管制决策进行的倡导，又有可能是对已经实施的管制的具体操作规则进行的倡导，在后者情况下，竞争倡导已从管制的决策阶段进入实施阶段。

在欧美发达国家的经典反垄断法律制度中，对经营者实施的限制竞争行为的查处构成了其核心职能体系，而对政府管制依照反垄断基本价值运行的确保则难以直接发挥行政执法的作用。此时，以竞争倡导的形式解决管制政策可能发生的与竞争政策的冲突就显得尤为必要，它有利于从存量和频率上直接降低国家限制竞争发生的可能。与事后的国家限制竞争执法相比，竞争倡导实际上是以对国家限制竞争进行事前规制的形式进行治理。❸

在目前的全球反垄断实践中，很多国家都已在不同程度上发挥了竞争评估和竞争倡导的作用，美国重要的反垄断主管机构联邦贸易委员会

---

❶ 参见张占江："竞争倡导研究"，载《法学研究》2010 年第 5 期。

❷ 对于竞争评估与竞争倡导两个概念的关系也存在不同层面的理解。学者张占江是中国研究竞争评估与竞争倡导的佼佼者，在他的最初研究中是将竞争评估视为竞争倡导制度体系中的一环，二者是包含与被包含的关系，参见张占江："竞争倡导研究"，载《法学研究》2010 年第 5 期。但在之后的论述中，张占江改变了对这一概念体系的认定，而是更倾向于竞争评估与竞争倡导属于具有关联性但并不彼此包含的两个概念，他认为竞争评估是"竞争主管机构或其他机构通过分析、评价拟定中（或现行）的法律可能（或已经）产生的竞争影响，提出不妨碍法律目标实现而对竞争损害最小替代方案的制度"。而竞争倡导则是在竞争评估发现法律存在对竞争的损害，需要提出改进方案时，通过与其他政府机构的对话、沟通，提出避免或减少法律对竞争损害的替代方案。由此可见，此时他界定的竞争倡导概念更像是在竞争评估得出不利结论后的一种跟进措施，参见张占江："政府反竞争行为的反垄断法规制路径研究——基于路径适用的逻辑展开"，载《上海财经大学学报》2014 年第 10 期。本书对竞争倡导和竞争评估概念关系的使用与张占江后期的观点更为近似，但竞争倡导的实施其实并不必然以竞争评估为前提，后文会对此详述。

❸ 参见张占江："政府反竞争行为的反垄断法规制路径研究——基于路径适用的逻辑展开"，载《上海财经大学学报》2014 年第 10 期。

（FTC）在20世纪七八十年代放松管制运动开展的同期，便开始注重发挥竞争倡导的作用，其核心关注领域起初从贸易、运输、医疗等联邦政府管制领域逐渐扩展至州和地方政府层面的管制行为，在确保管制政策符合竞争机制上发挥了重要的作用，其主要实施形式是FTC对管制机构签发"倡导函"，还包括作出的正式评论以及在法庭上以非当事人身份提供的意见（"法庭之友"意见，amicus curiae briefs）。❶ FTC近年来还形成了一个"倡导档案"（Advocacy Filings），当政府部门作出影响市场竞争和消费者利益的公共管制决策时，FTC会提交意见函对相关的决策提供专业建议。❷ 而澳大利亚、韩国等国在这方面的成果则更为直接，它们通过这种竞争主管机构的外部绩效性审查实现了对管制规范性文件的清理和修改，韩国在2004~2012年的此项成果多达324项，澳大利亚则从1995年开始，尽数清理了1800多项管制。❸

三、管制影响评估的制度功能

（一）宪法实施层面：节制公权力的资源与规模

从限制公权力的层面推动保障人权，是宪法实施矢志不渝的重要价值。❹但在公共行政扩张的今天，对公权力资源和规模的必要节制却越来越难以实现，根源在于"今天的行政早已不再是'消极国家'时代的国防、外交、警察、税收等'最弱意义的'国家职能的实现活动。政府对经济的管制、对民众福利的保障、对诸如环境、劳工等领域的社会性管制等活动，事实上将

---

❶ See James C. Cooper, Paul A. Pautler, Todd J. Zywicki. Theory and Practice of Competition Advocacy at the FTC, Antitrust Law Journal, Vol. 72, No. 3, 2005.

❷ See Federal Trade Commission. Advocacy Filings, 载https：//www.ftc.gov/policy/advocacy/advocacy-filings? combine = &field_ matter_ number_ value = &field_ advocacy_ document_ terms_ tid = All&field_ date_ value［min］= &field_ date_ value［max］= &items_ per_ page = 20&page = 39，最后访问日期：2020年1月1日。

❸ 参见张占江："论政府反竞争行为的反垄断法规制体系建构"，载《法律科学》2015年第4期。

❹ 参见韩大元："宪法实施与中国社会治理模式的转型"，载《中国法学》2012年第4期。

行政活动推到了所有社会问题的最前沿"。❶ 19 世纪自由国家时期的公共行政逻辑强调要将行政活动限制在最小范围内，在维持基本社会秩序的前提下，要保留个人生活的充裕空间。❷ 但进入 20 世纪后，社会经济的迅速发展导致行政权的广度和深度开始大为拓展，新时代的权利观念不再仅是消极防止来自公权力的侵害，而是需要以公共财政作为成本支出换取积极实现，"由权利诱出公共支持"。❸ 在这样的背景下，公权力呈现出一种积极的扩张倾向，这也是"二战"后西方国家开始践行管制型政府的重要原因。

然而，即便在这样一个呼唤公共行政对我们的权利需求予以积极回应的时代，公权力潜伏的扩张与变异倾向也从未改变，20 世纪 70 年代欧美国家管制型政府的积重难返即是典例。在一个管制实施更为普遍的时代，如何将其有效地限定在正当性范围内，对公权力的资源和规模予以节制，这一在自由资本主义时期老生常谈的话题，此时便有了新的探讨价值。管制影响评估制度的产生和发展为这一问题的解决提供了一个有效的工具，经济学上成本收益分析的引入，使得积极的管制过程究竟是在回应权利需求抑或悄无声息地发生权力变异，开始有了一个颇为明朗的判断基准。而在新时代竞争专门评估机制的引入，又令这种"以各种各样的方式和手段插手经济生活"的管制被限定在一个"行之有效的行为界限"之内——保证自由开放的市场经济机制不受国家行为的不合理限制。❹ 这便能保证公共行政行为在回应积极性的新型权利需求的同时，又能将其势力限定在正当性的边界之内——一方面解决了社群体系（collectivist system）下国家干预的必要性问题，另一方面又

---

❶ 王锡锌："依法行政的合法化逻辑及其现实情境"，载《中国法学》2008 年第 5 期。

❷ 参见蔡乐渭："论公共行政变迁背景下行政法发展的新趋势"，载《国家行政学院学报》2009 年第 1 期。

❸ [美] 史蒂芬·霍尔姆斯，凯斯·R. 桑斯坦著，毕竞悦译：《权利的成本：为什么自由依赖于税》，北京大学出版社 2011 年版，第 164 页。

❹ 参见 [德] 乌茨·施利斯基著，喻文光译：《经济公法（2003 年第 2 版）》，法律出版社 2006 年版，第 161 页。

没有干扰市场体系（market system）下私人、私经济组织对经济目标的自由追求。❶

（二）行政法治层面：比例原则可操作性的强化

从基本原理上来看，管制影响评估其实并没有脱离行政法研究的传统语境——比例原则。通说认为，比例原则由适当性原则、必要性原则和均衡性原则构成，三者呈现出一种结构层次：首先经过适当性审查，即确保行政措施适合于实现所追求的目标；其次进行必要性审查，即所有符合适当性要求的措施中，选取对公民权利侵害最小的手段；最后进行均衡性审查，即手段所实现的目标与可能造成的公民权利损害之间是否成比例。❷

对这一经典的比例原则内涵，若以1981年里根第12291号总统令第2条成熟的成本收益分析框架进行审视，就会发现管制影响评估与比例原则的相似性：第2条a-e项对管制影响评估所界定的五个要件，其实可以依次简要地概括为"信息完备性要求""经济效益性要求""目的正当性要求""最小化损害要求"和"政策兼顾性要求"。❸ 比例原则中的适当性、必要性和均衡性要求近乎于此分析框架中的目的正当性要求、最小化损害要求和经济效益性要求，构成了一一对应的内涵关联性，而信息完备性要求则可视为确保适当性原则的一个前提要件，政策兼顾性要求则是多项管制共同实施时予以整体性的比例原则考量的体现。可以通过表2.2清晰地阐释二者的关系。

当然，这一分析并非表明管制影响评估的制度内涵和意义完全湮没在比例原则当中。与比例原则的经典分析范式相比，管制影响评估的核心价值在于提供了一个强化其可操作性的方案：通过经济学分析工具的引入，比例原

---

❶ See Anthony I. Ogus. Regulation: Legal Form and Economic Theory, Oxford: Hart Publishing, 2004. 1-3.

❷ 参见蒋红珍：《论比例原则——政府规制工具选择的司法评价》，法律出版社2010年版，第40~51页。作者认为，在均衡性审查和必要性审查并不总呈现单向维度，而有可能在司法适用中对此结构层次出现循环往返的多次适用的可能。

❸ See Ronald Reagan. Executive Order 12291: Federal Regulation, 3CFR128, 2 (1981). 载 http://www.archives.gov/federal-register/codification/executive-order/12291.html，最后访问日期：2020年1月1日。

则可以不再局限于纯粹价值层面的逻辑推演,而具有了更为形象的判断基准。传统比例原则由于难以有效确定最小损害的判断标准,"存在利益衡量不足的缺陷",❶ 而建立在成本收益分析框架下的更为具体的绩效化审查标准则大大有利于这一缺陷的弥补。至于新时期引入的竞争评估工具则是强化比例原则可操作性的进一步发展:通过赋予在评估管制对市场竞争的影响方面最为专业的竞争主管机构权力的形式,增加了管制正当性考察的外部控制因素。

表 2.2 管制影响评估与比例原则的内涵关联性

里根第 12291 号总统令第 2 条建立的成熟的管制影响评估框架		比例原则的具体内涵
具体内容(括号内的字母对应原总统令 a—e 项)	构成要件	
(a)对计划实施的政府行为的必要性及其后果具备完备信息	信息完备性要求	
(c)管制必须以社会利益最大化为目标	目的正当性要求	适当性审查:确保行政措施适合于实现所追求的目标
(d)在所有可选择的管制方案中择取对社会净成本最小的方案	最小化损害要求	必要性审查:所有符合适当性要求的措施中,选取对公民权利侵害最小的手段
(b)管制对社会的潜在收益超过了潜在成本	经济效益性要求	均衡性审查:手段所实现的目标与可能造成的公民权利损害之间是否成比例
(e)应在考虑受管制影响的特定产业状况、国民经济状况以及未来将要采取的其他管制行为后,以实现社会总的净收益最大化为目标,确定管制的优先次序	政策兼顾性要求	

(三)反垄断层面:国家限制竞争规制模式的创新

管制影响评估制度开启了国家限制竞争法律规制的创新模式。相较经营者实施的限制竞争行为,国家限制竞争存在一个明显的规制困境:这一行为的实施主体是具有公权力支撑的政府主体。这便会存在执法或司法过程中的实施困境,很难发挥出应有的规制效果,这在政府行为法治化程度尚低、法

---

❶ 刘权:"论行政规范性文件的事前合法性审查",载《江苏社会科学》2014 年第 2 期。

律实施尚难以对政府部门产生实际影响的我国表现得尤其明显。退一步说，即便执法和司法过程可以对国家限制竞争行为发挥出实际的规制效果，这种规制模式也是十分低效的——国家限制竞争的实施主体本身便是享有一定管制职权的主体，反垄断执法和司法都只是纯粹事后意义上的补救式规制方式，它无法真正从根源上遏制具有限制竞争效果的不正当管制的决策。管制机构完全可以通过实施新管制方案的形式，对反垄断执法或司法的实际效力产生"抵消"的效果。这一分析可以从我国的国家限制竞争法律规制实践中找到明显的证据：我国《反垄断法》对滥用行政权力排除、限制竞争的立法，本质上便是致力于以执法或司法的事后规制形式对国家限制竞争予以治理的方案，但如今《反垄断法》实施已超过十年，国家限制竞争在我国仍然没有从根本上得到有效治理。

与事后规制模式相比，管制影响评估是对管制决策和实施过程中施加了一种控制制度，它同时具有程序控制和实体控制的意义，"既是一种科学的规制影响分析工具，也是一项决策性正当程序，还是一种实体性正当标准"。❶ 这种控制机制能够在不正当管制产生限制竞争的危害效果之前，即能令管制得到有效地清理或修正，从而产生两个明显的制度功能：其一，直接把握国家限制竞争产生的体制性命脉——不正当管制，这便能有效地降低国家限制竞争的发生频率和整体存量；其二，降低反垄断法在国家限制竞争行为事后规制方面的压力，从而避免由于针对政府管制机构的执法或诉讼实效差而造成的法律制定和实施不统一的问题。概言之，管制影响评估为管制权力的节制提供了一个有效的可操作性框架，尤其是近年来的竞争评估制度的导入，更是提供了针对市场竞争问题的专门分析框架，进而减轻或避免潜在的危害竞争问题，而又不影响管制政策达到其既定的公益性目的。❷ 这种机制既革新了反垄断法的实施路径，又扩张了反垄断法的调整范围——将具有限制竞争效果的管制行为亦纳入审查范畴。

---

❶ 刘权："作为规制工具的成本收益分析——以美国的理论与实践为例"，载《行政法学研究》2015 年第 1 期。

❷ OECD：《竞争评估工具书原则 2.0》，第 7 页。

西方发达国家之所以能够产生这种规制机制，取决于如下三个有效的先决条件。首先，历史上长期存在对政府行为法治化矢志不渝的关切，控制和防范公权力对公民权益的损害一直是制度建设和政制运转的核心命题之一，这便使得管制影响评估具有社会意识形态方面的基础。其次，存在普遍性的市场竞争机制和竞争文化，对自由竞争的崇尚使得法律制度更容易接受促进而非限制竞争的制度体系。最后，也是最重要的，20世纪70年代以来在西方国家放松管制运动的开展和管制影响评估构成了两个彼此关联和相互促进的要素，前者的开展构成对后者制度的实际需求，后者的发展又构成前者全面实施的制度保障。也正是由于这个原因，在后放松管制时代的当今西方国家，国家限制竞争由于系统地清理了不正当管制发生的体制性因素，发生频率已经较低，它已不再像中国一样构成一个需要紧急应对的急迫问题。

第三节 反垄断法调整范围的扩张：预防式规制机制的必要补充

在适用预防式规制机制的西方发达国家，管制影响评估能避免绝大多数政府管制异化为国家限制竞争，但毕竟"挂一漏万"，评估过程不可能完全精准地识别出一切限制竞争的政府管制。待作为"漏网之鱼"的政府管制进入实施阶段，并产生了限制竞争的效果后，通过执法或诉讼的形式进行事后补救就显得极为必要，反垄断立法理应为这些事后规制手段确立法律依据。针对此问题，西方国家主要进行了如下两方面的反垄断法制度变革：其一为反垄断法调整领域的扩张，亦即反垄断法适用除外范围的限缩。一般来说，基于若干行业特点和国家在竞争之外的其他政策性考虑，如国家安全、公共利益等，反垄断法会规定个别行业不适用于反垄断法的调整，从而更方便管制在这些领域发挥作用，以实现其在市场竞争之外的其他政策目的。西方国家经历放松管制运动后，逐渐限缩了反垄断法的适用除外范围，从而将更多领域的管制纳入反垄断考察的范围。其二为反垄断法调整行为的扩张，即打破反垄断法主要调整经营者从事的限制竞争行为的观念，将以政府机构为主体从事的国家限制竞争亦纳入其调整范围。下文分述之。

一、反垄断法适用除外范围的限缩

反垄断法上的适用除外（exception）是一个极容易与适用豁免（exemption）相混淆的制度，以至于中国很多竞争法学者均认为二者可以混用，没有区别。❶ 但事实上，适用除外是指特定行业不受反垄断法所调整；而豁免则有"网开一面"的意思，即某行为本身适用反垄断法所调整，但由于符合反垄断法所规定的免责条件，因而反垄断法不予禁止。❷ 若从制度特征上来考察，适用除外制度的对象通常为特定行业，且无须反垄断执法机关的审查即可直接不适用反垄断法；而豁免制度的对象通常为特定行为，如垄断协议、经营者集中等，在经过反垄断执法机关的审查后方能获得豁免资格。如我国《反垄断法》第15条规定："经营者能够证明所达成的协议属于下列情形之一的，不适用本法第十三条、第十四条的规定：……"这即是典型的适用豁免条款，在美国反垄断实践中，这种根据特定行为经济效果或社会公益性影响的不同，不必然予以反垄断查处的豁免制度，实际上是众所周知的"合理规则"的体现，它们不应当被视为反垄断法适用除外制度。也正是由于二者的这些区别，有些学者将反垄断法适用除外称为反垄断法的"法定豁免"，而适用豁免则被称为"酌定豁免"。❸ 换言之，真正具有决定反垄断法调整范围的功能的制度只有适用除外，而不包括适用豁免。

一般来说，在国家基于产业政策、国家安全、自然垄断等方面的需求，需要在某些特殊行业排斥竞争机制的作用时，需要优先发挥作用的不是反垄断法指引下的竞争政策，而是综合发挥多种政府管制工具的产业政策。比

---

❶ 认为二者没有区别的论述如孙晋："反垄断法适用除外制度构建与政策性垄断的合理界定"，载《法学评论》2003年第3期，第48页；孔祥俊：《反垄断法原理》，中国法制出版社2001年版，第658页。还有的论述虽然承认二者的含义有区别，但认为"这种严格的区分并不十分必要"。参见种明钊主编：《竞争法（第2版）》，法律出版社2009年版，第237页。

❷ 参见许光耀：《合法垄断、适用除外与豁免》，见王艳林主编《竞争法评论（第1卷）》，中国政法大学出版社2005年版。

❸ 参见钟刚：《反垄断法豁免制度研究》，北京大学出版社2010年版，第105~107页。

如，在商品性质具有极强公共物品属性的场合，如军工产品，完全地适用竞争机制反而有可能意味着公共福祉的灾难，这时，政府管制便是弥补市场失灵的重要工具，便有必要通过立法的形式将其不纳入反垄断法调整范围。❶因此，反垄断法适用除外制度能将这种对管制有特殊需求的行业和领域与普通的领域进行分野，确保反垄断法调整范围的适度性，它"既是对反垄断法价值目标的合理背离，又是对反垄断法局限的克服"。❷但这也意味着适用除外制度的"双刃剑"效果：它能够为管制与反垄断提供一个精准的制度界限，从而严格限定政府管制不受反垄断法规制标准限制的范围和领域，这便能防止不正当管制由于过度干预市场竞争而产生的国家限制竞争行为，建立起反垄断法在大多数行业中的普遍适用性。但是，当适用除外的范围过大时，就相当于以立法的形式固化了管制对反垄断执法的优先性，这便会导致反垄断法适用范围的限缩，在适用除外范围内的国家限制竞争行为便不会受到反垄断执法的审查，从而获得合法性的庇佑。

从反垄断法律制度的整体发展过程来看，反垄断法适用除外制度一度出现"失控"的局面，即由于范围过于扩张而为不正当管制埋下了危险的种子。尤其是在经济危机时期、战后的社会重建时期等社会意识形态更能接纳政府管制的场合，即便是崇尚自由主义和市场体制的欧美国家，也曾倾向于通过扩张反垄断法适用除外范围的形式，刺激国家更多地通过政府管制对经济予以强力干预，从而换得经济的畸形复兴，这种在管制型政府实践下带来的经济发展通常是没有生命力的，其潜在的对竞争机制的扭曲作用不可忽视。❸"二战"后欧美国家管制型政府的实践过程便是典型体现，放松管制前欧美国家的反垄断法律制度主动为公权力的管制行为让出了庞大空间，即通过规定大范围的反垄断法适用除外制度的形式，让若干行业更多地通过管制的形式进行政府干预。以美国为例，尽管作为反垄断制定法的《谢尔曼

---

❶ 参见刘桂清：《反垄断法中的产业政策与竞争政策》，北京大学出版社 2010 年版，第 60 页。

❷ 种明钊主编：《竞争法（第二版）》，法律出版社 2008 年版，第 236 页。

❸ 参见应品广："经济衰退时期的竞争政策：历史考察与制度选择"，见顾功耘、罗培新主编《经济法前沿问题（2011）》，北京大学出版社 2011 年版。

法》和《克莱顿法》未明文规定适用除外的范围,但法院和国会陆续确立了一系列适用除外的领域,它涵盖了农业、军事动员、能源、出口贸易协会、政府企业、保险、劳工、学术职业、海上保险、报纸联营与维持转售价格、较小商业关系、棒球联盟、州行为、航空、航海和内陆运输。❶ 这些在执法和司法实践中陆续确立的适用除外领域,为"二战"后管制型政府的运转提供了充分的反垄断法外空间,至20世纪70年代放松管制前,反垄断法已经因此而变得适用空间极为有限。

伴随着放松管制运动的开展,反垄断法的调整范围开始得以明显扩张。一方面,在若干管制型行业中准入管制、价格管制开始明显放松,这本身就意味着市场竞争机制在这些领域更多地发挥作用,反垄断法的效力自然得到扩张。❷ 另一方面,美国从20世纪70年代开始通过一系列司法判例限制国会作出反垄断适用除外规定的可能,如在1973年,以判例的形式明确在缺乏国会明确授权的情况下,联邦官员自身无权对某一领域作出适用除外的规定,❸ 这有效限缩了适用除外制度进一步扩张的空间。在这之后,产业政策开始以更为契合竞争政策的面貌运行,各国反垄断法适用除外的范围均有不断缩小的趋势,对适用除外的产业也不再给予整体不予适用的态度,而只对其中的部分行为例外地不予适用。❹ 与之相比,未经历放松管制运动的很多发展中国家尚未建立起成熟的市场经济体制,因此,从如今的国际立法状况来看,发达国家反垄断法适用除外的范围通常远远小于发展中国家。❺

从反垄断法的早期发展史来看,以政府管制的形式实施的限制竞争行为并不在其调整范围之内,传统的反垄断理论认为,市场中的经营者实施的经济垄断才是反垄断法律制度调整的对象,公权力主体实施的行为通常不在反

---

❶ 参见钟刚:《反垄断法豁免制度研究》,北京大学出版社2010年版,第30页。
❷ 参见[美]霍温坎普著,许光耀、江山、王晨译:《联邦反托拉斯政策:竞争法律及其实践(第三版)》,法律出版社2009年版,第783页。
❸ Otter Tail Power Co. v. United States, 410 U.S. 366, (1973).
❹ 参见刘桂清:《反垄断法中的产业政策与竞争政策》,北京大学出版社2010年版,第64页。
❺ 参见时建中:"我国《反垄断法》的特色制度、亮点制度及重大不足",载《法学家》2008年第1期。

垄断法关注的范围之内。在很多国家亦存在"政府管制抗辩"的规则，即经营者以遵循政府管制为理由排斥反垄断法的适用。❶ 但是，面对20世纪70年代不正当管制对市场竞争的侵害，以及由此衍生的财政赤字和宏观经济窘态，西方国家一方面以自上而下体制改革的形式进行了一场放松管制运动，改变了国家限制竞争得以泛滥的社会基础；另一方面则积极地限缩反垄断法适用除外的制度范围，为放松管制后竞争政策在相应领域的渗透提供制度支撑。这一过程实际上是以管制和反垄断调整范围彼此互动的形式对国家限制竞争的治理进行有效回应：以放松管制运动这一历史事件为界，在此之前的反垄断法调整范围较窄，管制发生作用的范围较宽；在这之后则反之。表面看来，这只是反垄断法调整范围的变化，但实际结果是不正当管制的合法性基础在此过程中被限缩，从而使国家限制竞争发生的体制性基础被动摇。

二、反垄断法规制行为范围的扩张

在传统上，反垄断法的主要规制范围是以市场经营者为主体所从事的限制竞争行为，在欧美等资本主义国家中，这一特点的典型体现是反垄断的立法文本通篇以经营者为调整对象，以经营者的若干违法行为，如垄断协议、滥用市场支配地位、经营者集中等的规范为调整内容，以对经营者施加的民事责任、行政责任乃至刑事责任为反垄断的法律责任体系。但是，不只是中国学者认为在这之外需要对所谓的行政垄断进行规制，西方国家学者也早已认识到对国家限制竞争的规制重要性，他们认为，对经营者实施的限制竞争行为的规制"只是现代经济中全面竞争政策的一部分。全面竞争政策还需要一些新的政策和法律以阻止或制约含损害竞争内容的行政法规或政府行为"❷，因此，很多资本主义国家都在规定反垄断法的具体调整范围时予以适度扩张，从而将政府这一非市场经营主体的行为纳入调整范围。这主要通

---

❶ See OECD. Regulated Conduct Defence, DAF/COMP (2011) 3, Overview.

❷ ［澳大利亚］艾伦·费尔斯著，叶高芬译：《行政垄断的管制——中国、澳大利亚、美国和欧盟之比较》，见晓晔主编《反垄断法实施中的重大问题》，社会科学文献出版社2010年版。

过如下两种路径实施：其一为一般立法路径，即在反垄断法的总则或附则中，明确规定以非市场经营者为主体实施的限制竞争行为亦应受本法调整，或参照本法进行规范，这便能将政府的管制行为亦纳入反垄断法的规制范畴；其二为特别立法路径，即在前述笼统的立法之外，在反垄断法、其他立法或法律适用过程中对本国的若干典型管制行为进行单独规范，严格界定管制的合法性边界，防止管制异化为国家限制竞争行为。❶

（一）一般立法路径

将反垄断法调整范围扩张到非市场经营者主体的做法，与经典反垄断法理论不符，这便有可能产生一个错觉，即认为这种立法实践是晚近才出现的突破。但事实上，早在美国反垄断立法的最早期，即《谢尔曼法》的文本中，类似的规定便已存在。《谢尔曼法》第8条将任何依据联邦法律、属地法律、各州法律或外国法律设立的人或团体均纳入调整主体范围之内，这便将公权力主体实施的行为亦纳入反垄断法规制范畴之中。这并非孤例，德国亦有类似的规定。《德国反限制竞争法》第130条规定："本法适用于一切在本法适用范围内产生影响的限制竞争行为，限制竞争行为系本法适用范围以外的原因所致的，亦同。"❷

与美国、德国直接在反垄断立法中将公权力主体纳入规制范围不同，日本、韩国则是通过判例予以明确。《日本禁止私人垄断及确保公正交易法》中的主体"事业者"在立法上的外延包含"经营行业、工业、金融业及其他事业者"，似乎难以将政府主体包含在内，但是，根据日本最高裁判所判例所示，只要是"对应于任何经济利益的供给，反复持续地为对待给付进行经济活动者"即属于"其他事业者"，据此，即使是政府本身，其在从事经

---

❶ 有学者将一般立法路径称为反行政垄断立法的"扩展适用式"，意在表达这种立法通过拓展反垄断法适用范围的形式将公权力主体实施的限制竞争行为纳入规制；与之相对应地，则将特别立法路径称为反行政垄断立法的"特别规定式"。参见段宏磊："全球反行政垄断立法类型论"，载《理论月刊》2015年第8期。

❷ 转引自时建中主编：《三十一国竞争法典》，中国政法大学出版社2009年版，第132页。

济事业时亦应属于反垄断法调整的主体范围。❶《韩国独占规制及公正交易法》第2条对法律调整的主体"事业者"定义为"从事制造业、服务业以及其他事业的经营者。为谋求事业者利益具体行为的任员、职员、代理人及其他人,在适用有关事业者团体的相关规定时,视为事业者"。❷ 单纯从立法条文来看,也无法将政府主体纳入范围,但是,早在1990年11月23日的大法院"宣告90daka3659判决"中,已明确国家和地方自治团体作为经济主体从事经营活动时,视为垄断管制法上的经营者。❸ 当然,此种解释仍然作了诸多限定,比如将其主体限定为"国家和地方自治团体",而非最具有公权力色彩的纯行政主体,并对主体"从事经营活动"和"实施行政权力"的行为进行区分,后者仍然难以进入反垄断法的调整范围,而以后者的形式实现对竞争的不正当限制却并非不可能。但是,如果说大法院的此种判决一定程度上实现了对国家限制竞争纳入治理范围,则并不与实践相悖。❹

从实际效果上来看,这种对国家限制竞争进行"兜底"式的规定与我国专门规定反行政垄断的做法并无二致,均能实现对国家限制竞争的调整,且西方国家的做法效果更好,因为它以这种笼统规定的形式将一切非市场经营者的行为均纳入调整,而中国对行政垄断的专章规定看起来更细致深入,却牢牢地把国家限制竞争受规制的主体仅限制在行政主体范围内,其调整范围实际上是小于西方国家做法的。而且,从《谢尔曼法》开始便长期存在的这一立法传统表明,与普遍存在的错觉不同,实际上反垄断法反国家限制竞争

---

❶ 参见廖以南等:《"公平交易法"之注释研究系列(一)》,台湾"公平交易委员会"2003年合作研究报告七,第64页。

❷ 转引自金河禄、蔡永浩:《中韩两国竞争法比较研究》,中国政法大学出版社2012年版。

❸ 参见[韩]权五乘著,崔吉子译:《韩国经济法》,北京大学出版社2009年版,第84页。

❹ 韩国学者在对二者的区分标准进行分析时,认为"重要的并非国家和地方自治团体是否隶属于公共机关或接受其管理,而在于它是否参与私的交易,或者实施了行使权力的行为。例如,铁路局属于国家机关,而当其向客户提供一定的有偿服务时,在该范围内适用垄断管制法"。参见[韩]权五乘著,崔吉子译:《韩国经济法》,北京大学出版社2009年版,第84~85页。

的立法历史与反经营者限制竞争行为的历史几乎一样长，只不过由于后者一直构成发达国家实践的重点，而前者则由于市场经济体制的成熟不受关注，在经历一场放松管制运动后，相关的违法行为则更为促狭，而相较中国的反行政垄断立法，扩张反垄断法调整范围的做法又在法律文本中的"存在感"极低，这些现象综合造成了这一立法经验被长期忽视。

（二）特别立法路径

前述扩张反垄断法调整的行为范围的做法，实现了对国家限制竞争行为的普遍性审查，但也存在一个缺陷，即这种原则性的立法无法确定实践中政府管制行为被认定为国家限制竞争的具体标准，从而为国家限制竞争的具体法律适用制造困难。因此，在一些发达国家或地区，它们通过对若干典型政府管制行为进行单独规定的形式，明晰各种管制的合法性边界，非法的具有国家限制竞争性质的不正当管制便可以依照相应标准受到查处。但是，由于各国市场竞争状况有较大差别，不同国家实施政府管制行为的习惯性做法也极不相同，这便决定了这种对若干管制进行特别规定的做法充满了强烈的地方性色彩，各个国家和地区之间差距极大。

以欧盟为例，国家援助行为构成了其政府管制权力的常用实施手段，在这一行为超出了管制的正当性边界时，管制即有可能异化为国家限制竞争，如欧盟成员国可以通过国家援助的形式使本国经营者获得超出外国经营者的优势地位。为防止此类情形，《欧洲联盟运行条约》第107条第1款规定："除与本条约相反的规定，国家给予或者利用国家财源给予的援助，不论方式如何，凡优待某些企业或者某些生产部门，以致破坏竞争或者对竞争产生威胁，从而对成员国间的贸易有不利影响时，应被视为与内部市场相抵触。"据此，经过欧盟委员会审查的成员国政府行为如果构成了援助行为，该国政府或受援助企业就要根据第107条第2~3款的规定作出抗辩，否则便构成对欧盟竞争法律的违反。[1]

与欧盟相比，美国反垄断执法实践中的此类做法更为明显和常态化。保

---

[1] 参见周牧：《欧盟实践中关于国家援助的判定问题——论'可归因性测试'与'市场投资人测试'的适用》，载《欧洲研究》2011年第6期。

持英美法系传统的美国未以立法的形式对这些管制行为进行规定，而是以司法判例的形式予以渐进式的补充和修正，在美国学者出版的反垄断法专著中，这种关于管制问题的讨论已构成极为重要的研究领域，以特定章节论述反垄断执法中如何处理其与管制行为的关系，已经成为一种常见范式。❶在此基础上，美国司法实践中陆续衍生出对若干典型政府管制行为的规范，其中最为著名的便是"州的行为"，它指代对州政府市场管制行为的治理，这种"州行为规则"（State Action Doctrine）早在1943年的帕克尔诉布朗案便已初具雏形，它明确了在州主权范围内实施的限制竞争行为不受反垄断法干预。❷与中国不同，美国是一个联邦制国家，各州享有一定程度的主权，联邦层面的反垄断立法主要调整州际商贸行为，作为美国反垄断立法重要文本的《谢尔曼法》，在其适用过程中经常被要求证明违法行为实质性地对"州际商贸"产生了消极影响，❸ 而对于在州自治权范围内的主权行为，联邦层面的立法无权管辖。早期的"州行为规则"对此逻辑进行明确，由此造成的结果是，它为各州政府范围内的不正当管制行为腾出了巨大的合法性空间。在这之后，粗糙的"州行为规则"备受质疑，它并未进一步明确联邦政府合法限制竞争行为的边界，在司法实践中有被地方法院滥用之趋势。在放松管制运动开展后，1975年的戈德法布诉弗吉尼亚州律师协会一案，州行为规则的具体适用范围得到明确，❹ 从而大大减少了不正当管制的合法性空间。自此之后，根据"州行为规则"能够得到反垄断法豁免的州行为依照主体的不同被分为三类：其一为州一级的立法、法院判决和行政执法；其二为州地方政府的行为；其三为根据州立法实行的或者能够体现州的意志的私人行为。❺ 三

---

❶ 代表性的著作有 Ernest Gellhorn, William E. Kovacic, Stephen Calkins: Antitrust Law and Economics (5th ed.), West Publishing Co. 2004, 567-588. [美]霍温坎普著，许光耀，江山，王晨译：《联邦反托拉斯政策：竞争法律及其实践（第三版）》，法律出版社2009年版，第782~837页。

❷ Parker v. Brown, 317 U.S. 341, 250-51 (1943).

❸ See Ernest Gellhorn, William E. Kovacic, Stephen Calkins: Antitrust Law and Economics 5th Edition, 2004 Edition, West Group, 558-559.

❹ Goldfarb v. Virginia State Bar, 421 U.S. 773, 791 (1975).

❺ See William Holmes: Antitrust Law Handbook, 2001 Edition, West Group, 657.

类行为能够得到豁免的概率依次降低，第二类、第三类行为分别被施加了一定构成要件要求，尤其是对第三类案件，豁免的可能性很低；但是对于第一类案件，法院的态度是不予调查，直接豁免。

本章小结：预防式规制机制的经验与启示

（一）预防式规制机制的功能与启示

一言以蔽之，发达国家对国家限制竞争进行规制的经验是：以放松管制运动的开展作为对国家限制竞争进行系统治理的历史机遇，以管制影响评估作为规制国家限制竞争的核心制度，以扩张反垄断法的调整范围作为规制国家限制竞争的必要补充。

从这一规制体系建立的背景来看，西方国家与当前的我国并无本质区别：20世纪70年代的西方国家虽然具有一个普遍性的市场经济体制背景，但经历了约30年管制型政府实践，政府管制的普遍扩张和异化导致若干领域的竞争机制无法充分发挥作用，国家限制竞争行为频发。而当前的我国也是在经历过高度集中的计划经济体制后，以改革开放逐渐确立起社会主义市场经济体制，但若干垄断行业改革的滞后、国家过度管制经济的习惯性做法未经修正、地方经济利益驱动下的地方保护主义等问题也使中国的行政垄断成为一个备受关注的问题。甚至在其他因素上，70年代的西方国家也与我国目前具有若干相似性，如财政负担加重、经济下行压力加大，等等。也与我国目前的地方债务问题、经济转型问题相耦合，相关问题都与不正当管制的过度扩张具有一定的因果关系。也正是由于这个背景，西方国家开展了一场轰轰烈烈的放松管制运动，开始清理和改变国家限制竞争的体制性基础。而管制影响评估这一最为有效的规制经验也是伴随着放松管制运动的开展而得到发展的。与事后的执法和司法不同，管制影响评估直接作用于国家限制竞争的源头——政府管制的决策阶段，从而展现出巨大的制度功能。经过这一预防式规制机制，以反垄断事后执法或诉讼的形式处理国家限制竞争的压力大大减少。因此，在西方国家的反垄断立法中，通常不会专门设置一个对国家限制竞争行为进行规制的章节，而是采取更为低调和谦抑的做法，如限缩反垄断法适用除外制度的范围、扩张反垄断法规制行为的范围等，其目的仅是为国家限制竞争的事后规制提供制度准据。

西方发达国家的上述规制经验，长期被我国反垄断法的比较研究所忽视，这一忽视建立在"西方国家不反行政垄断"这个误解之上。而这一误解的产生是由如下两个因素造成：第一是"行政垄断"和"国家限制竞争"的东西方语境差异；第二则是在以预防式规制机制为核心要素的西方国家经验中，反垄断立法文本中规制国家限制竞争的法律制度的"存在感"较低，难以引起充分关注。事实上，西方国家以预防式规制为主的国家限制竞争规制机制具有极强的借鉴意义，它直接作用于国家限制竞争发生的体制性基础，有利于实现国家限制竞争问题的根治。与经营者实施的限制竞争行为相比，在具体执法和司法过程中处理国家限制竞争行为是极为困难的，因为它具有先天的抗拒法律实施的公权力背景。而预防式规制的做法则有利于直接控制国家限制竞争的源头，它直接扼住了政府管制行为异化的体制性基础，有利于从整体上降低国家限制竞争的现实存量和未来增量。

（二）预防式规制机制的适用前提

预防式规制机制并非通过单纯的法律规定即可实现，而是以如下三方面为实施前提。

首先，预防式规制机制对一个国家法治化建设程度的要求极高。管制影响评估的实质是增强了行政法上比例原则的可操作性，它为政府管制的决策和运作过程施加了一个控制机制，从而开启了内源于政府部门本身的管制自控体系。如果是处于一个法治化建设程度较低的国家，由于程序正义、公权力限制等观念尚未普适人心，这一制度能否在现实中真正充分发挥作用，将十分可疑，有可能会由于配套机制的不充分而造成制度运转流于表面，难以对国家限制竞争行为真正发挥预防性的系统清理作用。

其次，预防式规制机制要求一个国家有普遍性的竞争机制和竞争文化观念。推动管制影响评估制度建立、完善和发展的一个重要因素便是相应国家本身存在着一个普遍性的市场经济体制，以及与该体制相绑定的在社会中普遍存在的竞争文化观念。正是由于这些因素的存在，西方国家的放松管制运动才能和管制影响评估制度形成相互补充和增进的作用机理。

最后，预防式规制机要以存在一个独立、统一、权威、高效的反垄断主管机构为制度前提。如今的管制影响评估已经从一般的成本收益分析工具的运用进化到对其竞争影响的专门评估。与一般评估相比，管制的竞争评估更能实现对国家限制竞争行为的准确识别和修正，其制度价值更大。但是，这一机制通常是以管制机构将相关政策法规交由反垄断主管机构予以评估的形式进行的，因此，该制度充分发挥作用的前提必须是国家存在一个独立、统一、权威、高效的反垄断主管机构，该机构能够广泛地对其他管制机构乃至立法机关产生执法影响，不受非反垄断因素的干扰；该机构亦能最大限度地整合一个国家的竞争执法职权，从而保证竞争评估和竞争倡导制度的专司性与权威性。反垄断主管机构的这种建制要求是预防式规制机制能够真正发挥作用的机构前提，也是西方国家反垄断法律实施的重要经验总结。

从我国目前的情况来看，上述三大前提均有不同层面的缺失，如果说法治化程度和竞争观念的培育因为我国40余年改革开放的实践而有了充分改观，那么对一个独立、统一、权威、高效的反垄断主管机构的需求，在目前尚未完成。因此，尽管西方国家的预防式规制机制极具借鉴价值，但它并不是一纸法律条文修正所能完成的任务，而有必要从整体制度健全的角度予以渐进式推行。

第三章　国家限制竞争的补救式规制机制：发展中国家范式

第一节　补救式规制机制的一般考察——基于"俄罗斯经验"的审视

一、"俄罗斯经验"下的基本立法状况

发展中国家[1]对国家限制竞争的规制模式与发达国家明显不同。在立法层面，发展中国家呈现出一种"专门规定式"的立法方式，即以在反垄断法中单独规定一类国家限制竞争行为为主要特点，但对这类行为的具体称呼和概念外延均存在差别，我国的称呼为"滥用行政权力排除、限制竞争"，在俄罗斯则被称为"俄罗斯联邦执行权力机构、俄罗斯联邦主体国家权力机构、地方自治机构、其他履行上述机构职能的机构或组织，以及国家预算外

---

[1] 本书对"发展中国家"一词的使用是广义层面的，即所有传统上被认为不属于典型发达国家的地域，均视为发展中国家。这种简单的"二分法"存在的问题是，在若干处于经济转轨期的国家中，其宏观经济水平已经显著不符合发展中国家的一般特征，但是如果按照发达国家的评价标准，它又无法真正纳入发达国家的水平，此类国家的最典型体现便是俄罗斯。因此，很多论著在对国家类型进行区分时，都是采用"发达国家"、"发展中国家"和"经济转轨国家"三分法的概念，反垄断法领域中这方面的典型便是时建中主编：《三十一国竞争法典》，中国政法大学出版社2009年版。而本书出于简化概念体系的考虑，将不属于发达国家的一切国度均纳入发展中国家的类型。因此，在本书的分析中，俄罗斯、乌克兰等经济转轨国家均视为发展中国家。

基金和俄罗斯联邦中央银行限制竞争的法规、行为（不作为）、协议和协同行为"，❶ 乌克兰的称呼则是"权力机关、地方自治政府机关、行政性经济管理和监管机关的反竞争行为"。❷ 这些规定通常会形成与经营者限制竞争行为相关规定的平行状态，即分别设置若干章节进行规定。在这种专门规定式的立法之下，发展中国家的规制机制呈现一种事后补救式的特征，即偏重于以反垄断执法或诉讼的形式对已然产生危害后果的国家限制竞争进行事后规制。在类似于以管制影响评估制度建立的预防式规制机制上，发展中国家要么尚不存在这一制度，要么还未充分发挥其功能。在这方面，俄罗斯的立法和规制实践都堪称最为典型，近两年在国家限制竞争的规制问题上，俄罗斯也属于发展中国家成绩显著的国度。除此之外，乌克兰、乌兹别克斯坦、越南和阿塞拜疆等国的立法均在不同层面采纳了"俄罗斯经验"，这些国家的立法情况在本章会逐一进行介绍。❸

（一）俄罗斯

《俄罗斯保护竞争法》第一章总则在第 3 条对国家限制竞争作了原则性规定，但与我国《反垄断法》在总则部分对行政垄断进行定义式的做法不同，俄罗斯该条实际上规定的是立法的适用范围，"被防止和制止的垄断行为人和不正当竞争者，可以是……联邦政府机构、俄罗斯联邦主体国家权力

---

❶ 《俄罗斯保护竞争法》第三章标题，下文会对俄罗斯反行政垄断立法进行详细的分析。

❷ 《乌克兰保护经济竞争法》第三章标题，下文会对乌克兰反行政垄断立法进一步作详细的分析。

❸ 笔者在本部分内容所选取的国家主要建立在国内公开出版的研究文献中存在反垄断立法文本汉译的国度，笔者参考的这些文献主要包括：1. 林艳萍等：《发展中国家十国竞争法研究》，北京大学出版社 2010 年版。2. 时建中主编：《三十一国竞争法典》，中国政法大学出版社 2009 年版。3. 李福川：《俄罗斯反垄断政策》，社会科学文献出版社 2010 年版。4. 段宏磊："全球反行政垄断立法类型论"，载《理论月刊》2015 年第 8 期。考虑到各国反垄断立法与实施的状况并不一定全然一致，部分国家对行政垄断的规定也有失典型。在这些文献资料中，笔者又排除若干制度信息不对称较重或立法并不典型的国度，最后择取的均是具有研究的典型性和必要性，又在研究资料上较为翔实，不会出现对国外制度的误读的发展中国家。

机构、地方自治机构及履行上述机构职能的机构和组织，国家预算外基金、俄罗斯联邦中央银行……"❶ 由此实现对若干公权力主体实行的垄断行为的查处。然后在分则的第三章（包含第 15 条和第 16 条），俄罗斯立法对前述总则部分所框定的行政垄断主体实行的"法规、行为（不作为）、协议和协同行为"进行了详细的规定。❷

与中国对行政垄断的规定一个较大的不同是，俄罗斯立法所框定的受规制的国家限制竞争范围明显更大一些：❸ 其一，在认定标准上，与中国《反垄断法》仅规制"滥用行政权力排除、限制竞争"这一类主动实施的行为相比，俄罗斯立法明确表明产生垄断效果的"不作为"亦属于受规制的范围；其二，在主体范围上，俄罗斯立法没有将受规制的国家限制竞争主体限定为行政主体，而是包含了除俄罗斯联邦立法机关之外的各地方立法机关；其三，在行为类型上，俄罗斯立法所罗列的若干类型也是中国立法中所无法容纳的，比较具有特色性的是"职能重合行为"和"联合垄断行为"两项。前者是指"联邦执行权力机构、俄罗斯联邦主体国家权力机构、其他权力机构和地方自治机构的职能与经营主体的职能重合"。❹ 而"联合垄断行为"

---

❶ 转引自李福川：《俄罗斯反垄断政策》，社会科学文献出版社 2010 年版，第 338 页。值得注意的是，与中国、乌克兰等国在总则部分平铺直叙地对国家限制竞争予以描述不同，《俄罗斯保护竞争法》第 3 条对国家限制竞争的原则性规定，其措辞和句式实际上是在扩展立法适用的行为主体，该条的名称亦为"本联邦法律适用范围"，它规定"本联邦法律适用于调节与保护竞争有关的问题，包括防止和制止垄断行为和不正当竞争。被防止和制止的垄断行为人和不正当竞争者，可以是……联邦政府机构、俄罗斯联邦主体国家权力机构、地方自治机构及履行上述机构职能的机构和组织，国家预算外基金，俄罗斯联邦中央银行……"因此，尽管俄罗斯立法在分则部分存在对国家限制竞争的专章规定，但单从总则的原则性规定来看，又与欧美韩日等国的扩展反垄断法适用范围的做法类似。

❷ 转引自李福川：《俄罗斯反垄断政策》，社会科学文献出版社 2010 年版，第 350～351 页。

❸ 参见刘继峰："俄罗斯反垄断法规制行政垄断之借鉴"，载《环球法律评论》2010 年第 2 期。

❹ 《俄罗斯保护竞争法》第 15 条第 3 款，见李福川：《俄罗斯反垄断政策》，社会科学文献出版社 2010 年版，第 351 页。

则是指行政垄断的主体与经营者之间达成协议或实施协同行为的现象,❶ 这种规定是一大创举,它弥补了反垄断立法的一个重要空白,而在中国立法中,只有在行政主体强迫经营者实施违法行为的情况下,才能纳入行政垄断的查处范围。❷

(二) 乌克兰

《乌克兰保护经济竞争法》的规定展现出与俄罗斯近乎无异的逻辑,第一章总则的第 4 条"有关经济竞争发展和限制垄断的国家政策"规定,"经济实体、权力机关、地方自治政府机关、行政性经济管理和监管机关应促进经济竞争的发展,不得实施损害竞争的违法行为"。❸ 在分则部分的第三章(包含第 15~17 条)则对"权力机关、地方自治政府机关、行政性经济管理和监管机关的反竞争行为"进行了具体规定。❹

(三) 乌兹别克斯坦

《乌兹别克斯坦市场竞争和限制垄断法》总则部分并不存在对国家限制竞争的原则性规定,在分则部分的具体规定则与俄罗斯、乌克兰相同,对国家限制竞争的若干表现作出了具体性的规定。该法第二章"垄断行为"除包含第 5 条"企业滥用市场支配地位"、第 6 条"限制竞争协议"和第 8 条"不正当竞争行为的禁止"之外,第 7 条"国家行政机关和地方权力机关的行为"则属于对国家限制竞争的专门规定。❺

(四) 越南

与前三个国家相比,《越南竞争法》表现出更强的特殊性,该法仅在第

---

❶ 《俄罗斯保护竞争法》第 16 条,转引自李福川:《俄罗斯反垄断政策》,社会科学文献出版社 2010 年版,第 351 页。

❷ 参见《反垄断法》第 36 条。

❸ 转引自时建中主编:《三十一国竞争法典》,中国政法大学出版社 2009 年版,第 592 页。

❹ 转引自时建中主编:《三十一国竞争法典》,中国政法大学出版社 2009 年版,第 595~596 页。

❺ 转引自时建中主编:《三十一国竞争法典》,中国政法大学出版社 2009 年版,第 624~626 页。

一章总则第 6 条"被禁止的国家行政机关的行为"对国家限制竞争进行了规定，并列举了"强迫企业、组织或个人向该机关指定企业购买或销售产品或服务"，"对不同企业实施歧视待遇"，"强迫行业协会或企业之间彼此联合，目的是排挤、限制或阻碍其他企业在市场上的竞争"，以及"其他阻碍企业合法商业活动的行为"几类行为。❶ 无论是从主体还是行为列举来看，越南的这一规定都与中国立法高度类似，即均将受规制的国家限制竞争行为限制在行政主体实施的若干行为中。在分则中，《越南竞争法》不存在对国家限制竞争的具体规定。由此造成的结果是，《越南竞争法》对国家限制竞争的规定缺乏具备可操作性的实施细则，诸如执法机关和法律责任等问题均不明确，这便会大大影响实务中对行政垄断的治理效果，这在同样作为经济转轨国家、公权力不合理干预市场竞争仍较为普遍的越南，构成了一个比较明显的缺陷，从越南近年来的反垄断实务来看，对行政垄断治理的疲软也确实备受批评。❷

（五）阿塞拜疆

阿塞拜疆亦将国家限制竞争纳入反垄断法的具体规定，但在遵从的逻辑上，其与前述诸国的做法存在较大区别。俄罗斯等国的做法是将国家限制竞争的规定予以单列，使其自成体系，从而与三大典型的经营者限制竞争行为并列；而阿塞拜疆是将其"嵌入"其他经营者限制竞争行为当中，只在行为主体上对二者有所甄别，而不存在其他差别待遇。《阿塞拜疆反垄断法》第二章列举了八种典型垄断行为：以行政权力机关为主体的"国家性垄断"，以行政部门为主体的"部门垄断"，以地方性行政权力机关为主体的"地方性垄断"，以一般市场经营者为主体的"经济主体的垄断"，以金融经营者为主体的"金融信贷垄断"，以多个市场主体协议形成的"市场主体间的横向或纵向协议所形成的垄断"，以自然垄断行业经营者为主体的"自然垄

---

❶ 转引自林艳萍等：《发展中国家十国竞争法研究》，北京大学出版社 2010 年版，第 350 页。

❷ 参见林艳萍等：《发展中国家十国竞争法研究》，北京大学出版社 2010 年版，第 78 页。

断"，以专利权人为主体的"专利许可垄断"。❶ 与大部分国家反垄断立法以行为区分类型的做法相反，该立法是以主体为标准类型化，如果严格以国家限制竞争和经营者限制竞争的二分法标准作区分，我们可以将该立法中的国家性垄断、部门垄断、地方性垄断的全部和自然垄断的一部分视为国家限制竞争，但这明显不是阿塞拜疆立法的逻辑，其没有对二者作出明显区分，而只是厘定了一切垄断行为主体上的差别。

与俄罗斯、乌克兰等国单列一章对国家限制竞争进行专门规定相比，阿塞拜疆的立法是把相关制度设计嵌入经营者限制竞争的其他行为当中，相关条款的概然性色彩浓郁，立法技术上的困难较低。毕竟与经营者的限制竞争行为不同，国家限制竞争在触发机制、产生原因和客观表现上都表现出极大的不同，在立法中对相关问题进行总结整合的技术性经验不存在于任何一个国度，这便使专门规定式的立法者必须以极高的立法技术处理国家限制竞争的定义、主体范围、行为类型化、执法机制等问题。阿塞拜疆的这种立法方式得以在一定程度上回避这些立法难点，又确保了其对国家限制竞争进行明文规定的威慑效果。

二、"俄罗斯经验"对中国的影响

中国《反垄断法》中对国家限制竞争的规制范式与以俄罗斯为代表的专门规定式立法最为相似。这种立法对反国家限制竞争的规定特点很浓郁：通常单列一个章节，有一个整体性的系统规定，从而使其显著区别于发达国家，这种规定的目的是保证对国家限制竞争的执法或诉讼具有充实的法律依据。换言之，这是一种更偏好对已然产生危害后果的国家限制竞争进行事后补救的规制机制。如果仅从立法来看，包括中国在内的这些发展中国家的做法无疑是更有效的，之所以采纳此种做法，是因为管制异化所造成的国家限制竞争现象在这些国家构成了一个严峻的社会问题。"乱世用重典"，对专门规定式立法的需求实际上是社会现实反哺制度构建的结果。由于我国在商讨

---

❶ 转引自时建中主编：《三十一国竞争法典》，中国政法大学出版社2009年版，第512~514页。

制定《反垄断法》时基本国情与它们的相似性，再加上对西方发达国家放松管制、管制影响评估等有效制度实践借鉴的忽略，最终形成了我国目前版本的国家限制竞争规制机制，它几乎是俄罗斯立法的翻版。

我国这种反国家限制竞争规制模式中对"俄罗斯经验"的盲从也一并影响到学术研究当中。在中国《反垄断法》出台后，对国外相关反垄断理论和制度的研究在近几年得到很大程度的发展，尤其是针对美国、欧盟两地，最近几年的比较研究成果蔚为大观。究其原因，一方面，这些国家或地区通常反垄断立法较早，其在反垄断法律制度的制定和实施方面经验众多，对我国来说，其价值弥足珍贵。另一方面，这些国家也均是放松管制运动最为集中的地区，经过这一改革运动，反垄断法发挥作用的深度和广度加大，适用除外制度的空间大为限缩，这亦构成在反垄断执法实效方面颇多顾虑的我国的重要关注点。但是，在当前整体兴盛的反垄断法比较研究过程中，唯独针对国家限制竞争的研究，呈现出如下两个方面的奇葩特点：其一，与垄断协议、滥用市场支配地位、经营者集中等制度相比，对国家限制竞争的比较研究备受冷遇，学界近些年来涉及行政垄断比较研究的文献乏善可陈，很少具有前瞻性和学术魅力的论述。其二，比较研究的对象奇特，与反垄断法比较研究整体上盯紧美国、欧盟等先进国家和地区相反，对国家限制竞争的比较研究却容易将关注点倾注于广大的发展中国家，如俄罗斯、乌克兰、越南等在反垄断整体经验上可借鉴性并不大的国家，在这方面，俄罗斯规制国家限制竞争的经验尤其受到关注。

之所以产生上述特点，一方面是西方国家所研究的国家限制竞争与中国"行政垄断"的话语体系不相切合，再加上西方的国家限制竞争法律规制主要体现在事前阶段，真正反映在反垄断法文本中的制度设计存在感较低，由此导致了研究上的忽视。另一方面，由于国家限制竞争问题更容易在未完成经济体制转轨的国家和地区涌现，这些国家的经验也被视为更符合中国国情。事实上，早在《反垄断法》出台以前的草案讨论环节，这种特点便产生了。彼时，针对立法是否应当规定反行政垄断问题的反对论者与肯定论者的一项重要分歧即在于比较研究的地域指向：前者反对将行政垄断纳入《反垄断法》的理由即是美国、欧盟等先进国家或地区并不存在此类立法；而后者的理据则是,在更贴切中国国情的俄罗斯、乌克兰等国家,实际上存在对行政垄断的规定,中国更应当借鉴此类立法。《反垄断法》最终的文本采纳了反对论者的观点,并进而影响了学界的整体研究倾向,迄今为止,在对行政垄断的比较研究中,俄罗斯仍然受到极大重视。❶

综上所述,我们可以总结出学界目前在反行政垄断比较研究方面成果匮乏的原因:部分学者认为,与其他反垄断法律问题通常具备坚实的国际经验相反,行政垄断无论是在语源还是在现实表现上,都具有极为强烈的本土特色,国际尤其是欧美发达国家可资借鉴的学术渊源严重匮乏。在这一逻辑影响下,美国、欧盟等反垄断比较研究时被盯紧的"重镇"却不具有可资借鉴的价值,而诸如俄罗斯这样的经济转轨国家,却由于存在与中国相仿的反行政垄断立法,反而成为比较研究更倾向于关注的地域。但是,这一观念其实存在重大误解,因为它是在忽略"国家限制竞争"与"行政垄断"话语体系的关联性之下所造成的误解,轻易地把具有极大制度借鉴价值的西方国家规制经验排除在比较研究之外。事实上,作为一个纯粹的本土学术词汇,行政垄断之"形"仅仅游走在中国大陆学术研究的纸面,即使是被认为采纳了反行政垄断条款的《反垄断法》,通篇亦未存在"行政垄断"这四个字,而是贯以"滥用行政权力排除、限制竞争"的称呼。如果是从这个角度去从事行政垄断的比较研究,它显然不存在于欧美发达国家立法当中,就连俄罗斯、乌克兰、朝鲜等与我国反垄断立法相类似的国家,其在立法中也只是使用了与行政垄断的语义外观更相仿的词汇而已。因此,如果严格地从"形"的角度来看,任何国家都不存在立法意义上的"行政垄断",包括我国;但我们的比较研究更应当关注行政垄断的"实"——在概念应用上更为科学的"国家限制竞争"。这恰与中国很多学者的感性认识相反,它并不具有中国特色,而是在任何一个国家或地区都存在的普遍现象;只不过对我国以及大部

---

❶ 代表性学者有李福川,他在对俄罗斯反垄断政策与立法的整体研究中,单独对俄罗斯反行政垄断的问题进行了深入论述,参见李福川:《俄罗斯反垄断政策》,社会科学文献出版社2010年版,第217~239页。另外也有学者单独著文对俄罗斯反行政垄断的经验进行论述,如刘继峰:"俄罗斯反垄断法规制行政垄断之借鉴",载《环球法律评论》2010年第2期。

分发展中国家来说，其发生的频率可能更高而已。

三、"俄罗斯经验"的误解与澄清

徒法不足以自行。单在立法层面对国家限制竞争进行系统规定并不能终结问题，而是应当真正推动国家限制竞争产生的体制性因素的消解。如果一个国家缺乏这种竞争机制普遍性的发挥作用、政府管制手段谦抑且隐忍的社会基础，纵使在立法层面实现了对反国家限制竞争的系统规定，这些规定也很有可能难以实施。与中国的反行政垄断规定相比，俄罗斯对反国家限制竞争的法律规定更为充实和周延，立法规定的国家限制竞争主体范围广袤、行为类型列举充分，整体立法水平要高于我国。尽管如此，在俄罗斯，对于国家限制竞争行为的发现和制止，仍然是一个短时间内难以解决的疑难问题。有学者曾对俄罗斯反垄断的前景进行过系统总结，并梳理出俄罗斯最典型的三类垄断现象：包括"国家垄断""自然垄断"和"行政壁垒"，事实上，这三类现象本质上都是国家限制竞争的明显体现。[1] 针对此问题，俄罗斯近年来也加强了反国家限制竞争的执法，如2007年俄罗斯的反垄断执法中有过半数（52.8%）涉及国家限制竞争的查处，较2006年增加了34%。[2] 但另外，这些行政垄断案件有22%是政府二次违法的结果，具有国家限制竞争的"前科"。[3] 这一数据表明，如果不通过体制改革的形式改变这种政府习惯性限制竞争的社会基础，从根本上降低国家限制竞争的发生频率，几乎是不可能的。

因此，我国对俄罗斯经验的盲从是"病急乱投医"的结果，由于忽视了国家限制竞争与行政垄断的概念关联性，一个错误认识——"西方发达国家不规定行政垄断"——在中国学界的影响较深，这种学术短视造成了很多学者草率地放弃了对欧美发达国家立法的研究。

事实上，即使是对俄罗斯这一国家的研究，其在反国家限制竞争方面真

---

[1] 参见李福川：《俄罗斯反垄断政策》，社会科学文献出版社2010年版，第63~66页。

[2][3] 参见李福川：《俄罗斯反垄断政策》，社会科学文献出版社2010年版，第68页。

正有效的经验其实也被忽视了。近年来，尽管无法从根本上消除国家限制竞争现象，然而俄罗斯取得的阶段性成果还是存在的。[1] 但如果将这些成就与专门规定式立法的作用简单地联系在一起，则是一种显著的误解：国家限制竞争的规制是一项系统工程，它除了涉及法律适用，还对政治、经济体制的因应变革，独立、统一、具备深切执行力的执法机构的塑造，有效的管制影响评估制度的建立等有着极高的要求，而这些是立法条文的简单改变所难以完成的任务。在不具备这些社会基础的情况下，无论立法对国家限制竞争的规定有多么详尽，实际规制效果的推行也将遍布荆棘，甚至可以毫不夸张地说，相比这些问题，立法上如何规定国家限制竞争反而是一个次要问题。我国在反国家限制竞争的讨论中，基于大陆法系学者的传统，过多地关注了立法文本，而忽视了更为重要的社会基础的塑造问题。由此，俄罗斯近年来规制国家限制竞争的经验也发生了本末倒置式的误判。

整体来说，俄罗斯近年来在反国家限制竞争上之所以能初步取得成果，主要是如下三个要素决定的：其一，俄罗斯促进经济转轨的一系列改革运动。经历过苏联解体后，俄罗斯开始从计划经济向市场经济体制过渡，尽管其代价巨大，教训深刻，但这一变动客观上消解了不正当管制发生的社会基础，在这之后，市场竞争的力量起码开始渐进式地发挥作用。其二，对反垄断机构执法权威的强力塑造理应被视为俄罗斯治理行政垄断的首席功臣。仅 2009 年年初，俄罗斯反垄断署的国家限制竞争调查就涉及对联邦国防部、联邦海关总署和克麦罗沃州人民代表会议的执法。[2] 不但直接对国务院部委级的行政机关进行执法，甚至对地方立法机关的立法行为进行立案调查。[3] 其三，俄罗斯立法也开始一定程度吸纳发达国家预防式规制机制的经验。《俄

---

[1] 参见李福川：《俄罗斯反垄断政策》，社会科学文献出版社 2010 年版，第 63～66 页。

[2] 参见李福川：《俄罗斯反垄断政策》，社会科学文献出版社 2010 年版，第 218～225 页。

[3] 在 2009 年 4 月俄罗斯反垄断署对克麦罗沃州人民代表会议制定的州法律《禁止收购废旧有色金属》的立案调查中，反垄断署判定该法限制企业经营活动，由于事后人民代表会议主动撤销了该项立法，反垄断署的调查即决定终止。参见李福川：《俄罗斯反垄断政策》，社会科学文献出版社 2010 年版，第 224～225 页。

罗斯保护竞争法》第 23 条对反垄断署权限的规定中，即有部分条款对该机构享有竞争评估和倡导的职权进行了确定，如规定反垄断署有权"按照规定的程序，对专项市场保护措施、反倾销措施和补贴措施的可能造成的结果，以及对调整海关进出口税率对俄罗斯商品市场竞争造成的后果提供结论性意见"❶。

综上所述，中国在立法论基础上对俄罗斯经验的借鉴，实际上是"一叶障目"和"避重就轻"双重缺陷影响下的结果。由于误以为专门规定式的俄罗斯经验是唯一可借鉴的，就放弃了从西方发达国家预防式规制机制中汲取营养的可能，此乃一叶障目；由于过度偏好立法中的咬文嚼字，而忽略了俄罗斯在体制改革、塑造强力执法机构等更为卓有成效的立法之外的经验，此为避重就轻。中国的国家限制竞争规制问题面临着一场严峻的考验与反思，亟待做出制度改进。

第二节　国家限制竞争规制的中国面孔

一、《反垄断法》实施前的国家限制竞争规制（1978~2007 年）

（一）立法：国家限制竞争的法律规制情况

从改革开放之始，直至 2008 年《反垄断法》正式实施以前，中国并不存在一个对国家限制竞争进行系统规制的法律体系。但事实上，与禁止国家限制竞争有关的规范性文件、行政法规并不罕见。如 1980 年国务院《关于开展和保护社会主义竞争的暂行规定》对非国家制定的专营产品进行独家经营的禁止性规定，对地区封锁和部门分割的禁止性规定；1984 年《中共中央、国务院关于严禁党政机关和党政干部经商、办企业的规定》对"管制+投资"式的行政垄断的防范；1990 年国务院《关于打破地区间市场封锁进

---

❶ 转引自李福川：《俄罗斯反垄断政策》，社会科学文献出版社 2010 年版，第 361~362 页。

一步搞活商品流通的通知》对促进商品流通、禁止地区封锁的规定，等等。❶ 这些规范构成了我国国家限制竞争补救式规制机制的最初萌芽。除此之外，在一些与政府行为或市场经济体制有关的关联法律中，也存在一些与规制国家限制竞争有关的制度萌芽，如《行政许可法》中对市场机制可有效调节的事项不得设置行政许可的规定，《价格法》中对市场调节价范围内尊重经营者自主定价的规定，等等。它们均在一定程度上有利于防范国家限制竞争。

直至1993年开始实施的《反不正当竞争法》，我国才首次真正对国家限制竞争进行明文规定。彼时，我国尚未制定《反垄断法》，《反不正当竞争法》在主要规制不正当竞争行为的同时，一定程度上也担任了反垄断的职责，部分条款对若干垄断行为进行了规制，如第6条对公用企业不得滥用市场支配地位的规定、第11条经营者不得低于成本销售排挤竞争对手的规定、第12条经营者不得违法搭售或附加其他不合理条件的规定、第15条对串通投标的规定。在这种背景下，反行政垄断的规定也在一定程度上体现在《反不正当竞争法》中。当时并没有对行政垄断的概念进行界定，而是通过简单罗列的形式，在第7条将两种典型行政垄断行为进行规定，即"限定他人购买其指定的经营者的商品，限制其他经营者正当的经营活动"，以及"限制外地商品进入本地市场，或者本地商品流向外地市场"。

彼时，《反不正当竞争法》将这两类典型行政垄断行为的主体界定为"政府及其所属部门"，异于《反垄断法》中所框定的"行政机关和法律、法规授权的具有管理公共事务职能的组织"。与前者相比，后者所界定的主体范围主要体现出两点不同：其一，在立法语词使用上的规范化。严格来说，《反不正当竞争法》中的"政府及其所属部门"并不属于规范的法律词汇，这是在20世纪90年代初立法技术不够发达时期的特有现象；与之相比，《反垄断法》中使用的"行政机关"和"法律、法规授权的具有管理公

---

❶ 对这些规范性文件的总结梳理详见王晓晔：《反垄断法》，法律出版社2011年版，第318页。

共事务职能的组织"则内涵和外延明朗，并高度符合我国行政立法体系中的主体外延。其二，在主体外延上的扩展。从文义解释角度来看，"政府及其所属部门"只能涵盖"行政机关"，而无法涵盖"法律、法规授权的具有管理公共事务职能的组织"，因此它并不能准确界定全部的行政主体。而从行为类型的列举上，《反垄断法》所列举的行为范围也远大于《反不正当竞争法》这两条的粗略界定。因此，综合来看，《反不正当竞争法》时期反行政垄断的立法技术显著劣于《反垄断法》的规定。

（二）现实：纵横交错式的国家限制竞争

整体来看，2008年前我国的法律、行政法规、规范性文件对国家限制竞争的规定极为促狭和有限，且多数规定仅停留在原则层面，缺乏具体执法的指引。因此，这一时期针对国家限制竞争的执法实践十分罕见，即使存在，也多是基于国家政策层面对市场经济体制的改革和纠偏，而缺乏常态化、规范化的法律实施机制。从外在表现上来看，我国的行政垄断表现出纵横交错式的"条条垄断"和"块块垄断"两类，"条条垄断"是指以纵向的行业管制为基础的国家限制竞争，"块块垄断"则是指以横向的区域管制为基础的国家限制竞争。[1] 两种行为表现均与中国体制中存在的刚性管制体系密切相关：行业性国家限制竞争形成于计划经济时代中国的行业主管体制；区域性国家限制竞争则是在改革开放后，伴随着政府管制权力下放到地方政府而产生的。立法的捉襟见肘使得这一时期基本上匮乏对国家限制竞争的规制实践。"条条垄断"和"块块垄断"长期成为中国市场经济建设的疑难问题，纵横交错式的刚性管制体系也因此构成了中国国家限制竞争的体制性基础。

从纵向的国家限制竞争情况来看，改革开放以来，我国渐进式的市场经济建设已在众多行业实现了经济体制的转轨，但依然存在一系列管制较深、改革未完成的特殊行业，这是我国国家限制竞争的高发地带。有学者曾于

---

[1] 使用此种行政垄断分类逻辑的代表性论述有：1. 王晓晔：《反垄断法》，法律出版社2011年版，第288页。2. 种明钊主编：《竞争法（第二版）》，法律出版社2008年版，第328~330页。3. 于立，吴绪亮：《产业组织与反垄断法》，东北财经大学出版社2008年版，第184~185页。

2007年依照国有化比重、行业集中度、价格管制的程度、垄断行为的程度和产业利润率五大指标对2007年中国数十个行业进行测度，最终得出中国国家限制竞争程度最高的十一大行业，具体情况如图3.1所示。❶ 从图3.1可知，中国十一大行业性国家限制竞争所涉及的领域，与西方国家放松管制运动中所重点关注的七大行业重合度极高，放松管制运动涉及的重点行业——航空、电信、电力、天然气、邮政、铁路、公路等，在中国近乎足数属于国家限制竞争的高发区。这一研究结论并非孤证，2007年国家社会科学基金重大招标项目"贯彻落实科学发展观与深化垄断行业改革研究"中，也存在一次对中国垄断性行业的界定，其界定的范围更广一些，包含航空运输业、电信业、电力业、石油业、邮政业、铁路业、港口业、燃气业、热力行业、公交行业、自来水行业、垃圾处理行业、有线电视行业、机车车辆制造业。❷ 但所涉及的核心领域大部分存在交叉，这说明对中国行业性国家限制竞争的高发地区基本存在一个共识。

而从横向的区域性国家限制竞争来看，它是伴随着改革开放后对地方经济行政权力的下放而产生的，它在中国经常以"地方保护主义"的词语形容。自改革开放以来，我国为了激励地方经济建设的主观能动性，以部分赋予地方经济决策权的形式鼓励其发展，在20世纪90年代的分税制改革不断深化后，地方政府在财权和事权上进一步获得了独立性，财政上的独立性推进了地方政府决策的自主性，进而形成了以省级行政单位为主要界限的区域竞争现象，❸ 政府官员为了保证辖区宏观经济指标的政绩优势、财税收入的稳固性等，以地区封锁的形式禁止外地商品进入本地市场，或阻止本地具有稀缺性的生产资料进入外地市场，等等。推行这种国家限制竞争的主要制度载体可以是地方性规章、规范性文件，甚至是地方人大层面的地方性法规，或者在根本没有制度依据的情况下，纯粹通过违法行政行为来执行。之所以

---

❶ 参见于良春等：《转轨经济中的反行政性垄断与促进竞争政策研究》，经济科学出版社2011年版，第76页。图3.1是将原数据信息转化为柱状图的结果。

❷ 参见戚聿东主编：《垄断行业改革报告》，经济管理出版社2011年版。

❸ 参见张卫国，任燕燕，华小安："地方政府投资行为、地区性行政垄断与经济增长——基于转型期中国省级面板数据的分析"，载《经济研究》2011年第8期。

产生这一现象，"很大程度上即源于地方政府在当前形势下已经成为事实上的'利益主体'。为了在区域竞争中获得领先，或者对本地企业给予优待，地方政府具有提供与全国的竞争规则不一致的立法的冲动。再加上我国的官员体制建立在严格级别划分和上级对下级具有绝对制约作用的基础之上，中央对地方官员的考核也往往看中地方经济发展等'硬指标'，而很少关注居民幸福程度、环境保护情况等'软指标'。这导致地方政府官员具有盲目发展本地经济而排斥外地经济的冲动，也导致地方官员倾向于通过变相的'竞争立法'对内外企业施加差别对待"。❶ 这种横向的区域性国家限制竞争现象"将全国统一的市场经济割裂为一块一块地方计划经济，严重影响市场经济效率并破坏国家法制的统一与完整"。❷

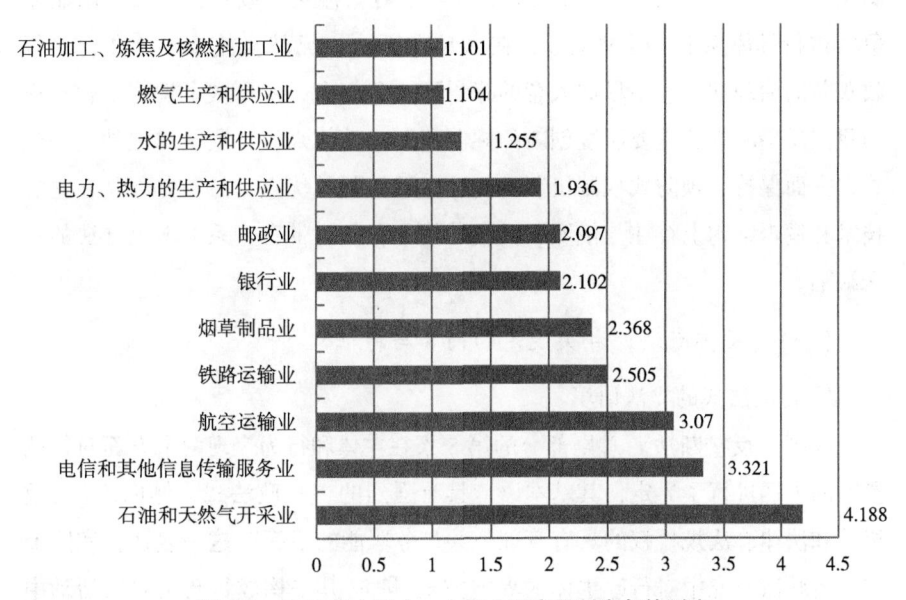

行业	测度值
石油加工、炼焦及核燃料加工业	1.101
燃气生产和供应业	1.104
水的生产和供应业	1.255
电力、热力的生产和供应业	1.936
邮政业	2.097
银行业	2.102
烟草制品业	2.368
铁路运输业	2.505
航空运输业	3.07
电信和其他信息传输服务业	3.321
石油和天然气开采业	4.188

图 3.1 2007 年中国十一大行业国家限制竞争的测度

---

❶ 应品广：《法治视角下的竞争政策》，法律出版社 2013 年版，第 135~136 页。
❷ 张千帆：《国家主权与地方自治——中央与地方关系的法治化》，中国民主法制出版社 2012 年版，第 316 页。

二、《反垄断法》对国家限制竞争的规定及其规制效果（2008~2014年）

2008年《反垄断法》的正式实施标志着我国国家限制竞争补救式规制机制的成型。在立法中，这集中体现为"滥用行政权力排除、限制竞争"的话语体系；在学术研究中，则普遍援引"行政垄断"的语境探讨规制策略。从立法结构上来看，我国的反行政垄断条款近乎可以看作俄罗斯和乌克兰版本的重述：一方面，在总则部分的第8条作出原则性规定："行政机关和法律、法规授权的具有管理公共事务职能的组织不得滥用行政权力，排除、限制竞争"；另一方面，又在第五章下设6条对"滥用行政权力排除、限制竞争"进行具体规定。时过境迁，在《反垄断法》已然实施十年之久，对行政垄断的治理却一直不尽如人意的背景下，我们有必要再次审视这一曾被视为我国反垄断立法重要制度创新的规制机制。整体来说，我国的这种立法模式一方面保持了预防式规制机制的立法宣示性强的优点，另一方面又在立法技术和逻辑结构上存在与俄罗斯类似的问题，并附带有一系列本土立法的特殊缺陷。

（一）《反垄断法》相关规定的内容与特征

1. 行政法式的立法语境

我国《反垄断法》总则部分的第8条在主体和行为表现两个方面对行政垄断的内涵进行了界定，其基本语境具有强烈的"行政法式"倾向。"行政机关和法律、法规授权的具有管理公共事务职能的组织"这一表达，实际上就是行政法研究中对行政主体的界定方式，[1]这几乎构成行政法立法活动中的固定词汇。这表示，即便在《反垄断法》是否反行政垄断的讨论中，赞同论者获得了胜利，但从对行政垄断的概念界定和主体范围来看，相关条款依然保持着浓郁的行政法味道，从而与反对论者认为反行政垄断应交由行政法

---

[1] 参见姜明安主编：《行政法与行政诉讼法（第五版）》，北京大学出版社、高等教育出版社2011年版，第86页。

的观念不谋而合。若通读《反垄断法》全文，给人感觉唯独在行政垄断一章嵌入了与其他条款语词和逻辑都极为不切合的行政法的话语体系。

在行为表现上，《反垄断法》将行政垄断的行为描述局限于行政主体"滥用行政权力"，这实际上与现行行政法理论对非法行政的界定并不相符。《行政诉讼法》规定，对具体行政行为的撤销所基于的情形除"滥用职权"之外，尚有"主要证据不足"、"适用法律、法规错误"、"违反法定程序"和"超越职权"四种类型，❶ 这些类型难以完全吸纳进"滥用行政权力"的范围，尤其是超越行政权力的类型，它与行政权力的滥用通常被并列使用作为行政法学者对违法行政行为的界定，而这也更符合行政垄断的违法表现，即不仅局限于滥用权力的不正当行为，还包括超越权力的"无权限行为"。❷ 另外，现行行政垄断的概念表达也忽视了以行政不作为形式从事行政垄断的可能性。行政主体以消极或懈怠履行职权的形式，放任对行政相对人产生不利法律后果的发生，甚至因此而直接导致相对人合法权益遭受损害的结果，❸ 这种形式并非不可能出现在行政垄断的行为样态中。比如，在市场准入的审批中，行政相对人具备法律要求的授予行政许可的准入资格，但行政主体为维持已获得市场准入的主体之垄断地位而故意不授予其行政许可，实务中亦不乏因此而涉及诉讼的案件。❹

行政垄断立法用语的行政法化其实割裂了国家限制竞争在行政法之外的独特内涵。如果将国家限制竞争完全界定为行政法上的违法行政行为，将难

---

❶ 参见《行政诉讼法》第54条。

❷ 参见蔡全胜："行政垄断的法理分析与管制"，载《中国工商管理研究》2002年第3期。

❸ 参见江国华编著：《中国行政法（总论）》，武汉大学出版社2012年版，第191页。

❹ 一个典型案例可参见陈东升，郁燕莉："民营企业告赢浙江省气象局背后"，载 http://www.legaldaily.com.cn/index_article/content/2012-02/06/content_3335684.htm?node=5955，最后访问日期：2020年1月1日。该案中涉及的防雷检测服务是具有典型行政垄断性质的行业，"民营防雷企业并非没有实施防雷检测的技术实力，但是，这个市场长期以来被省市气象局所述的防雷中心、防雷所包揽，民营性质的防雷技术企业根本无法进入"。

免造成政府管制在法外空间运转的问题。比较典型的便是前述以地方立法的形式实施地方保护主义的行为，此时就比较适宜将地方立法机关也纳入行政垄断的主体范围，而这并不在行政法上所界定的"行政行为"的范围。

概而言之，在《反垄断法》规定行政垄断的所有条文中，我们看到的是随处可见的立法者的困惑与矛盾：一方面，立法者基于现实行政垄断的危害，认为有必要将其纳入规定；另一方面，立法者又从未以限制竞争行为的角度去看待行政垄断，而更倾向于把它视为一个反垄断立法本不应触及的违法行政行为。从这个角度来看，赞同论者与反对论者的实际分歧不过是行政垄断规范条款的"位置"——是在反垄断立法中予以规范，还是在更纯粹的行政法文本中予以规范。由此造成的结果是，反行政垄断的规定与其他反垄断法律制度是"貌合神离"的：在总则第3条概括的本法所规范的垄断行为中，只有垄断协议、滥用市场支配地位和经营者集中三类以经营者为主体实施的限制竞争行为，不含"滥用行政权力排除、限制竞争"；第12条对本法调整的主体"经营者"的规定中，又明显不包含行政主体。但在分则立法部分，行政垄断却在第二章、第三章、第四章所规范的三大典型限制竞争行为之后，单列一章进行规定。从法律的条文结构上来看，我们搞不懂行政垄断究竟是否属于"本法规定的垄断行为"，也看不出从事行政垄断的行政主体是否属于《反垄断法》所调整的主体范围，甚至毫不夸张地说，如果把所有涉及行政垄断的条款从《反垄断法》中删去，这部立法反而看起来更协调，也更符合立法的一般结构和逻辑。

2. 贫瘠的行为类型化技术

在《反垄断法》中，通过专章合计六条的形式，对行政垄断的行为类型进行详细列举。我们可以将这些法律规定总结为行政垄断的五种类型：其一为限定交易相对人的行为（第32条）；其二为对商品流转的限制（第33条）；其三为对外地经营者的歧视性待遇（第34~35条）；其四为强制经营者从事垄断行为（第36条）；其五为具有限制竞争效果的抽象行政行为（第37条）。这些规定并未能将全部国家限制竞争行为囊括在内，尤其是从与现行《俄罗斯竞争法》的对比来看，"我国《反垄断法》与《俄罗斯竞争法》

基本上可以确定为包含与被包含关系,即我国法律规定的内容属于集合中的子集"。❶ 当前立法对行政垄断类型的界定存在不周延的现状,会进一步造成国家限制竞争的法外空间,影响实际规制效果。

但是,即便在吸收俄罗斯经验的情况下,在规定中增加若干违法类型,是否能够一劳永逸地解决问题?与一般限制竞争行为中"垄断协议"、"滥用市场支配地位"和"经营者集中"三大典型范式❷不同,国家限制竞争的外在表现是不断流变和发展的。由于违法行为主体是外在于市场的政府,其行为逻辑难以用市场经济的基本规则进行界定,行政垄断的基本手段和表现会随时发生以规避执法为目的的"进化",这也正是行政垄断被一致认为危害程度远大于经济垄断的原因。"国家对市场机制的过度干预一直在发生……在我们这个具有权力崇拜传统的国度里,国家对经济的干预手段很难保持必要的容忍和谦抑,市场失灵的存在很容易成为干预权滥用和扩张的借口,从而形成政府对市场力量的掣肘。"❸ 在这种背景下,国家限制竞争的外在表现是多变和无孔不入的,意图对其进行完全周延的类型化将是一个不可能完成的任务。最重要的是,相比纯粹的"经济垄断"或"行政垄断",我国目前更多的限制竞争现象或许是二者的"融合"——国家限制竞争支撑下的经营者限制竞争行为,这一现象的产生与中国行政体制中无处不在的主管机关建制和以国有经济为主体的经济结构密切相关。由于国有资产在竞争性行业的泛化和主管机关行政管制的无孔不入,政企界限不明朗,经营者先

---

❶ 刘继峰:"俄罗斯反垄断法规制行政垄断之借鉴",载《环球法律评论》2010年第2期。

❷ 我国《反垄断法》对经营者限制竞争行为三种典型类型的界定,主要参考了欧盟及其成员国的反垄断立法,而在美国反垄断立法上,由于分散式立法和判例法系传统,并未见对限制竞争行为如此强烈和固化的"三分法"。但其内在逻辑并无本质区别,美国反垄断法的代表性学者戴维·格伯尔对垄断行为的分类是:"卡特尔""纵向协议""垄断化""并购"四类,前两者其实类似于垄断协议中的横向垄断协议和纵向垄断协议,而后两者则分别类似于滥用市场支配地位和经营者集中。更深层次地对欧美反垄断立法中有关限制竞争行为类型的比较可参见 [美] 戴维·格伯尔著,陈若鸿译:《全球竞争:法律、市场和全球化》,中国法制出版社2012年版,第160~164页,第210~212页。

❸ 刘大洪、段宏磊:"谦抑性视野中经济法理论体系的重构",载《法商研究》2014年第6期。

是决定从事某种垄断行为，然后取得主管机关的"授意"后实施之，甚至直接在主管机关的主持下实施行为，这种独特的中国式垄断并不罕见。❶ "事实上，国有企业基于政府控制所获取的多种优势，使其行为的潜在限制竞争效果可能更强。"❷ 这一现象的实质便是"管制+投资"式的国家限制竞争，由此造成的治理困境是：首先，这种行为很难界定为《反垄断法》所规定的行政主体强制经营者从事垄断行为的现象，毕竟在这一过程中，经营者与主管机关存在共同的利益诉求，不存在"强制"的问题。其次，在行政垄断对此无明文规定的情况下，最终的结果要么会由于主管机关的强势而"豁免"反垄断审查，要么只依据反经济垄断的规定惩罚经营者，对背后放任的公权力则难以实现有效治理。

3. 吊诡的责任追究方式

《反垄断法》第 51 条对行政垄断的执法机关及其相应的法律责任追究问题进行了规定，依据该规定，行政垄断采取的是上级机关责令纠正和对直接责任人员给予处分式的执法方式，反垄断主管机构仅具有向有关上级机关提出处理建议的权力，而不能直接进行行政垄断的执法。除此之外，在法律、行政法规对行政垄断的处理另有规定的情况下，其他规定有优先适用的效力。总体来说，这种立法会产生如下问题。

首先是行政垄断与经济垄断的执法对接问题。根据《反垄断法》出台时的"三定方案"，对垄断行为的执法形成了一种"三足鼎立"式的执法结构，即商务部下设反垄断局负责经营者集中的执法；发改委下设价格监督检查司负责与价格相关的垄断协议和滥用市场支配地位行为的执法；工商局下设反垄断与反不正当竞争执法局负责不涉及价格的垄断协议和滥用市场支配地位的执

---

❶ 以民航业为例，2009 年 4 月 20 日开始，国内航线施行了新的运价体系，机票打折计算方式的变更变相抬高了价格。业内人士透露，早在 3 月五大航（国航、南航、东航、海航和深航）已经就机票涨价达成一致意见，并得到了民航局的许可，这一运价体系的调整实际上是在民航局许可下多家寡头民航运输企业达成的价格。参见黄琮："五大航空公司疑共谋涨价，方案获民航局许可"，载 http://news.163.com/09/0422/05/57FSF18S0001124J.html，最后访问日期：2020 年 1 月 1 日。

❷ OECD. State Owned Enterprises and the Principle of Competitive Neutrality, DAF/COMP（2009）37, Executive Summary.

法。但这一执法结构专门适用于经营者从事的限制竞争行为，在行政垄断问题中，这种执法结构是不适用的，对行政垄断真正具有执法权限的是作出违法行为的行政主体的"上级机关"，"三定方案"所确立的三大反垄断主管机构仅具有对上级机关作出处理建议的权力。这种在国际立法经验中从未有过先例的做法，将导致行政垄断执法近乎完全被虚化：其一，执法不专业，反垄断执法涉及若干专业性问题，如果交由一个平时并不主要负责相关执法的机构进行处理，将很难取得执法实效。其二，执法不中立，作为做出违法行为的行政主体的上级机关，其经常与下级存在基于部门利益所带来的亲密关系，"护犊子"的心态将很可能排斥其做出真正刚性的处罚行为。其三，执法不统一，"上级机关"是一个不确定的行政主体，这便进一步导致了分散化的反垄断执法体系的进一步散乱，难以形成有效执法。其四，执法不刚性，立法所确立的对行政垄断的处罚无非是停止违法行为和给予行政主体内部的处分，既不见对民事责任和行政责任的追究，又不见在达到刑事违法标准时对刑事责任的援引，这种过于弱化的法律责任体系不利于形成有效威慑。

其次是反垄断立法与其他竞争立法的执法对接问题。《反垄断法》规定，法律、行政法规对行政机关和法律、法规授权的具有管理公共事务职能的组织滥用行政权力排除、限制竞争行为的处理另有规定的，依照其规定。立法之所以作此规定，"或许是我国现有的行业管理体制固有格局之强大——先期设立了证监会、保监会、银监会、电监会等行业管理机关，若反垄断机构统一执法则难以与上述机关在管理职能上协调"。❶ 在《反垄断法》出台前，曾有一条与此相类似的规定，即草案第2条曾经有过"对本法规定的垄断行为，有关法律、行政法规另有规定的，依照其规定"的语句，❷ 在正式出台时被删除。彼时学界的一致意见认为，如果这一语句被保留，将导致《反垄断法》在很大程度上被架空。由于我国存在着计划经济体制下遗留的艰深的行业管制体系及其相应立法，这当中不少法律、法规以及规范性文件

---

❶ 刘继峰："俄罗斯反垄断法规制行政垄断之借鉴"，载《环球法律评论》2010年第2期。

❷ 参见国函〔2006〕53号《国务院关于提请审议〈中华人民共和国反垄断法（草案）〉的议案》。

具有限制竞争的效果，与反垄断立法的理念和制度相左。这其中最为典型的是我国在意识形态和经济体制上至今仍然保持以国有经济为主体的特殊行业，如能源、通信、交通、金融等被冠以"关系国计民生"的行业，其行业管制立法甚至会直接维护国有企业的垄断地位，这便可能与反垄断制度发生直接矛盾。因此，反垄断立法过程中对"另有规定的，依照其规定"的抛弃，被认为有利于巩固和树立《反垄断法》作为市场规制基本法的作用，对前述特殊行业的经济体制改革也会产生一定的助推效果。但是，在行政垄断执法层面这一条款的保留，依然会妨碍对行政垄断现象的有效治理。按照这条规定，"另有规定的，依照其规定"的范围不只局限于人大层面的立法，甚至包括行政法规，这便意味着被视为具有"经济宪法"地位的《反垄断法》在行政法规对行政垄断的查处另有规定时，甚至不如后者的效力位阶高。

4. 脱离管制的逻辑脉络

本书第一章既已对国家限制竞争和管制的关系进行了分析，具体说来，国家限制竞争实际上是政府管制权力超越正当性边界运行的体现，它是不正当管制概念集合的子集。因此，反垄断立法对国家限制竞争行为的规制，最理智的逻辑脉络是尝试建立起一个对管制合法性问题的系统性判断基准，任何超过这一基准的管制都将遭受反垄断执法的查处。[1] 但是，中国的反行政垄断专章立法，实际上是将行政垄断自成体系，令其与国家限制竞争、不正当管制等关联概念的关系完全割裂开来。这一立法方式在观念上的影响是，"行政垄断属于国家限制竞争概念集合的子集""国家限制竞争属于不正当管制概念集合的子集"这些观念在中国法学界以及实际立法当中并没有普遍确立。也正是由于这个原因，从放松管制的体制性改革的角度对中国行政垄断进行根治这一路径很难进入中国反垄断法学者的研究视野，中国的反垄断立法也未充分重视控制国家限制竞争在政府管制层面的权力来源。这主要体现在如下三个方面："立法分散"、"规范残缺"和"位阶不明"。

---

[1] 参见段宏磊：《国家干预经济的类型化与治理行政垄断的再思考》，见刘大洪主编《经济发展中的法治与效益研究（2014）》，湖北人民出版社2015年版。

所谓立法分散，是指在中国的《反垄断法》中，与管制有关的规定是分散化的，且话语体系极不统一。《反垄断法》中与管制有关的条款主要有两方面，除了对反行政垄断的专章立法外，还在第 7 条对中国若干特殊行业的管制问题进行规定。从立法结构上来看，二者分别置于第一章和第五章，在逻辑体例上互不关联；从话语体系上来看，第 7 条使用了"监管"等更为贴合管制语境的立法词汇，而第五章则通篇使用了"滥用行政权力排除、限制竞争"的称呼，使其在立法上看不出与管制之间的关联性。一般来说，为了保证法律条文的简明易懂与清晰的逻辑结构，通常都要在一个连续的位置对具有在性质上同一的若干规则进行规定，而《反垄断法》对管制的规定却细碎地分散在法条的不同位置。立法者并不把行政垄断视为一种不正当管制，而是将其看作一种独立的垄断行为置于三大典型经济性垄断之后单列一章。这种立法的分散化结构会造成《反垄断法》对管制规定的纷繁复杂，并破坏立法的正常技术体系与逻辑结构。

所谓规范残缺，是指立法碎片下的《反垄断法》并未明确所有管制的合法性问题，在第 7 条所规定的行业管制与第五章所规定的行政垄断之外，尚存在管制的法外空间。第 7 条第 1 款的规定只涉及"关系国民经济命脉和国家安全的行业"和"依法实行专营专卖的行业"，本条对这些行业的管制体系进行了原则性的规定，这既包括经济性管制中的准入管制（"专营专卖"）、价格管制和标准管制（"对经营者的经营行为及其商品和服务的价格依法实施监管和调控"）；又包括若干以社会公益为目标的社会性管制（"维护消费者利益，促进技术进步"）。而其他行业或领域的管制问题，则在所不提。由于中国曾经历了长远的计划经济时期，管制系统异常的发达和深入，中国具有管制色彩的行业其实远远大于第 7 条第 1 款所框定的范围。随之而来的疑问便是，对于其他领域的若干管制权限与管制措施，《反垄断法》持有何种法律评价？在目前的法律条文中，我们寻求不到法律依据。而第五章行政垄断的概念也显然不能涵盖不正当管制中的所有国家限制竞争情形，这便导致在行政垄断的查处之外，我们无法实现对其他国家限制竞争行为的治理。另外，如果一个行为完全符合第五章规定的行政垄断构成要件，但它又恰恰处于第 7 条第 1 款所涵盖的合法管制范围内时，应当如何处理？《反垄断法》并未给出答案。

所谓位阶不明,是指管制与反垄断两种国家干预方式的效力优先性状态不明。在立法分散和规范残缺的背景下,如果能在立法中明确反垄断相较管制的价值优先序位,也能获得对包括行政垄断的一切不正当管制的查处依据。即在《反垄断法》总则部分制定一个原则性条款,为所有的管制厘定出一个判断其正当与否的法定标准,如可规定管制的实施不能与反垄断法的价值相抵触,违背此标准的管制都是违法的。这种原则性规定的功效在于:首先,当应对立法中的规范残缺问题时,这一原则性条款能够提供在规则不足时的基本治理方案,比如在前述特殊行业的国家限制竞争问题中,由于发生了合法管制与非法管制的竞合,现有规则体系无法作出明确的违法性认定,此时就可依据原则性条款作出判断。其次,它也能扩张反垄断法的调整范围,为政府不正当的管制行为形成一个普遍性的威慑效果。对《反垄断法》之外的所有管制特别立法,该原则性条款也能成为判定其正当与否的标准。即如果特别立法中施加了有损竞争机制的管制行为,可以依靠《反垄断法》中此条的效力,对有可能造成国家限制竞争的相关不正当管制判定为违法行为,进而予以撤销。这种将《反垄断法》的条文效力拓展至其他所有管制立法的做法,能有效地维护反垄断法作为"市场规制基本法"的地位和权威,也能有效地对所有国家限制竞争现象产生威慑力,为政府管制体系的改革奠定法制基础。但我国目前的《反垄断法》不存在此种性质的规定,仅在第7条对管制与反垄断的关系问题有所涉及,这显然是一种"和稀泥"式的规定:该条第1款规定了特殊行业的经济性管制与社会性管制框架;第2款则规定"前款规定行业的经营者应当依法经营,诚实守信,严格自律接受社会公众的监督,不得利用其控制地位或者专营专卖地位损害消费者利益",这是对这些行业亦适用反垄断制度的表达。而对管制与反垄断两种制度发生冲突时的适用办法,立法却没有明确。因此,与其说第7条是在明确管制与反垄断的关系,不如说它是以一种宣示性的语言建立了对特殊行业进行国家干预的框架性条款,❶ 管制与反垄断均属于这一干预框架的有机组成部分,而

---

❶ 参见张杰斌:"特定行业的《反垄断法》适用问题研究——《中华人民共和国反垄断法》第七条评析",载《北京化工大学学报(社会科学版)》,2007年第4期。

两者的价值排序如何处理，则语焉不详。

在我国这个曾有过计划经济传统的经济转轨国家，管制机构和反垄断主管机构的配置本身即存在不对称性，在2018年国务院机构改革前，我国的反垄断主管机构是工商局、发改委和商务部下设的局级机构，而很多行业管制机构的级别却是高于这个级别的。比如，并入交通部之前的铁道部是一个正部级单位，这意味着对于铁路行业的国家限制竞争问题，反垄断主管机构是不可能发挥作用的；还有一些管制机构的级别可能与反垄断主管机构的级别相同，如交通部下设的民航局，但民航局一把手却"高配"❶为正部级，这也会影响反垄断执法对不正当管制的遏制。因此，在管制力量天然强于反垄断执法力量的我国，《反垄断法》实际上已经向现实中管制力量的优先性作出了让步。这不利于确保对国家限制竞争的系统治理。

(二)《反垄断法》相关规定的实施困境

在国家限制竞争的体制性因素尚未革除的情况下，寄望于通过补救式规制机制的形式对此问题系统治理，几乎已经注定了其将遭遇法律实施的困境。而事实也确实如此，《反垄断法》实施以来，国家限制竞争并未得到根本治理。恰恰相反，在某些领域，国家限制竞争的体制性基础反而加强了：《反垄断法》第7条第1款明确了若干特殊行业政府管制的合法性地位，这将相当一部分行业性国家限制竞争游离在行政垄断的规制体系之外，获得了更明确的合法性依据。

---

❶ 干部"高配"现象是中国行政机关中的一个常见形态，即干部享受的待遇比实际所处职位级别要高的现象。如副部级职位的干部级别却为正部级，这一现象之所以出现，有些时候是为了解决行政机关中的工作协调。比如为了实现大部制改革而精简、撤并的若干机构，原在位干部并不存在履职过错，仅由于机构调整而使其降低级别便不合适，此时，"高配"便是一个能有效解决利益衡平问题的有利制度。但是，目前在若干强势的行政部门中，"高配"日渐成为一个比较普遍的现象，从而产生一系列的问题，比如涉嫌违反《公务员法》、增加财政负担、不利于干部人事制度改革，等等。更为深入的分析可参见王传合："别让'干部高配'成为惯例"，载http://hlj.rednet.cn/c/2014/07/06/3395554.htm，最后访问日期：2020年1月1日；以及钱昊平："他们为何'官高半级'，干部'高配'的传统与现实"，载http://www.infzm.com/content/98235，最后访问日期：2020年1月1日。

2014年以前的若干统计数据表明，与《反垄断法》出台后在反经营者的限制竞争行为方面屡有所斩获形成明显对比的是，中国的反行政垄断条款几乎未被适用过，与此有关的涉案数额也少得可怜。在执法层面，截至2013年12月的统计分析表明，涉及行政垄断的执法仅有30起，"案例极少"，而且"基本没有办理过涉及省部级的案件"；❶ 而在诉讼层面，早在2008年8月1日即《反垄断法》实施的第一天即发生了被称为既是"行政垄断第一案"又是"反垄断第一案"的国家质检总局产品安全监管案，北京4家企业向北京市第一中级人民法院提起诉讼，状告国家质检总局涉嫌行政垄断，但最终结果却是法院不予受理。❷ 在立法出台前被学界公认行政垄断的危害远大于经济垄断的我国，无论是从执法还是诉讼层面，行政垄断的治理却遭受如此严重的遇冷，不得不说是一大讽刺。

从2014年年底开始，这种反行政垄断的窘境开始得到缓解，对行政垄断案件的规制开始出现若干转机，相关案件增多。这一方面得力于几个典型案件所起到的示范性作用，另一方面也与国家发改委、原国家工商行政管理总局等反垄断主管机构开始日渐注重行政垄断的查处有关。

在反垄断行政执法方面的一个典型案件是"河北客运费案"。2013年10月，河北省交通运输厅、物价局和财政厅联合下发通知，规定从2013年12月1日起对全省收费车辆通行费车型分类进行调整，并对本省的客运班车实行通行费优惠政策。2013年10月30日，交通运输厅又单独下发通知进一步明确了相关的优惠政策，"只适用于本省经道路运输管理机构批准，有固定运营线路的客运车辆"。❸ 有报道计算了这一政策的影响程度：对运输公司来说，高速通行费能够占到其总收入比重约10%~20%；媒体以天津至石家

---

❶ 戴冠来："我国《反垄断法》反行政垄断的效果评析"，载《中国物价》2013年第12期。

❷ 详细的介绍可参见李昱，刘筱君："以行政垄断为视角——评中国反垄断法第一案"，载《辽宁法治研究》2009年第2期。

❸ 参见发改委价格监督检查与反垄断局："国家发展改革委依法建议河北省人民政府纠正交通运输厅等部门违反《反垄断法》滥用行政权力排除限制竞争行为"，载http://jjs.ndrc.gov.cn/gzdt/201409/t20140926_626773.html，最后访问日期：2020年1月1日。

第三章　国家限制竞争的补救式规制机制：发展中国家范式

庄线路为例进行了计算，由于全额通行费为 360 元，这意味着天津市的客运公司每次运营成本就要高于河北省的客运公司 180 元，全年支出则要超过 130 余万元。❶ 2014 年 9 月，国家发改委根据韩国大使馆的举报，对河北省交通厅、物价局和财政厅对本省客运企业实施过路过桥费半价优惠的做法，向河北省政府发出了执法建议函，建议其立即停止违法行为。很快，河北省交通厅、物价局、财政厅便出台通知，规定通行费优惠政策不再限于河北省客运班车，这一区域性国家限制竞争案件由此得到了很好的处理。❷ 该案是中国《反垄断法》实施以来，反垄断主管机构第一次对省级政府发出执法建议函的案件。这一事件也成为发改委开启重点排查行政垄断案件的序幕，在该案结束后不久，2014 年 12 月 1 日召开的"竞争合规和行政性垄断国际研讨会"上，国家发改委价格监督检查与反垄断局原局长许昆林曾表示 2015 年该局的首要任务是破除行政垄断。❸ 在这之后，一系列的行政垄断案件被以执法建议函的形式予以查处。

在反行政垄断诉讼方面，2014 年 6 月 26 日，广东省深圳市斯维尔科技有限公司诉广东省教育厅涉嫌行政垄断一案由广州市中级人民法院一审开庭，诉因是广东省教育厅在 2014 年全国职业院校技能大赛广东省选拔赛"工程造价基本技能赛项"中，指定适用广联达股份软件有效公司的软件程序，广联达为此次诉讼的第三人。这是《反垄断法》实施 6 年多来第一起被法院正式受理并进入实质审理阶段的行政垄断诉讼。❹ 该案于 2015 年 2 月 2

---

❶ 参见国家发改委价格监督检查与反垄断局："国家发展改革委依法建议河北省人民政府纠正交通运输厅等部门违反《反垄断法》滥用行政权力排除限制竞争行为"，载 http：//jjs.ndrc.gov.cn/gzdt/201409/t20140926_626773.html，最后访问日期：2020 年 1 月 1 日。

❷ 参见"河北省政府遭反垄断调查信号：重点排查行政垄断"，载《企业界》2014 年第 9 期。另参见冀交公〔2014〕407 号《河北省交通运输厅、河北省物价局、河北省财政厅关于调整我省客运班车通行费优惠政策的通知》，载 http：//jjs.ndrc.gov.cn/gzdt/201410/t20141030_635205.html，最后访问日期：2020 年 1 月 1 日。

❸ 参见陈静："发改委反垄断局局长：2015 年将主攻行政垄断"，载 http：//news.sohu.com/20141201/n406563286.shtml，最后访问日期：2020 年 1 月 1 日。

❹ 万静："广东省教育厅因指定赛事软件被诉，作为我国首起反行政垄断诉讼已进入一审程序"，载《法制日报》2014 年 12 月 4 日第 6 版。

日作出一审判决，认定广东省教育厅违反《反垄断法》规定，广东省教育厅提起上诉。2015年5月28日，该案由广东省高级人民法院进行二审，最终广东省高级人民法院判决驳回省教育厅上诉请求，维持原判。❶

从2014年年底开始的反行政垄断热潮或许展现了一个我国规制国家限制竞争的良好愿景，但整体来看，这种阶段性的国家限制竞争规制并未出现明显的成果，其功效只不过是略微增加了对相应违法行为的查处频率而已。国家发改委官员宣称将加强行政垄断的规制后，无非带来的是相应案件数量的微妙提高——国家发改委2014年查处行政垄断1起，2015年提高到5起。❷ 反行政垄断实际效果不彰的整体特点并未得到根本解决，造成国家限制竞争现象的纵横交错的政府管制基础也并未得到根本改变。在这种滋生国

---

❶ 参见秦晶："广东省教育厅涉嫌行政垄断成被告，受理行政垄断行政诉讼二审开庭激辩"，载http：//www.legaldaiy.com.cn/index_article/content/2015-05/29/content_6103807.htm？node=5955&url_type=39&object_type=webpage&pos=1，最后访问日期：2020年1月1日。佚名："反行政垄断诉讼首案终审，广东省教育厅滥用行政权力被判败诉"，载http：//www.sohu.com/a/162804659_267106，最后访问日期：2020年1月1日。

❷ 参见中国世界贸易组织研究会竞争政策与法律专业委员会：《中国竞争法律与政策研究报告（2015年）》，法律出版社2016年版，第90页，第99页。这6起案件均可从国家发改委价格监督检查与反垄断局主页当中查询具体查处信息，2014年查处的唯一1起案件即"河北客运费"案，国家发改委披露信息可参见发改委价格监督检查与反垄断局："国家发展改革委依法建议河北省人民政府纠正交通运输厅等部门违反《反垄断法》滥用行政权力排除限制竞争行为"，载http：//jjs.ndrc.gov.cn/gzdt/201409/t20140926_626773.html，最后访问日期：2020年1月1日。2015年查处的5起案件相关资料可分别参见：1.发改委价格监督检查与反垄断局："云南省通信管理局违反《反垄断法》滥用行政权力排除限制竞争被依法纠正"，载http：//jjs.ndrc.gov.cn/gzdt/201506/t20150602_694801.html，最后访问日期：2020年1月1日。2&3.国家发改委价格监督检查与反垄断局："四川、浙江省卫生和计划生育委员会及时纠正药品集中采购中违反《反垄断法》、排除限制竞争行为"，载http：//jjs.ndrc.gov.cn/gzdt/201511/t20151102_757331.html，最后访问日期：2020年1月1日。4.《国家发展改革委关于建议纠正山东省交通运输厅滥用行政权力排除限制竞争有关行为的函》（发改办价监〔2015〕501号），载http：//jjs.ndrc.gov.cn/fjgld/201503/t20150327_668911.html，最后访问日期：2020年1月1日。5.《国家发展改革委办公厅关于建议纠正蚌埠市卫生计生委滥用行政权力排除限制竞争有关行为的函》（发改办价监〔2015〕2175号），载http：//jjs.ndrc.gov.cn/fjgld/201508/t20150826_748682.html，最后访问日期：2020年1月1日。

家限制竞争的体制性因素未予改变的情况下，即便反垄断主管机构增加对相关案件的执法力度，其实际规制效果也难以抱有太大期望。"实践中，由于行政机关通常假以国家安全、国计民生等名义发布普遍适用的规范性文件而达至排除、限制竞争的目的或效果，其表面上具有'正当性'且在既有法律框架下对此类违法行为的救济乏力，因而仅通过《反垄断法》予以规制的期望或效果并不会理想。"❶ 在政府管制的体制性基础和合法性依据未予消解的情况下，寄望通过反垄断执法或诉讼的形式实现对国家限制竞争的规制，将是杯水车薪。针对这种立法与实践的严重背离，中国世界贸易组织研究会竞争政策与法律专业委员会在调研报告中也指出：未来的行政垄断规制必须脱离纯粹法律层面的"治标不治本"，而应当转向宏观顶层设计与微观法治建设并举之路进行，即一方面在宏观层面完善市场经济体制，另一方面又要加强法治实施机制。❷ 这正是学术界开始反思补救式规制机制局限性的体现。

我国出现的这种立法与实践的巨大背离，不得不说是一幅尴尬的图景：被誉为"十四年磨一剑"的《反垄断法》对行政垄断条款的吸纳，曾被视为终结了赞同论者与反对论者这一长久没有结果的论争。但实际上，它恰恰是问题的开始。两个派别的学者，其思维框架实际上没有本质区别，均局限于以行政法的范畴看待行政垄断，均在比较研究中忽略了西方发达国家在建立预防式规制机制方面的有益经验，均过于强调立法论而忽略了从体制性改革的角度实现对国家限制竞争的根治。由此造成的结果便是《反垄断法》的反行政垄断条款几乎被空置，数年来的执法或司法实践屈指可数，国家限制竞争的存量并没有发生本质改变。两个派别争论的核心其实无非是行政垄断条款的"位置"问题，进而言之，这其实只是一场经济法学者与行政法学者不合时宜地争取学术资源的讨论，而在对行政垄断本质和治理策略的探寻上，两个派别其实都浅尝辄止，优雅地与真理擦肩而过。中国现在对国家限制竞争法律规制问题的探讨，亟须将从《反垄断法》制定时便偏离了正常轨

---

❶ 中国世界贸易组织研究会竞争政策与法律专业委员会：《中国竞争法律与政策研究报告（2015年）》，法律出版社2016年版，第99页。

❷ 中国世界贸易组织研究会竞争政策与法律专业委员会：《中国竞争法律与政策研究报告（2015年）》，法律出版社2016年版，第100页。

道的讨论回归真正切实有效的规制路径上来。

三、公平竞争审查制度的导入与实施前景（2015年至今）

如前所述，《反垄断法》所确立的补救式规制机制在实践中遭遇了一定程度的挫折。自2015年开始，我国也陆续开始通过制度建设的形式，一定程度上引入欧美发达国家的预防式规制机制，对当前的规制模式进行修正，这集中体现为"公平竞争审查"制度的导入，它实际上是中国版本的管制影响评估。通过引入并推广公平竞争审查制度，我国的政府管制也开始施加一套事前的评估程序，对国家限制竞争进行规制的制度设计开始从事后补救延伸至事前预防阶段。❶

公平竞争审查制度在中国经历了一个从倡议到建立的发展过程。从2015年开始，党中央、国务院即多次在下发的文件中提及要建立公平竞争审查制度，如中发〔2015〕8号《关于深化体制机制改革加快实施创新驱动发展战略的若干意见》第二节第（二）项规定："打破地方保护，清理和废除妨碍全国统一市场的规定和做法，纠正地方政府不当补贴或利用行政权力限制、排除竞争的行为，探索实施公平竞争审查制度。"国发〔2015〕32号《国务院关于大力推进大众创业万众创新若干政策措施的意见》第三节第（一）项规定："逐步清理并废除妨碍创业发展的制度和规定，打破地方保护主义。加快出台公平竞争审查制度，建立统一透明、有序规范的市场环境。"中发〔2015〕28号《中共中央国务院关于推进价格机制改革的若干意见》第四节规定："加快建立竞争政策与产业、投资等政策的协调机制，实施公平竞争审查制度，促进统一开放、竞争有序的市场体系建设。"在反行政垄断执法方面发挥重要作用的国家发改委亦在同期开启了制定公平竞争审查制度的相关工作。在2015年7月31日，国家发改委价格监督检查与反垄

---

❶ 参见段宏磊："西方国家公平竞争审查制度的嬗变及对我国的启示"，中国经济法学研究会2016年年会参会论文。

断局即召开了公平竞争审查制度讨论会，对此进行专门研究。❶ 而在 2016 年 2 月 19 日，发改委价格监督检查与反垄断局副局长李青在上海明确表示，"今年反垄断部门的一项重要工作就是建立公平竞争审查制度，加强对滥用行政权力排除限制竞争的反垄断执法"。❷

2016 年 6 月，《关于在市场体系建设中建立公平竞争审查制度的意见》（国发〔2016〕34 号）公布，这标志着公平竞争审查制度的正式建立。该意见于第一段即开宗明义地规定："随着经济体制改革不断深化，全国统一市场基本形成，公平竞争环境逐步建立。但同时也要看到，地方保护、区域封锁，行业壁垒、企业垄断，违法给予优惠政策或减损市场主体利益等不符合建设全国统一市场和公平竞争的现象仍然存在。"公平竞争审查制度的制定目的即"剑指"国家限制竞争，是"为规范政府有关行为，防止出台排除、限制竞争的政策措施，逐步清理废除妨碍全国统一市场和公平竞争的规定和做法"。2017 年，由国家发改委、财政部、商务部、国家工商行政管理总局、国务院法制办共同出台了《公平竞争审查制度实施细则（暂行）》（发改价监〔2017〕1849 号），该文件在第 2 条规定："行政机关以及法律法规授权的具有管理公共事务职能的组织（以下统称政策制定机关），在制定市场准入、产业发展、招商引资、招标投标、政府采购、经营行为规范、资质标准等涉及市场主体经济活动的规章、规范性文件和其他政策措施（以下统称政策措施）时，应当进行公平竞争审查，评估对市场竞争的影响，防止排除、限制市场竞争。""经审查认为不具有排除、限制竞争效果的，可以实施；具有排除、限制竞争效果的，应当不予出台或者调整至符合相关要求后出台；未经公平竞争审查的，不得出台。"由此可见，公平竞争审查制度的本质即是管制竞争评估的中国版本。在《公平竞争审查制度实施细则（暂

---

❶ 参见国家发改委价格监督检查与反垄断局："价监局召开公平竞争审查制度讨论会"，载 http：//jjs. ndrc. gov. cn/gzdt/201508/t20150803_744195. html，最后访问日期：2020 年 1 月 1 日。

❷ 何欣荣："我国将建立公平竞争审查制度，剑指行政垄断"，载 http：//www. chinacourt. org/article/detail/2016/02/id/1808404. shtml，最后访问日期：2020 年 1 月 1 日。

行）》中，通过对"审查机制和程序""审查标准""例外规定""社会监督和责任追究"等的专章规定，建立起我国竞争评估程序的基本流程。在未来即将开启的《反垄断法》修订过程中，公平竞争审查制度还有望写入立法，促进竞争政策基础性地位的确立。❶

公平竞争审查制度在中国的建立意义重大，它意味着我国针对国家限制竞争行为的规制首次突破了事后补救的限制，延伸至事前的预防式规制阶段。当然，公平竞争审查制度毕竟刚刚建立，从《关于在市场体系建设中建立公平竞争审查制度的意见》和《公平竞争审查制度实施细则（暂行）》的文本来看，目前对公平竞争审查制度的规划也存在一系列的缺陷和问题。公平竞争审查制度推进时所需的相关配套机制，如放松管制的开展、反垄断主管机构的建制改革，等等，在我国目前也尚不具备或不够成熟。因此，公平竞争审查制度于未来是否能完全如期发挥作用，尚有待观察。但这起码表明，中国对国家限制竞争法律规制的沿革，开始打通发达国家与发展中国家两类不同的规制范式，进入一个综合借鉴不同立法例、构建系统性规制机制的新阶段。

本章小结：补救式规制机制的教训与反思

（一）对全球国家限制竞争法律规制机制的整合

通过上一章对西方发达国家预防式规制机制的整体介绍，以及本章对若干发展中国家补救式规制机制的立法评析，可以形成一个对全球十余个国家或地区国家限制竞争法律规制机制的整合评价，表 3.1 对相关情况进行了一目了然的阐释，它显示出不同国家对国家限制竞争规制机制择取时的一个典型规律：整体来说，在经历过放松管制运动、市场经济体制整体较为成熟的国家，由于国家限制竞争的发生概率较低，立法采取的策略通常是较为内敛和克制的；而这些国家较高的法治程度和浓郁的竞争文化，又使其更倾向于

---

❶ 参见李远方："反垄断法十年迎修订，执法力度有望加大"，载《中国商报》2017 年 9 月 13 日第 3 版。

以管制影响评估这一预防式策略对国家限制竞争进行规制。而在未经放松管制、市场经济体制较为稚嫩或正处于经济转轨期的国家，其做法则相反，其立法对行政垄断的规定"存在感"较强，宣示性效果较好，但也会因此面对立法技术层面的问题，也更倾向于通过反垄断执法或司法的补救式规制形式处理国家限制竞争问题。

表 3.1 发达国家和地区与发展中国家对国家限制竞争进行规制的模式对比

类型	代表国家/地区	市场经济发展状况	制度内容	基本评价
预防式规制机制	美国、欧盟、德国、日本、韩国、澳大利亚	成熟、发达、国家限制竞争的发生频率较低	1. 以放松管制推动国家限制竞争体制性基础的卸载。2. 以管制影响评估的事前预防式规制为核心制度。3. 以限缩反垄断法适用除外范围和扩张规制行为范围的形式发挥补充性作用	1. 立法方式简明、清晰，所要求的立法技术不高，也不会扰乱反垄断法的经典概念体系。2. 立法中不存在对国家限制竞争系统治理的规定，宣示性效果差。3. 管制影响评估作用的积极发挥取决于在法治程度、竞争观念、市场经济发展程度、反垄断主管机构建制等方面的严苛条件。配套制度改革成本高
补救式规制机制	俄罗斯、乌克兰、乌兹别克斯坦、越南、阿塞拜疆、中国	不成熟、发展中或处于转轨期、国家限制竞争的发生频率较高	1. 以反垄断法对国家限制竞争的明确规定作为执法和司法规制的法律依据。2. 反垄断法对国家限制竞争采取了专门规定的形式，通常会设立专章，使其与经营者限制竞争行为的规定相并列	1. 实现对国家限制竞争的系统规定，对反国家限制竞争有理想的宣示性效果。2. 对立法技术要求过高，且难以获取域外立法经验；国家限制竞争与经营者限制竞争并列立法的做法容易扰乱反垄断法正常的概念体系。3. 以执法或司法为主的补救式规制机制难以真正发挥系统规制国家限制竞争的作用

（二）反思：我国规制机制的未来改进前景

通过本章与上一章的综合分析，本书实现了对国家限制竞争规制国际经验的统合，发达国家的预防式规制机制和发展中国家的补救式规制机制构成了国际上应对国家限制竞争问题的两大核心范式，我国目前主要采取的是第二种范式，即通过诉诸立法论的形式，在反垄断法律文本中明确对国家限制竞争执法和诉讼的法律依据，进而主要通过事后规制的形式开启国家限制竞争的治理。

但是，2016年建立的公平竞争审查制度表明，我国也开始对这种补救式规制机制存在的问题进行反思：作为一个复杂的社会问题，针对国家限制竞争的规制在立法上的作用其实被夸大了。欧美发达国家在立法层面对国家限制竞争的规定好似"蜻蜓点水"，其兜底式的查缺补漏的性质较大，是因为他们已经先期经过了放松管制运动对国家限制竞争的卸载式改革，以及发挥了管制影响评估在管制决策和实施阶段对国家限制竞争的预防作用。毫不客气地说，在这些制度设计消除了国家限制竞争社会基础的情况下，即便立法中完全不存在对国家限制竞争规制的规定，也不会引发严重的社会问题。若干发展中国家对国家限制竞争的规定看似面面俱到，更加系统化和周延化，其立法上的存在感远大于西方国家，但却反而难以避免社会中的国家限制竞争问题，其原因即是该行为发生的社会基础无法通过单纯的立法予以修正。在这种体制性的基础难以根治的背景下，纵使立法中的规定"天花乱坠"，也很难真正实现制度的"落地"，这与我国目前的状况极为相符。即使是局限于对俄罗斯经验的借鉴，我国也因为立法论的视野局限而造成若干误解，它忽视了对近年来俄罗斯在改变国家限制竞争社会基础上所做的努力，将其规制经验片面地误以为立法的成功。

笔者并非完全贬斥立法在国家限制竞争规制中的作用。专门规定式的立法能有效地提高立法反国家限制竞争的宣示性作用，这在政府管制行为尚欠缺有效治理的我国是必要的。但这一作用必须以体制性改革的必要辅助为前提，只有改革推动了国家限制竞争所产生的社会基础的变迁，法律规定方能真正发挥作用。否则，立法的作用将被架空，法律的明文规定难以得到落实，对国家限制竞争问题的讨论也将演变为一个难以取得实际制度突破的"文字游戏"，长期停留于纸面的探讨，实务中的难点却无法实现突围。而这种具有反国家限制竞争基石性作用的所谓"体制性改革"，从西方国家的经验来看，无非就是社会改革层面的放松管制和制度建设层面的管制影响评估。只有在我国有效地落实这两项内容，《反垄断法》中的相关法律条款才能获得良性实施的社会基础，反国家限制竞争方能实现治道变革。

第四章 国家限制竞争的平衡式规制机制：中国的改进方向

第一节 平衡式规制机制的基本内涵

一、平衡式规制机制的理论基础与运作框架

通过前两章对不同国家有关国家限制竞争规制经验的统合分析表明，我国在未来应当建立起一个综合发挥发达国家与发展中国家规制范式优点的"平衡式规制机制"。所谓"平衡"，即要同时关切国家限制竞争规制的事前阶段和事后阶段，建立起一个预防式规制与补救式规制相结合的健全体系，同时发挥两种类型的国家限制竞争规制经验的优势与功能。在当前的国家限制竞争研究中，有学者已提出在指导思想上相近似的规制框架。如国内有学者认为，国家限制竞争的规制路径应主要分为三个组成部分：以竞争评估为主要内容的"规制前置路径"、以竞争倡导为主要内容的"事前规制路径"和以竞争执法为主要内容的"事后规制路径"。❶ 按照本书对预防式规制和补救式规制的界定，这三个组成部分的前两类实际上都属于预防式规制，而竞争执法则属于补救式规制。但是，该研究将事前规制仅局限于竞争评估和竞争倡导，而未把管制影响的一般评估纳入考量，这与笔者的观点不同。在国外，也有学者提出了针对国家限制竞争的六大规制准则，其一，要在管制

---

❶ 参见张占江："政府反竞争行为的反垄断法规制路径研究——基于路径适用的逻辑展开"，载《上海财经大学学报》2014 年第 5 期。

立法阶段实施竞争倡导；其二，对管制过程实施控制规则；其三，限制管制豁免于反垄断审查的范围；其四，建立对国家限制竞争司法审查的基本规则支撑；其五，加强管制的监督过程；其六，对管制机构和反垄断主管机构的权限予以协调。[1] 这六大准则中的第一点、第二点、第五点偏重于事前的预防式规制，第三点和第四点则偏重于事后的补救式规制，第六点则更类似于在机构建制层面建立对国家限制竞争规制的保障性制度，这亦与本书设计的平衡式规制机制存在共通性。

平衡式规制机制建立在如下理论基础上：将国家限制竞争的法律规制，政府管制的正当化限制和反行政垄断三个问题合一讨论。一方面，应当更新对国家限制竞争研究的话语体系，舍弃行政垄断这一范畴并不精准的概念，实现对任何国家限制竞争的有效法律规制；另一方面，又要认识到国家限制竞争的本质，从防范政府管制异化的角度，对管制的决策、实施和发挥效果全程施加规制，建立从事前预防到事后补救为一体的系统化规制范式。平衡式规制机制批判地吸收了我国从反垄断立法时期便注重学习的俄罗斯、乌克兰等国的立法经验，认为确有必要在反垄断立法层面对国家限制竞争进行全面系统的规制，以发挥立法的宣示性功能和倡导性功能；但平衡式规制机制又拓展了国家限制竞争的规制路径，它基于西方发达国家的卓越经验，意识到在国家限制竞争的体制性基础未予改变的情况下，纯粹法律层面的规定难以发挥实际作用，因此，有必要以健全事前规制的形式，从而辅助事后执法和诉讼发挥作用。这一规制机制有利于同时发挥国际上两类规制范式的优点，又有效地对其制度缺陷进行规避：若单纯借鉴发达国家的预防式规制机制，则会由于该制度建立在成熟健全的市场经济体制和高度发达的法治社会基础上，而难以符合中国国情，过度谦抑的立法方式也无法满足我国对强化立法威慑功能的要求；若继续保持我国的规制现状，单纯依赖发展中国家的补救式规制机制，则其针对违法行为的实际法律适用效果十分有限，因为它并无法真正建立起对国家限制竞争体制性因素的清理和卸载。

---

[1] See Michal S. Gal, Inbal Faibish. Six Principles for Limiting Government-Facilitated Restraints on Competition, 44（1）Common Market Law Review 69（2007）.

因此，经过对国外两种规制机制的有效协调，平衡式规制机制实现了如下周延的运作流程，对政府管制行为的全过程施加了一个体系化的规制机制：在管制决策和实施过程中，通过管制机构自主实施的管制一般影响评估、反垄断主管机构实施的竞争专门评估及后续的竞争倡导进行预防性规制，目的是防止不正当管制的产生和扩散，对国家限制竞争起到一个预防作用。而在不正当管制已然引发国家限制竞争危害后果的阶段，则通过反垄断执法或诉讼的形式对这一行为实现事后补救。

二、平衡式规制机制的实现路径与体制基础

平衡式规制机制所建立的针对国家限制竞争的规制结构，实际上是对政府管制行为从决策、实施到产生结果整个过程所施加的一种约束机制：事前规制作用于管制的决策和实施阶段，目的是严控国家限制竞争的产生；事后规制作用于不正当管制已然产生危害后果的时期，目的是防止国家限制竞争危害后果的扩张。正是由于这一规制机制直接控制了管制权力的整个过程，对于国家公权力来说，这一制度体系的引入相当于管制权力的"壮士断腕"，因此，与其他法律制度的改革相比，它的实现必然是艰难的。为了有效地推进这一规制机制的建立和如期发挥作用，中国有必要开展一场与西方国家相仿的放松管制运动，将西方国家具备充实经验的分权化策略、绩效化策略、组合优化策略和法治化策略尽数实践，这些改革运动将直接推进中国国家限制竞争体制性基础的消解，并直接促成平衡式规制机制的有效建立。

事实上，中国目前的若干经济社会特征，如正处于经济转轨期、政府管制结构艰深、国家限制竞争问题艰巨等，与 20 世纪六七十年代的西方发达国家的情形极为类似，这一现状也是迫使这些国家开展放松管制运动的最重要动因。而从国内现实状况来看，当前在中国开展放松管制运动，也几乎可以说抓住了最佳历史契机，这是新时代以来我国在进一步深化改革问题上的若干部署所铺就的结果，尤其是《中共中央关于全面深化改革若干重大问题的决定》，其中在经济体制改革方面的若干内容，已然显示出了放松管制的政策动向。因此，一方面是西方国家 30 余年放松管制实践所提供的智识基础，另一方面是国内近年来在体制改革方面展现的重大前景，中国当前从事

放松管制改革的可行性已得到证成。

　　欧美国家从20世纪70年代以来开展的放松管制运动遵循着如下一个基本的社会背景：彼时在这些国家竞争机制已然较为普遍，市场经济发展的成熟度较高，不正当管制较为浓郁的领域通常集中在具有自然垄断和公共利益属性的若干行业。在这一背景下，一方面由于科技的发展和市场的扩张令这些领域保持管制的正当性降低，而当时经济学理论的演进又令这些领域对竞争和市场的信心增强；另一方面，公共选择理论和管制俘获理论的提出又消解了管制天然有利于公共利益的正当性，导致对管制过程的信心减弱，放松管制运动的理论基础便得以充实。因此，欧美国家放松管制运动的焦点是很集中的，所实施的核心手段也是十分明确的，即聚焦于若干管制体系十分浓郁的特殊行业的经济性管制之放松，这种范畴的明确性极为类似我国《反垄断法》第7条第1款所涵盖的特殊行业之范围，由此可见，我国未来放松管制的实施，与欧美国家存在共性，即对于不正当管制频率比较集中的若干特殊行业经济性管制的放松。但是，如果止步于这种国外经验的继受，而忽视了中国的若干特殊性，则并不理性。从中国实际来考察，我国放松管制的范围要远远大于欧美国家经验所涉之领域。

　　首先，由于处于经济转轨期的现状，尤其是计划经济时代行业主管体制的残余影响，中国的市场经济成熟度较低，不正当管制范围更广，国家限制竞争的负面影响远不局限于若干特殊行业。虽然特殊行业中的问题确实是更为突出的，但中国的国家限制竞争实际上坐落于市场竞争的任何一个细枝末节，这便决定了中国版本的放松管制运动，尽管其核心领域也要贯彻于特殊行业，但决不能止步于此，而是要将此经验扩散开来，实现对中国整体市场竞争机制的重振。其次，中国的行业放松管制也并不能完全局限于经济性管制的范围，而应当一定程度上扩展至社会性管制。中国由于行业主管体系的影响，经常会出现经济性管制和社会性管制交织冗繁的现象，其中的社会性管制有时并不天然地有利于公益，而是存在以社会公益为名义行国家限制竞争行为之实的情形。在被视为中国反行政垄断第一案的国家质检总局产品安全监管案中，国家质检总局就是以食品安全这一社会性管制的名义，要求各经营者将加贴电子监管码的业务交由中国国检信息技术有限公司独占实行。

因此，中国的放松管制运动要对这种以社会性管制的名义实施的限制竞争行为具有足够甄别力，不能片面局限于经济性管制范围之内。最后，中国的不正当管制远未局限于纵向的行业性限制竞争，横向的区域性限制竞争在中国也是一个艰深的社会问题，这即是地方保护主义现象。

综上所述，与西方放松管制中明确的"特殊行业的经济性管制之放松"相比，中国版本的放松管制尽管也确实需要以这一领域为重点，但从具体实施范围来看，它一不能局限于特殊行业，二不能局限于经济性管制，三不能局限于纵向的行业管制。换言之，中国的放松管制运动，应当是一场纵横一体化的深刻变革。

三、平衡式规制机制的立法回应与机构建制

利用放松管制运动的有效时机，平衡式规制机制寻得一个最佳的推行机遇，但仍需要在立法文本和机构建制方面完成一系列制度基础的改进，以促进平衡式规制机制真正发挥作用。

平衡式规制机制需要首先奠定立法文本基础，即需要在《反垄断法》和其他管制单行法中为平衡式规制的运作建立法制框架，这主要包含如下内容：其一，确立范围明确且有限的反垄断适用除外条款，其目的在于划定反垄断发生作用的范围，尽可能多地将政府管制置于反垄断价值考察标准之内，减少政府管制豁免于竞争政策审查的范围，这是平衡式规制机制得以运行的基本前提。其二，在《反垄断法》上明确反垄断相较管制的价值优先序位，除了反垄断适用除外的范围以外，当政府管制与反垄断目标和价值出现矛盾时，反垄断法律制度应当优先适用，这可使对国家限制竞争施加的反垄断审查具有基本的法制依据，这是平衡式规制机制得以运行的制度基础之一，尤其构成事前评估程序的重要理据。其三，在《反垄断法》上对管制的合法性边界予以明确，清晰地划定出滥用管制权力限制竞争的概念范畴，令一切国家限制竞争行为都受到《反垄断法》的非法性评价，而不仅局限于行政垄断，这是平衡式规制机制得以运行的另一制度基础，尤其构成事后反垄断执法或诉讼的法律依据。其四，要在改进和完善公平竞争审查制度的前提下，对中国当前的管制规范体系进行一次系统的清理活动，系统地减少其中

存在的国家限制竞争内容，使其符合反垄断的价值需求，即管制的"竞争法化"。这是因为中国在管制权力异化倾向严重的背景下，国家限制竞争存量众多，单纯通过被动地管制影响评估和事后反垄断实施对其进行清理，有效率低下之虞，而有必要以自上而下的制度清理的形式，大幅度地降低这一行为的比例，为平衡式规制机制的运作减轻压力负担和塑造制度支撑。

平衡式规制机制也需要机构建制基础层面的改革。无论是预防式规制还是补救式规制，平衡式规制机制呼唤的其实是一个对反垄断主管机构和政府管制机构在能力、品格和职权方面的重塑。对反垄断主管机构来说，一方面，它需要扩充其法定职权，确立对管制机构国家限制竞争行为普遍性的事前竞争评估与倡导权、事后行政执法权。目前《反垄断法》的规定仅将反垄断主管机构的权力限制在行政垄断范围，不包含其他国家限制竞争；实施方式也仅局限于事后的向上级机关提出建议权，而不包含事前的评估与倡导权以及事后的直接行政执法权，这均需要做出改变。另一方面，需要对反垄断主管机构进行独立、统一、高效、权威的品格重塑，以增强其在国家限制竞争规制过程中的自律性，与俄罗斯反垄断署一样，树立起对各类管制机构甚至包含地方立法机构的坚实执行力。而对政府管制机构来说，目前我国的机构建制极为庞杂，与反垄断主管机构的弱势形成明显对比，尤其是众多的行业管制机构，其在基本建制上高于现行反垄断主管机构的级别，这致使管制与反垄断在价值博弈过程中，前者轻易地处于优势地位，这亟须做出改变。本应当在价值序位上处于谦抑状态的管制，反而在机构建制上是强势于反垄断的；而本应当具有市场规制基本法地位的反垄断法律制度，在中国现实的机构建制中却往往处于不得不让位于政府管制的弱势状态。为平衡式规制机制提供的机构建制基础实际上就是要根本性地改变管制与反垄断互动谱系中的不均衡状态，适度削弱、淡化管制机构之权力，适度强化反垄断主管机构之职责，减少国家限制竞争的发生概率。

第二节 平衡式规制机制的功能定位

党的十八届三中全会之后，我国进入一个深化改革的关键时期，这一阶段将对我国改革开放以来若干体制性改革的难点深入推进。也正是在这个背景下，提出了发挥市场在资源配置中"决定性地位"的观念。事实上，我国改革开放以来的若干难点，如垄断行业改革、政府职能转变、国有企业改革等，都在某种程度上是国家限制竞争产生不良影响的体现。在这一宏观背景下，平衡式规制机制的提出更具有实践意义，它与未来深化改革的整体规划相符，又提供了一个针对国家限制竞争最为全面的制度建设框架，是本书探讨我国国家限制竞争法律规制制度重构方式的指导思想。具体来说，平衡式规制机制的功能同时具有目标性、制度性和理念性层面的内涵，本节分述之。

一、目标性功能：消除国家限制竞争之体制性基础

基于对全球多个典型国家或地区的规制经验总结表明，欲实现对中国国家限制竞争的根本遏制，必须回归到消除国家限制竞争发生的管制基础这一路径上来。反国家限制竞争的立法问题不可谓不重要，但如果在不正当管制的体制性基础未改变的情况上空谈立法，只会使目前中国反国家限制竞争的窘境长期持续，并不利于对国家不正当管制经济问题实现真正的纠正与遏制，在中国仍处于经济转轨期的背景下，这将构成一个抑制中国整体经济发展的重要体制性因素。因此，平衡式规制机制的要义之一即在于将管制影响评估的国外经验纳入，将目前单纯注重事后规制的结构扩展至事前、事后并重的良性规制机制。具体来说，平衡式规制机制对国家限制竞争体制性基础的消除是通过如下三个方面实现的。

首先，平衡式规制机制以认识到管制、国家限制竞争与行政垄断三者之间的概念关联性为观念基础，将中国管制体制的改革问题、国家限制竞争的规制问题与反行政垄断问题三者合一讨论。国家限制竞争本质上是一种国家管制行为的异化，它是管制失灵造成市场竞争机制受损的典型体现，而行政垄断实际上是中国学界产生的用于描述国家限制竞争的本土化词汇，它未能周延地将所有国家限制竞争的概念外延涵盖在内，造成了规制国家限制竞争的法外空间。中国法学界对行政垄断概念的理解和使用其实是一系列误解发展和延伸的结果：最初对这一概念的应用旨在描述中国普遍存在的不正当管

制经济现象,并呼唤对这一问题的系统治理;但是,从行政垄断提上立法日程开始,由于对一个立法层面的行为必须要精准地界定其主体、行为、结果等构成要件,再加上"行政"一词让法律人天然地将其与行政主体或行政行为进行联想,对行政垄断外延的界定开始愈发限缩,从而与其最初意图规制所有国家限制竞争的目的渐行渐远,产生了反行政垄断"形"与"实"的偏离。最终体现在《反垄断法》中的"滥用行政权力排除、限制竞争"的概念范围,已经不再是对防止国家限制竞争问题的系统回应,而变成了一个边缘化的内容。平衡式规制机制的观念基础就是要对这一认识偏离进行纠正:在目的上要实现所有国家限制竞争的规制,而不仅局限于行政垄断;在方式上则要在事后性质的反垄断执法和司法之外,以防止管制异化为国家限制竞争为目的建立起预防式规制机制。

其次,平衡式规制机制以《反垄断法》实现对管制正当性判断标准的体系化规定为立法需求,从而为国家限制竞争的体制改革建立法律依据。中国目前的《反垄断法》并非不存在对管制的规定,第7条便是对中国的行业管制权力予以明确的立法,但这些规定的缺陷是未能实现与反国家限制竞争规定的联动,也未建立起一个系统的判断管制是否具有正当性的标准。平衡式规制机制则基于同时发挥国家限制竞争预防式规制与补救式规制功能的目的,呼吁立法进行一次观念革新:一方面,要改变以专门规定式的立法反行政垄断的现状,以国家限制竞争的话语体系替代行政垄断,实现对一切国家限制竞争的规制;另一方面,在事后的反垄断法实施之外,更要发挥事前机制的作用,为管制影响评估的引入奠定制度基础。主要做法是以一个逻辑连贯、体系周延的法律规范实现对管制正当性边界的判断,在非反垄断法适用除外制度的范围内,一切具有限制竞争效果的管制,都应被视为国家限制竞争。

最后,平衡式规制机制的实现以中国放松管制运动的开展为最佳历史机遇,从而为相关制度改革提供一个良性的社会基础。平衡式规制机制包含事前的预防式规制和事后的补救式规制两个部分。对补救式规制来说,我国《反垄断法》已具备相关的法律基础,只不过需要进一步完善;但对预防式规制来说,则需要实现从无到有的变革。因此,平衡式规制机制的建立绝非一个简单的法律修正问题，它呼唤国家宏观政制结构的配合性改革，亦即在中国从事一场与西方国家相仿的放松管制改革。西方国家即是通过放松管制的具体实践为管制影响评估建立体制性基础，而管制影响评估的成型又进一步推动放松管制运动的开展，二者这种相互补充和推进的结构极具启发意义，它表明，中国如欲实现预防式规制从无到有的质变，也必须以开展一场相类似的放松管制为历史机遇。这一观念的建立有利于打破当前学界在立法论路径依赖之下对国家限制竞争的促狭研究，在实现立法革新之外，更多地以中国管制权力的清理和改革、中国管制机构的重塑、管制影响评估等实践路径回应国家限制竞争问题。从行政垄断概念的甫一产生，到反垄断立法过程中赞同论者与反对论者的论战，再到《反垄断法》时代对行政垄断问题的新探讨，中国经济法学者对国家限制竞争的研究一直未摆脱立法论的钳制。尽管绝大多数学者均能认识到国家限制竞争的规制绝非一纸立法条文的修正所能解决，但在法学研究中真正系统地从体制改革的角度论述反行政垄断的建言，则少之又少。而回归放松管制运动的做法，恰能充分补足这一重要的理论空缺，真正实现对国家限制竞争问题的根治。

二、制度性功能：全球国家限制竞争规制经验之功能互补

本书第三章已述，我国对国家限制竞争规制问题的研究过于盯紧俄罗斯立法层面的借鉴，这产生了两个基本教训，其一为所谓的"一叶障目"，即忽略了其他立法类型的潜在价值，将俄罗斯专门规定式立法的优点和缺点一并承继；其二为所谓的"避重就轻"，即过于重视俄罗斯立法层面的经验，而忽略了在培育执法机构、经济体制改革等更为有效的经验。而建立一个平衡式规制机制的构想，恰能实现对这两个方面教训的系统反思。

首先，从吸取"一叶障目"的教训来看，如果是按照补救式规制机制和预防式规制机制各自的优劣度，我国选择俄罗斯式的立法方案并不违背中国经济转轨国家的现实情况，它更能对国家限制竞争的规制体现出法律的宣示性效果。可是，对立法进行比较研究的要义并不是纯粹"拿来主义"式的移植一个立法范式；理想的选择是充分统合全球各种立法经验，并进行实践上的创新，从而实现法律运行效果的最优。如果能充分意识到发达国家和发展

中国家两种规制机制的综合特点，对二者进行整合，独创一种全新的范式，使其能充分吸收两类规制机制的经验和教训，则功莫大焉。这便是主张建立平衡式规制机制的原因所在，它一方面将保留补救式规制机制的优点，并进行显著改进；另一方面又引入了预防式规制机制的若干成功经验，建立起一个针对国家限制竞争的最为周延和体系的规制结构。因此，平衡式规制机制真正实现了国际上两种不同规制范式优点的功能组合，并在此基础上对《反垄断法》实现相关条文的修正，使其完全不同于现在的反行政垄断立法：其一，在概念上会取消"滥用行政权力排除、限制竞争"的提法，以国家限制竞争或其他相类似的话语取而代之，如可考虑改为"滥用管制权力排除、限制竞争"，进而将现行针对行政垄断的规制外延予以扩张，原则上将一切国家限制竞争行为纳入审查范围。其二，以系统地对政府管制正当性边界的专章规定取代当前立法中的反行政垄断专章规定，从而形成一个周延性的判定管制合法性的科学标准，一切不符合相应标准的政府管制均给予非法评价，从而获取反国家限制竞争最为周延的法律依据。其三，对国家限制竞争和经营者限制竞争的查处实现同一化，改变现行立法中对行政垄断执法主体与法律责任"另搞一套"的做法，保证法律实施标准的同一性。

其次，从吸取"避重就轻"的教训来看，平衡式规制机制极为注重体制性改革对国家限制竞争规制作用的重要性，从而主张中国从事一场与西方国家相类似的放松管制，超越立法论分析国家限制竞争的局限性。反国家限制竞争立法应当如何编织其逻辑和条款固然是非常重要的事，但是，作为一个具有深切政治和经济体制根源的问题，超越放松管制的纯粹法律修正并无法降低国家限制竞争的存量，它顶多解决了规制国家限制竞争的法律依据问题，对它的系统治理必须回归到社会变革的路径上来。在不消解违法行为产生的社会基础的背景下，单独致力立法问题反而会出现法律规定难以实施的尴尬。俄罗斯显然是一个在规制国家限制竞争方面取得一定成绩的发展中国家样本，限于立法论的影响，我们对其的经验借鉴仅关注到了专门规定式的立法，而忽略了俄罗斯对一个独立、统一、专业且具备强制执行力的反垄断主管机构的塑造对管制权力的制衡作用，尤其是赋予这一机构竞争倡导职权的做法，打通了预防式规制机制和补救式规制机制之间的连接点，大大有利于降低管制异化为国家限制竞争的可能,这才是俄罗斯最为重要的经验。从市场经济体制更为成熟的欧美发达国家来看,历史上其实也一度存在政府的不正当管制过多的现状,基于对市场失灵的恐慌和对国家能力的信任,即使是在西方发达国家也曾存在干预权力无限膨胀而没有约束的情形,❶ 管制权的滥设产生了对正常市场竞争机制的排除和限制,这正是 20 世纪 70 年代开展放松管制的基本背景。因此,中国欲实现对国家限制竞争问题的真正治理,有必要在系统整合东西方国家经验的基础上,建立事前规制与事后规制相结合、体制改革与立法修正相结合的平衡式规制机制。

三、理念性功能:《反垄断法》的市场规制基本法价值之重塑

在国家干预经济的基本工具体系中,管制与反垄断两种政府干预措施内在秉性具有较大不同。本书第一章曾有过论述,二者在目标、机理和手段上均有所差别,与反垄断单一的效率目标,刺激市场竞争机制恢复作用的机理,以及事后的、间接的和司法性的手段相比,管制更容易表现为多重目标的混同,并以直接替代市场机制的形式进行干预,其手段是事前的、持续性的和直接性的。在如下几种情形中,管制力量很容易偏离治理市场失灵的正当性轨道,进而异化为国家限制竞争行为:其一,其他多重目标对治理市场失灵目标的干扰,比如管制权的实施被要求"符合行业发展利益"或"国有资产保值增值",❷ 就有可能以这些目标替代市场竞争机制作用的有效发挥,甚至以特许经营权的形式维护在位国有企业经营者的垄断地位。其二,由于管制机制意在直接替代市场机制而非反垄断上对该机制的维护,这便使

---

❶ 参见种明钊主编:《国家干预法治化研究》,法律出版社 2009 年版,第 8 页。

❷ "符合行业发展利益"和"国有资产保值增值"是两个较为常见的干扰治理市场失灵的目标因素,前者在不同国度都很常见,而后者则属于明显的中国国情。在管制实施中,由于管制机构经常会以特定行业为导向进行设置,如民航局之于民航业,铁路管理局之于铁路业,等等。管制目标很容易以本行业的发展前景为最优目标,而对可能产生竞争效果的新兴行业发展产生排斥。在中国,这种本行业的发展前景又会在一定程度上与"国有资产保值增值"相联系,因为起码在《反垄断法》第 7 条所辐射的若干特殊行业中,至今仍保持着以国有经济为绝对性主体的竞争格局,此时,"行业利益"与"国有资本"利益就是一对难以明确区分的概念。

得管制行为在实施过程中极容易"用力过猛",超出市场失灵的必要范围,进而损害市场竞争,比如在食品安全领域曾出现的"馒头办"现象。[1] 其三,直接和持续性的管制实施手段也容易使管制机构与被管制的经营者发生长时间的"亲密接触",从而为管制俘获提供了空间。

正是由于管制相较反垄断的上述特点,它更容易异化为国家限制竞争,此时,反垄断手段能否开启对管制的有效审查,将类似行为予以清理和修正,就成为一个非常重要的问题。欧美国家对此问题的处理方式是,对管制和反垄断两大制度进行适用优先性上的排序,把反垄断视为优先的价值序位,而管制的合法性则以不产生排除、限制竞争效果为前提。这种价值排序有利于避免管制异化为国家限制竞争:在经济性管制领域,它有利于确保管制以"替代竞争"为目标,防止管制手段的异化;在社会性管制领域,它有利于保证管制局限于公益性价值,而不会产生以公益为名、刻意制造竞争壁垒的现象。当然,这种价值优先性的适用仍然有其限制,即在少数纯公共性的行业,反垄断上的价值是没有必要的,立法应当为这些不予适用反垄断的领域提供明确指引,这即是反垄断法适用除外制度的功能所在。当然,如果适用除外制度的范围过于宽泛,则仍相当于为不正当管制的发生提供了制度空间。因此,一个理想的反垄断法律制度应当具有两方面的特点:其一,适用除外制度的范围较窄,仅为竞争机制作用有限的公共物品领域开放空间,如军工、国防产业;其二,在非适用除外制度的范围内,反垄断相较管制具有价值优先序位,应优先适用。也正是由于这一特点,反垄断法才向来具有"经济宪法""市场规制基本法"等称号。

从这个角度来看,西方发达国家的预防式规制机制实际上能有效地对管

---

[1] "馒头办"全称为"馒头生产管理办公室",2001年新闻报道曾披露出郑州市具有类似机构,并制定了专门管制馒头生产经营的《郑州市馒头生产销售管理暂行办法》。这种明显不必要的严格管制除了会限制竞争、提高经营者合规成本外,也会产生管制机构臃肿等问题。事实上,至今在个别地方仍然存在类似的奇葩管制机构,甚至作为本地的正面形象予以报道,一个样本可参见佚名:"市馒头办严守灞桥区创建优秀放心馒头店工作",载 http://news.wmxa.cn/n/201511/284098.html,最后访问日期:2020年1月1日。

制与反垄断的关系予以优化,它在市场经济体制中有效地塑造了竞争秩序与竞争文化,做实了反垄断法作为市场规制基本法的地位,进而能对国家限制竞争进行纠正与遏制。在欧洲,从战后统一进程来看,反垄断法逐渐被明确为欧洲的经济宪法,并有权对政府管制行为发起审查;❶ 在美国,由于缺乏法典式的法律运行惯例,管制与反垄断的关系未予进行法律文本上的明确,而是更多地通过两大制度互动与变迁的形式进行反复博弈。但不论欧洲还是美国,均曾由于反垄断法适用除外范围的过广而难以真正遏制国家限制竞争的力量,20 世纪 70 年代放松管制运动开展以后,这一情况得以逐渐纠正,其基本趋势是反垄断法的实施范围逐渐扩大,越来越多的政府管制行为进入反垄断审查的范畴。❷

在我国,确定反垄断对管制的价值优先序位尤为紧迫。我国存在艰深的管制传统,在脱胎于计划经济时代的我国经济体制中,行业主管体系无处不在,行业主管机关经常同时身担调控、管制、投资三项国家干预责任,"运动员""裁判员""安保员"三位一体,政企高度不分;进入市场经济时代,多数行业主管机关借助政企分开的改革实现了管制者与被管制者身份的分离,但二者渊源于前市场经济时代的亲密关系不可能在短短二三十年内偃旗息鼓,这便令行业管制机关与经营者之间存在天然的亲密关系,管制机关易于被俘获,从而易于实施有损竞争机制的不正当管制。❸ 另外,由于我国在若干关键性行业中经营者的所有制来源单一,国有独资或控股企业处于高度垄断地位,这便与管制机关具有来自公权力的天然联系,管制机关难以独立

---

❶ 参见张江莉:《反垄断制度与政府管制》,北京师范大学出版社 2011 年版,第 112~120 页。

❷ 参见张江莉:《反垄断制度与政府管制》,北京师范大学出版社 2011 年版,第 102~103 页。

❸ 这方面的典型例子是铁路行业的改革,由于该行业具有一定的自然垄断和公共服务属性,改革速度慢于其他纯粹的市场竞争行业,直至 2013 年年底才成立了中国铁路总公司,从铁道部这一政企合一的部门中剥离出来。在这之前,由于管制者与被管制者的身份混同,管制机构本身就是被管制者利益的代言人,根本不需要俘获;而在这之后,我们也可以预测在未来数年里,中国铁路总公司与管制者的这种亲密关系也将难以消除,需要一个较长的历史时期才能不断分解。

执法；甚至在中国大量存在管制机关负责人与被管制的国有企业领导的互换现象，这一被学者形象地称呼为"旋转门"（Revolving Door）的现状，大大降低了管制机关与经营者之间的"协作"成本。❶

在平衡式规制机制下，《反垄断法》应当实现对政府管制的体系化规定。首先，通过必要的反垄断适用除外的规定，为国家对市场竞争难以发挥作用的公共服务领域的正当管制预留必要空间，在这些特殊的领域，管制理应发挥更为全面且纵深的作用，这便能保证在若干社会公益性问题上的政府责任，防止国家怠于干预经济。但是，对这些适用除外领域的规定只能止步于《反垄断法》，而不能是其他任何行政法规、行政规章乃至规范性文件，亦即，应当确立适用除外制度法定原则，严防产生适用除外领域界定过宽的现象，否则，既会造成反垄断价值受到颠覆，更会在若干不适合适用除外的领域建立起国家限制竞争得以肆虐的法外空间，这便显然违背了制度设计的初衷。❷ 其次，在反垄断适用除外范围之外，普遍性地确定反垄断相较管制的优先序位，管制的合法性要件将以不违背反垄断精神为前提之一，从而最大限度地将不正当管制纳入违法范围，实行系统化治理。管制的实施要以不妨碍竞争机制为合法性要件，在这种立法结构下，国家限制竞争行为都将被视为非法管制，此前若干难以纳入行政垄断概念的国家限制竞争行为，如地方立法机关限制竞争的行为，管制机构与被管制的经营者合谋的行为等，其查处也都将获得法律依据。最后，它还能为管制的决策和实施阶段的良性立法形成制度示范作用，并为事前性质的管制影响评估制度，尤其是管制的竞争评估和竞争倡导奠定法律基础。由于在非适用除外的范围内，任何违背反垄断价值的管制都将被视为非法，现实中庞大的管制立法都将面临一次系统的检视和清理，这便会大大降低管制机构利用合法的管制规则实施国家限制竞争的现象，从而有利于降低行政垄断的发生频率，在这一管制立法的清理过程中，管制影响评估制度将因为其重要的工具性价值而被加速引入。

---

❶ 参见戚聿东等：《中国垄断行业市场化改革的模式与路径》，经济管理出版社2013年版，第507页。

❷ 参见段宏磊："中国反垄断法适用除外的系统解释与规范再造"，载《社会科学》2018年第3期。

第三节　平衡式规制机制的运作机理

平衡式规制的实质是对政府管制的全过程施加一个体系化的规制机制，按照这一制度安排，在管制决策和实施过程中，通过管制机构自主实施的管制一般影响评估、反垄断主管机构实施的竞争专门评估及后续的竞争倡导进行预防性规制，目的是防止不正当管制的产生和扩散，对国家限制竞争起到一个预防作用；而在不正当管制已然引发国家限制竞争危害后果的阶段，则通过反垄断执法或诉讼的形式对这一行为实行补救式规制。因此，平衡式规制机制运作机理体现为四个规制制度的共同运作与无缝对接，即基于事前自我控制机制的管制一般影响评估；基于事前外部约束机制的管制竞争专门评估与倡导；基于事后公共执行机制的反国家限制竞争执法；基于事后私人执行机制的反国家限制竞争诉讼。下文分述之。

一、基于事前自我控制机制的管制一般影响评估

（一）管制一般影响评估在我国的制度基础

西方国家经验表明，管制一般影响评估的引入将对管制的决策和实施过程产生革命性影响，它直接扼住了国家限制竞争得以产生的根源，能从总量上降低不正当管制的发生概率。即使是不探讨管制影响评估制度规制国家限制竞争的功效，仅从全面提高政府行为法治化的程度，管制影响评估的纳入也是极有必要的，它能为公共行政的合法性问题提供一个更具有可操作性的判断标准。另外，与西方国家具有渐进式的法治建设经历、晚近又从事了一场系统的放松管制运动相比，在脱胎于高度集中的计划经济体制的我国，公权力本身就具有渗透到社会各个肢节的惯性，进入市场经济时代后，面对社会大众日益增长的经济、文化和权利需求，又迅速卷入了行政法扩张其社会维度的漩涡，行政行为开始更加具体地干涉社会生活。[1] 这方面的一个典型

---

[1] 参见关保英："行政法治社会化的进路"，载《法学》2015年第7期。

体现是 2015 年新修订的《立法法》，它将原来的地方立法权从省级人大和省级政府所在市、经济特区所在市、国务院已批准的较大的市人大扩展至省人大和任何设区的市人大，实现了地方立法权主体的扩围。❶ 表面上看来，这只是地方人大权力的强化，与公共行政并不具有直接关系，但这实际上是通过扩张地方自治权限的形式，准予管制以一种权力更为扩张、自由裁量范围更为广泛的姿态来回应不同地区的社会需求。即使是从地方立法的具体过程来看，目前以委托立法、政府起草等方式进行的地方性法规制定也是常态，先以政府部门草案文本的形式出台，再经相应的地方人大以立法程序予以通过，这种现象在地方立法实践中比较普遍。❷ 在这样的背景下，地方性法规的内容反映出行政主体的具体意志，其实并不罕见。从发挥地方自主性和推动地方政府职能转变的角度，《立法法》的这一修订有其不可忽视的正面意义，❸ 但这也意味着管制异化的风险将更难以遏制。因此，摆在我国目前的局势是：一方面，我国政府行为法治化程度尚低；另一方面，当今的经济社会发展又呼吁管制的扩张以回应公众各方面的权益保障需求。在这种综合背景下，缺乏事前控制的管制极容易发生"变异"，产生国家限制竞争问题。

在我国，目前的公共行政程序尚不存在一个基于经济学分析工具的事前评估机制，对管制正当性的考核仍然主要基于行政合法性原则、比例原则等传统行政法语境下的制度安排。即便如此，通过对近几年中国若干规范性文件的研判，也能发现本土具有相关制度建立的土壤和萌芽，它们为未来我国推动管制影响一般评估制度的建立提供了可能性。这种制度萌芽主要表现为两类：第一类是为未来该制度的建立设定基本目标，但未对其进行具体规

---

❶ 在扩展地方立法权主体范围的同时，《立法法》也限制了原省级政府所在市、经济特区所在市和国务院已批准的较大的市地方立法的范围，地方立法的范围被局限于"城乡建设与管理、环境保护、历史文化保护等方面的事项"，而取消了对其他事项的地方立法权。

❷ 参见李高协，殷悦贤："关于提高政府部门立法起草质量问题的思考"，见辽宁省地方立法研究会编《地方立法研究》，辽宁人民出版社 2010 年版。

❸ 参见秦前红，李少文："地方立法权扩张的因应之策"，载《法学》2015 年第 7 期。

划。这体现于国务院 2004 年出台的《全面推进依法行政实施纲要》❶ 和 2010 年出台的《关于加强法治政府建设的意见》。❷ 二者均直接援引了管制影响评估的核心工具"成本效益分析",但是,由于两份文件均属于宏观规划的性质,并未对这一制度的具体内涵和操作方案进行更为明确的规定。第二类则具有在财政与货币层面建立管制影响评估制度的雏形。我国在党的十八届三中全会之后,为了深化改革政府在推进公共服务方面的作用,近两年特别注重"政府和社会资本合作"(Public-Private-Partnership,简称公私合作制或PPP)的发展,在与此相关的规范性文件中,可以看到与 1974 年福特政府时期"通货膨胀影响报告"相类似的制度设计,即在财政与货币层面建立一个绩效化审查机制的雏形,它在PPP发展中会要求以成本收益分析的形式确保公共财政负担的适当性。❸ 在该项管制影响评估的制度尝试中,其具体工作流程包含"责任识别""支出测算""能力评估""信息披露"等内容。❹ 产生这一制度要求的内在机理显而易见:与其他管制行为相比,PPP的运作直接涉及政府财政资金的使用问题,它对管制绩效性要求的依赖性更强,成本收益分析也更能直接地以财政资金进行量化,其在操作性上的困难不大。从保护PPP社会资本提供者的合法权利的角度,它有利于防止产生政府违约风险,保证项目效益;从预防不正当管制的角度,它也能有效防止不具有足够效益性的PPP决策,从而一定程度上避免了对竞争机制的不当干扰。这一改革策略无疑是一个好兆头,但这一管制影响评估的制度尝试停留在 PPP 等直

---

❶ 参见《国务院关于引发全面推进依法行政实施纲要的通知》(国发〔2004〕10号),第 17 项规定:"积极探索对政府立法项目尤其是经济立法项目的成本效益分析制度。政府立法不仅要考虑立法过程成本,还要研究其实施后的执法成本和社会成本。"

❷ 参见《国务院关于加强法治政府建设的意见》(国发〔2010〕33 号),第 7 项规定:"积极探索开展政府立法成本效益分析、社会风险评估、实施情况后评估工作。"

❸ 最典型的莫过于《政府和社会资本合作项目财政承受能力论证指引》(财金〔2015〕21 号)第 2 条,其中明确规定本指引的目的在于识别、测算 PPP "项目的各项财政支出责任,科学评估项目实施对当前及今后年度财政支出的影响,为公私合作制项目财政管理提供依据"。

❹ 参见《政府和社会资本合作项目财政承受能力论证指引》(财金〔2015〕21号)第 3 条,以及附图"PPP 项目财政承受能力论证工作流程图"。

141

接关切财政预算问题的个别领域,暂未见将其予以推广的打算;另外,这一工作流程把管制影响评估中成本收益分析的理解狭义化了,即主要以是否体现为直接货币支出的形式来判断成本和收益,将其理解为单纯的财政承受能力的分析。换言之,它仅相当于制度雏形状态的管制影响评估,而一个成熟的管制影响评估制度应主要以管制的必要性、对市场失灵的治理程度和管制是否会不合理地增加社会成本等系统化的内容作为成本收益分析的考察基准。因此,从长远来看,笔者建议对这种真正意义的管制影响评估予以借鉴,其国外典型制度文本便是1981年里根政府时期所形成的成熟的成本收益分析范型。

(二)管制一般影响评估的运作机理与制度框架

管制一般影响评估的实质是一种管制机构的自我控制机制,有利于防范一切对社会产生过高成本的不正当管制,它并非单独以规制国家限制竞争为目的的制度设计,但却有利于这一行为的减少。为了防止这种自我控制出现软约束的情况,美国历史上成立了白宫管理与预算办公室(Office of Management and Budget, OMB)负责监督。具体来说,评估过程是在管制机构主动参与和OMB监督的情形下共同进行的,对于符合要求的重大管制决策,管制机构必须完成影响评估,随即将这一分析报告在法定期限内提交OMB审核,如果OMB认为评估结果满意,则予以批准;否则会与管制机构进行协商以促进管制的改进。在有些情况下,OMB甚至会直接拒绝无法令人满意的管制法规,此时,管制机构就不得不选择进行修改或索性撤销。[1] 我国未来在借鉴管制影响的这种评估制度时,也有必要借鉴这一程序,可以考虑在国务院下设一个与OMB相类似的办公室,从而保证影响评估工作的公正性和独立性。

在具体制度的实施上,并非所有管制行为均应纳入评估范畴,而应"抓大放小",重点对那些可能对社会经济产生重大影响或额外成本的管制予以审核,从而促进制度实施的效率性。结合美国实践经验来看,克林顿政府时期将评估的范畴限于"重大管制行为",主要是指满足以下四点要求之一

---

[1] 参见[美]W. 基普·维斯库斯,小约瑟夫·E. 哈林顿,约翰·M. 弗农著,陈甫军,覃福晓等译:《反垄断与管制经济学(第四版)》,中国人民大学出版社2010年版,第17~19页。

的政府管制：其一，管制的年度经济影响在 1 亿美元以上，或实质上产生了对经济、经济部门、生产力、竞争、就业、环境、公众健康与安全、州、地方、宗族政府、共同体等的消极影响；其二，对其他部门已经或计划执行的管制产生了严重冲突或干涉；其三，实质性地改变了特许经营权、拨款、使用权费用或贷款项目的预算影响或接受者的权利义务；其四，在法令、总统优先权或本总统令所确定的原则之外产生了新的法律或政策事项。❶ 我国也有必要按照相同逻辑进行评估的管制事项的取舍。

在具体评估的操作性问题上，应当借鉴里根总统第 12291 号总统令《联邦管制》的经验，以一个成熟的成本收益标准作为衡量管制合法性与否的标准。对于符合"重大管制行为"要求的管制法规、规章和规范性文件的制订，均必须在通过这一成本收益标准的前提下，方可予以实施，这主要包括如下五个方面：其一为"信息完备性原则"，即管制机构对预计实施的管制行为的必要性及其后果具备充实的信息，能够保证管制效果的可控性；其二为"经济效益性原则"，即管制的潜在收益必须是超过潜在成本的；其三为"目的正当性原则"，即确保管制的实施是以治理市场失灵为功能，以由此产生的社会利益最大化为目的；其四为"最小化损害原则"，即在所有能够实现目的的管制工具中，采取的是给社会产生的成本最小的方案；其五为"政策兼顾性原则"，即在多项管制共同实施的情况下，不同管制的优先次序应在考虑受管制影响的特定产业状况、国民经济状况以及未来将要采取的其他管制行为后，以实现社会总的净收益最大化为目标进行确定。

管制影响的一般评估在我国的建立呼唤与之相关的配套制度改革。除了亟须在管制决策和实施阶段全面引入一个与里根总统令相类似的成熟的成本收益分析工具之外，最重要的是还要建立起一个对现行管制政策体系的"回顾性审查"机制。由于我国有强烈的政府管制经济的习惯，改革开放以来，中国对经济进行管制的规范依据为数众多，这当中具有国家限制竞争色彩的不正当管制存量也显然

---

❶ See William J. Clinton. Executive Order 12866: Regulatory Planning and Review, 3CFR638, 3f（1993）. 载 http：//govinfo. library. unt. edu/npr/library/direct/orders/2646.html，最后访问日期：2020 年 1 月 1 日。

较大。在这种背景下，单纯地建立起对未来管制决策发生影响的成本收益分析是不充分的，而有必要对现实管制存量开展一次"清理"：对中国与管制有关的法律、法规、规章、规范性文件开展一次系统的管制影响评估，一方面对相关规定进行统筹合并，改变中国的管制制度过于分散和琐碎的情形，另一方面则对这当中不符合成本收益分析的管制进行修正或废除。由于这一清理运动工作量极大，可以在未来中国系统地开展放松管制运动时，以各行业或领域为单位分别开展，充分发挥放松管制和管制影响评估相互之间的促进作用。

二、基于事前外部约束机制的管制竞争专门评估与倡导

（一）管制竞争专门评估与倡导在我国的制度基础

尽管存在一个类似于 OMB 的监督机构，但管制一般影响评估本质上还是管制机构自我施加的一种控制机制，它在防止管制异化为国家限制竞争方面具有重要的制度功能，但成本收益分析的过程并不完全以服务于竞争机制为目的。管制影响评估的晚近发展表明，仍然需要在一般影响评估的基础上施加竞争专门评估与后续的竞争倡导，其目的是专注于管制对市场竞争的影响，以直接控制具有国家限制竞争效果的管制行为的产生和扩散。在实施阶段上，它应该是在管制部门及其监督机构完成一般影响评估后，再交由专门的反垄断主管机构实施的约束过程，❶ 其基本内容包含初步竞争评估、全面

---

❶ 从目前的国际形势来看，管制一般影响评估和管制竞争专门评估彼此之间的隔离色彩仍然较为浓郁，它们交由不同的责任主体进行分别实施。OECD 竞争评估工具书认为这种主体的不一致会"在实行评估时，通常合作不够充分，有时存在评估的脱节"。有些国家为了实现对评估效率的最大化，刻意地对二者的主管机构进行整合，如美国如今即是在 OMB 的管制影响评估中一并对一般影响评估和竞争专门评估执行，这种整合式的做法极为有利于实施效率的降低，参见 OECD：《竞争评估工具书原则 2.0》，第 31～32 页。但是，考虑到中国政府管制的发展阶段，一般管制机构尚不具有能力处理专门的竞争评估问题，而经过独立、统一、权威、高效化整合的反垄断主管机构在这方面显然更为专业。因此，本书在此处给予的建议仍然是考虑到中国国情的结果：先由管制机构及管制影响评估的监督机构实施管制的一般影响评估，待评估结束后，再交由反垄断主管机构进行专门的竞争评估与竞争倡导。从长远考虑，在时机成熟时，也可以考虑将国务院下设的专门监督管制影响评估的办公室的职责整合进反垄断主管机构当中，由后者统一实施整合一般影响评估和竞争专门评估的"大评估"程序。

竞争评估和竞争倡导三个阶段。

2016年6月，《关于在市场体系建设中建立公平竞争审查制度的意见》（国发〔2016〕34号）公布，这标志着公平竞争审查制度的正式建立，它实际上是中国版本的竞争评估制度。根据《公平竞争审查制度实施细则（暂行）》第2条的规定："行政机关以及法律法规授权的具有管理公共事务职能的组织（以下统称政策制定机关），在制定市场准入、产业发展、招商引资、招标投标、政府采购、经营行为规范、资质标准等涉及市场主体经济活动的规章、规范性文件和其他政策措施（以下统称政策措施）时，应当进行公平竞争审查，评估对市场竞争的影响，防止排除、限制市场竞争。""经审查认为不具有排除、限制竞争效果的，可以实施；具有排除、限制竞争效果的，应当不予出台或者调整至符合相关要求后出台；未经公平竞争审查的，不得出台。"

与国外成熟的竞争评估与竞争倡导制度相比，中国的公平竞争审查制度尚处于初步推广阶段，仍存在一系列值得改进的空间。首先，公平竞争审查制度所设计的竞争评估过程并不是交由反垄断主管机构进行，而主要依赖于管制机构的内部自评。反垄断主管机构仅具有一定程度的协调和指导职权，亦即《公平竞争审查制度实施细则（暂行）》第4条的规定："国家发展改革委、国务院法制办、财政部、商务部、工商总局会同有关部门，建立公平竞争审查工作部际联席会议制度，统筹协调推进公平竞争审查相关工作，对实施公平竞争审查制度进行宏观指导。地方各级人民政府建立的公平竞争审查联席会议或者相应的工作协调机制（以下统称联席会议），负责统筹协调本地区公平竞争审查工作。"这就有可能出现审查软约束的情形。其次，公平竞争审查制度推进时所需的相关配套机制，如放松管制的开展、反垄断主管机构的建制改革等，在我国目前也尚不具备或不够成熟。

因此，未来我国应当对公平竞争审查制度进行改进和完善。首先，应当进一步扩充和明确反垄断主管机构的相关职权，将其从一个协调、指导的身份向享有切实的竞争评估权和竞争倡导权过渡。其次，应在立法中明确反垄断法相较管制的优先序位，这为竞争评估和竞争倡导的实施确立了规范依据——反垄断主管机构有权以反垄断的价值和原则对管制的合法性进行审查。最后，反垄断主管机构建制应进行改进，只有按照独立、统一、权威、高效的标准对中国的反垄断主管机构进行重构，才能在竞争评估和竞争倡导中真正有实力避免不同管制机构的干扰，恪守竞争秩序的维护。❶

(二) 管制竞争评估的运作机理与制度框架

根据 OECD 竞争评估工具书的建议，管制竞争评估由初步竞争评估和全面竞争评估两大基本过程构成。❷ 由于管制规范并不必然地产生对竞争的负面影响，因此，不加甄别地对其全部开展深入评估是有失效率的，初步竞争评估的目的即在于迅捷地对管制是否具有可能影响市场竞争的情形进行判断，如果答案是肯定的，则进入全面竞争评估阶段；如果答案是否定的，则表示该管制不需要开展评估和后续的竞争倡导，直接终止评估即可。为了方便初始竞争评估的便利开展，OECD 建立了一个"竞争核对清单"，对管制政策可能产生的对竞争的影响分为四大类合计 15 项，参见表 4.1，如果拟实施的管制政策在相关内容中的任一影响的回答为"是"，则表示该管制具有潜在的限制竞争的可能，则进入全面竞争评估阶段。❸

在全面竞争评估阶段，要对竞争核对清单上回答为"是"的内容进行深入竞争评估，评估的核心关键词为"成本"。多数管制的本质实际上是以某种程度上增加经营者成本的形式，确保其管制目标的实现，而全面竞争评估的任务即是确保这种对市场竞争增加的成本是否与管制的收益相匹配。❹ 换言之，管制影响的全面竞争评估并未相较管制的一般影响评估的指导思想发生改变，均是成本收益分析方法指引下的比例原则之应用。有学者将全面竞争评估的过程概括为三个关键步骤：其一，审查该项管制是否具有清晰、具体的限制竞争的理由；其二，审查对竞争的限制与上述政策目标之间是否存在因果关系，判断竞争限制对实现上述目标的必要性；其三，审查对竞争的

---

❶ 有关我国公平竞争审查制度改进建议的论述，在本书第五章第三节还会进行更为详尽的分析。

❷ 参见 OECD：《竞争评估工具书指南 2.0》，第 72 页。

❸ 参见 OECD：《竞争评估工具书原则 2.0》，第 8~9 页。

❹ 参见 OECD：《竞争评估工具书指南 2.0》，第 74 页。

限制的成本与收益是否符合比例原则的要求。❶ 这实际上分别体现了成本收益分析框架中的"目的正当性要求""最小化损害要求"和"经济效应性要求",也是比例原则中适当性、必要性和均衡性要求的体现。❷ 在此基础上,OECD 竞争评估工具书指南为竞争核对清单中的四大类 15 项的管制影响分别进行了详细论述。❸

表 4.1　OECD 竞争核对清单

	如果拟执行的政策有以下任一影响,则应该实行全面评估:
(A) 限制供应商的数量或经营范围	1. 授予某供应商提供商品或服务的特许经营权 2. 确立颁发营业执照或经营许可证制度 3. 对某些类型的供应商提供商品或服务的能力进行限制 4. 大幅提高市场的进入或退出成本 5. 对公司提供产品或服务,资本投资和劳务供应能力设置地域壁垒
(B) 限制供应商的竞争能力	1. 控制或影响商品和服务的价格 2. 限制供应商进行广告宣传或市场营销的自由 3. 设置有利于某些供应商的产品质量标准,或者设置过度超前的产品质量标准 4. 大幅提高某些供应商的生产成本(尤其是对市场新进入者和现有企业进行区别对待)
(C) 打击供应商参与竞争的积极性	1. 创建自我管理或联合管理的体制 2. 要求或鼓励供应商披露产量、价格、销售额或成本的信息 3. 对特定行业或特定供应商给予一般竞争法的豁免
(D) 对消费者可获信息及其选择的限制	1. 限制消费者的选择能力 2. 通过直接或间接增加更换供应商的成本来限制消费者选择供应商的自由 3. 从根本上改变消费者进行高效购买所需的信息

简言之,全面竞争评估的目的实际上是在确保管制能够达到其旨在实现的经济目标的前提下,其实施的管制行为对市场竞争的负面影响是最小化的。❹ 如果深入评估表明管制政策无法达到这一要求,竞争主管机构将提议

---

❶ 参见张占江:"政府反竞争行为的反垄断法规制路径研究",载《上海财经大学学报》2014 年第 5 期。
❷ 参见本书第二章第二节表 2.2。
❸ 参见 OECD:《竞争评估工具书指南 2.0》,第 21~64 页。
❹ 参见 OECD:《竞争评估工具书指南 2.0》,第 76 页。

其他候选政策以对相关的管制进行改进，❶ 这即进入管制的竞争倡导阶段。

（三）管制竞争倡导的运作机理与制度框架

竞争倡导的实质是反垄断主管机构对判定为具有国家限制竞争行为性质的政府管制实施的一种改进活动，这种改进活动既有可能是在管制基本立法阶段的倡导，也有可能是在管制法律已然制定的情况下，根据该上位法制定管制细则或处理案件中发挥作用，有学者将前者称为"规则制定层面的竞争倡导"，将后者称为"规则实施层面的竞争倡导"，❷ 规则制定层面的竞争倡导实际上是在管制的全面竞争评估后，认为政府管制规范具有国家限制竞争的影响而后续实施的倡导，它与管制一般影响评估和竞争评估具有显著的时间先后顺序；而规则实施层面的竞争倡导则不必然在竞争评估之后进行，它有可能是在反垄断主管机构判定管制有国家限制竞争倾向时，主动对管制机构发起的倡导；或者是在管制机构请求下被动开启的倡导。因此，规则制定层面的竞争倡导发生在管制决策阶段，规则实施层面的竞争倡导发生在管制实施阶段。

管制竞争倡导的作用在于通过发挥反垄断主管机构的专业技能的形式，对可能发生公共选择或管制俘获的管制决策或实施行为予以纠正，进而保证管制未发生消耗不必要社会成本的限制竞争效果。❸ 因此，与竞争评估本质上是对管制机构实施的一种程序控制相比，竞争倡导实际上是反垄断主管机构的一种新型执法形式，此制度必须建立在具有反垄断立法层面的明确授权基础上。在这方面，众多发达国家乃至作为经济转轨国家的俄罗斯在立法层面均具有明显的表率。《美国联邦贸易委员会法》第 46 条即明确赋予 FTC 针对国会其他法案涉及竞争事项提出建议的权力，近年来 FTC 的此项倡导性工作业已十分规范化，进而形成了所谓的"倡导档案"（Advocacy Filings），在

---

❶ 参见 OECD：《竞争评估工具书指南 2.0》，第 76 页。

❷ 参见张占江："政府反竞争行为的反垄断法规制路径研究"，载《上海财经大学学报》2014 年第 5 期。

❸ See James C. Cooper, Paul A. Pautler, Todd J. Zywicki. Theory and Practice of Competition Advocacy at the FTC, Antitrust Law Journal, Vol. 72, No. 3, 2005.

其政府工作网站上予以公开披露。❶《韩国独占规制与公正交易法》第63条亦规定,"相关行政机关的长官制定或者修改以限制竞争事项为内容的惯例规则、告示时,应当事先向公正交易委员会通报"。在接到通报后,如果公正交易委员会"认为该制定或者修改的惯例规则、告示包含限制竞争事项的,可以向相关行政机关的长官提出纠正限制竞争事项的意见"。❷

我国《反垄断法》和《公平竞争审查制度实施细则(暂行)》目前均尚不存在一个明确规定反垄断主管机构竞争倡导权的条文。但是,《反垄断法》仍然规定在国务院层面成立一个具有议事协调机构性质的反垄断委员会,其中对其若干职权的规定具有与竞争倡导相近的性质,如《反垄断法》第9条第1款赋予了其拟定竞争政策的职权,因此有学者认为,可以通过对竞争政策作广义解释的形式,将反垄断主管机构的竞争倡导权纳入。❸

三、基于事后公共执行机制的反国家限制竞争执法

(一)国家限制竞争的类型化执法框架

根据行为作出的规范依据的不同,国家限制竞争其实具有多种不同的类型表现,其执法策略也有较大不同。笔者以第三章第三节曾提及的"河北客运费案"为例进行说明。

"河北客运费案"的实质是河北省交通运输厅、物价局和财政厅以联合下发规范性文件的形式使本行政区域内的经营者获得优势地位——客运班车享受通行费优惠。但具有同样效果的国家限制竞争行为的规范性依据其实可以有很大差别,它既有可能无任何规范依据,以纯粹不法行政行为的方式实

---

❶ See Federal Trade Commission. Advocacy Filings,载 https://www.ftc.gov/policy/advocacy/advocacy-filings?combine=&field_matter_number_value=&field_advocacy_document_terms_tid=All&field_date_value[min]=&field_date_value[max]=&items_per_page=20&page=39,最后访问日期:2020年1月1日。

❷ 转引自金河禄、蔡永浩:《中韩两国竞争法比较研究》,中国政法大学出版社2012年版,第258页。

❸ 参见张占江:"政府反竞争行为的反垄断法规制路径研究",载《上海财经大学学报》2014年第5期。

施,如客运费征缴人员在征缴实务中超越职权,直接要求外省经营者提高通行费标准;也有可能体现为更高级的规范依据,如河北省人大以制定地方性法规的形式规定本省通行费的优惠待遇,甚至以国务院部委制定部门规章的形式作出规定。因此,根据这种规范依据的不同,在河北客运费案的基础上,笔者可以虚构出三类案件的变体,从而呈现出国家限制竞争在现实中的不同类型。

河北客运费案的基础情形:以地方管制机构出台规范性文件的形式为本行政区域内的经营者施加优势地位。

第一类变体:河北客运费案未制定规范性文件,直接以行政命令的形式要求各大客运站对局限于本地的经营者实施客运费优惠政策。

第二类变体:河北客运费案的实施依据不是规范性文件,而是通过河北省人大制定的地方性法规予以实行。

第三类变体:河北客运费案的实施依据不是规范性文件,而是通过国务院交通主管部门制定的部门规章予以实行。❶

河北客运费案及其三类变体折射出的实际上是国家限制竞争因为其规范依据的不同而发生的类型差别:第一类变体是纯粹的不当行政行为,不存在任何规范依据,它本质上是一个行政行为合法性的问题,即使不把其视为一个反垄断法问题,传统的行政执法和司法机制也能有效地应对此种类型。尽管在20世纪八九十年代区域经济竞争最为激烈的时期,中国这种以纯粹的不法行政行为的形式实施的国家限制竞争行为表现颇多,但伴随着政府行为法治化建设,目前这类行为已经渐趋少数;即便偶尔发生,受害人以一个传统的行政诉讼的形式即可保证其合法权益的救济。因此,第一类变体在中国目前国家限制竞争案件的执法中并不构成难点。

与第一类变体相比,河北客运费案的本体是以地方规范性文件为依据的,而第三类变体的规范依据则法律位阶更高,属于部门规章。这两类案件

---

❶ 当然,中国现实中断不可能出现以国务院部委制定部门规章的形式授予河北客运经营者优势地位的情形,第三类变体在现实中并无发生的可能,此处只是以此作为样本,对不同规范依据的国家限制竞争的反垄断执法策略进行分析。

属于国家限制竞争反垄断执法的重点,也构成了当前中国行政垄断的主流形态。在现行《反垄断法》框架下,这两类案件也属于违法行为,但由于反垄断主管机构仅能对其上级机关提出处理建议,而不享有实际的执法权,就会导致执法效果不彰。尤其是在以部门规章的形式限制竞争的情形下,国家限制竞争行为的实施者与执法者为同一级别的行政机构,将出现反垄断主管机构不得不向国务院提出执法建议的奇葩情形,这在现实中是不可能发生的。因此,要对我国目前的执法主体进行重构,通过对反垄断主管机构建制体系和执法权限的改进予以修正,建立起一个独立、统一、专业、高效的反垄断主管机构,赋予其直接对国家限制竞争行为开展执法的职权,这便能在查处国家限制竞争行为过程中,有效解决由于执法机构能力不足而造成的对执法实效的影响。

执法困难最大的是河北客运费案的第二类变体,其规范依据的法律位阶较高,属于依据地方性法规的规定所实施的不正当管制行为。此类行为属于当前反垄断法律制度框架下的治理空白,由于制定地方性法规的主体不属于"行政机关及法律、法规授权的具有管理公共事务职能的组织",它不能纳入行政垄断的范畴,换句话说,如果河北客运费案的实际表现属于第二类变体的情况,发改委是无权出台执法建议函的,这类行为在现行制度框架下根本无法得到治理。下文单独分析之。

(二) 国家限制竞争执法的思维革新:走出联邦主义误区

从实际行为表现来看,现实中的国家限制竞争表现为第二类变体的情形虽不至于没有,但其整体频率远远低于河北客运费原案的情形。从未来发展来看,这类行为有可能会增多:2015 年,我国《立法法》进行了修正,将原来的地方立法权从省级人大和省级政府所在市、经济特区所在市、国务院已批准的较大的市人大扩展至省人大和任何设区的市人大,实现了地方立法权主体的重要扩围。此次《立法法》修改在扩展地方立法权主体范围的同时,也在一定程度上限制了原省级政府所在市、经济特区所在市和国务院已批准的较大的市地方立法的范围,即这些地方立法的范围也被局限于"城乡建设与管理、环境保护、历史文化保护等方面的事项",而取消了对其他事项的地方立法权。针对这一问题,新《立法法》第 72 条第 6 款规定,"省、自治区的人民政府所在地的市,经济特区所在地的市和国务院已经批准的较大的市已经指定的地方性法规,涉及本条第二款规定事项范围以外的,继续有效"。从推动地方自治的角度考虑,这一立法权扩围是有必要的,但也意味着以地方性法规的形式实施区域性国家限制竞争的可能性提高了。

因此,需要对《反垄断法》作出修正,明确此类案件的执法依据,将包含地方人大实施的一切国家限制竞争行为均纳入查处范围,并赋予反垄断主管机构对地方人大国家限制竞争的行政执法权,这便能取得对此类行为予以执法的依据。

我国目前《反垄断法》之所以未明确这一类行为的执法依据,与我们在对待地方立法时存在的思维桎梏有关。恪守单一制政治传统的我国尽管不存在以省为单位的联邦自治权,但亦存在以地方性法规为代表的地方自治性立法,这种仅对本行政区域内产生效力的低位阶的立法在形态上与美国联邦制下的"州的行为"极其相似,进而易于产生"联邦主义"的联想。在美国,由于联邦制的政治制度特征,地方保护主义也并不是一个罕见问题,各州通过州自治权范围内实施的流入贸易(Incoming Commerce)之限制、流出贸易(Outgoing Commerce)之限制、出口州内资源之限制、为州内企业保留生意等,实践案例不胜枚举。❶ 在本书第二章第三节中,也曾系统论述过美国反垄断执法中通过"州行为规则"制止区域性不正当管制的实践,但整体来看,这方面的美国经验是保守且效力有限的:其一,从立法权的运作来看,联邦制实际上是一种将立法权由中央立法机构和组成该联邦的各州或各地与单位的立法机构分享的立宪政体。❷ 与单一制不同,这种政治结构本身即允许州一级政府拥有部分主权,由此限制了在联邦层面治理地方保护主义的天然正当性。在联邦制之下,联邦对各州一定程度自治权的容忍,是宪法规定的责任,同时又不得不为之付出一定成本。"联邦体制有利于维持州之间的

---

❶ 参见张千帆:《美国联邦宪法》,法律出版社 2011 年版,第 139~147 页。
❷ 参见文红玉:《国权、民权与联邦制——马克思主义国家结构学说中国化进程中的联邦主义》,上海三联书店 2012 年版,第 11 页。

差异性。人们不得不承认，对于那些认为公共服务应该全国一体化的人们而言，现代联邦体制必须付出代价。"❶ 其二，美国的"州行为规则"实际上是以事后司法审查的形式对区域国家限制竞争予以考察，这便存在效率上的缺陷，而无法像查处经营者限制竞争行为一样，赋予反垄断主管机构主动的执法权。

因此，尽管美国在反垄断法比较研究方面是一个重要的示范国度，但仅论对区域性国家限制竞争行为的治理，它却显然不具有经验借鉴的价值。毕竟美国成熟的市场经济体制令其州政府实施国家限制竞争的可能性不大，而美国联邦制的政体又对地方立法自治权的包容度较高。从这个角度来看，"州行为豁免规则的建立是维护'联邦制'的内在需求，通过允许各州在其辖区内对竞争施加一定限制，以此来弥补'竞争失灵'并保护辖区公民的公共福利"❷。这显然与我国国情不符。在单一制政体的中国，治理地方保护主义天然正当，且囿于经济转轨期的局限性，区域性国家限制竞争的发生频率又较高，有必要在制度探索上实施比美国经验更为主动和有效的执法策略。

因此，对于地方立法可能产生限制竞争效果的条款的执法，必须打破联邦主义思维进路下的保守倾向，而采取更为符合我国单一制政体的积极的治理进路，从而维护全国统一性的市场，促进生产要素在不同区域内的自由流动。单一制并不排除地方享有权力的可能性，但这种权力须来自中央政府的委托或授予，严格意义上说，所有权力都属于中央政府。❸ 与联邦制不同，地方人大代表履职的权力渊源既不是地方公民，也不是全国公民的直接授予，而是在单一制政体下全国人大基于立法的法定授权；而全国人大基于保证这一授权行使正当性的考虑，通过《反垄断法》赋予一个行政机构对相应行为发起执法，也自然符合授权与监督一体的基本法理。事实上，即便是在

---

❶ ［美］保罗·彼得森著，段晓雁译：《联邦主义的代价》，北京大学出版社2011年版，第92页。

❷ 应品广：《法治视角下的竞争政策》，法律出版社2013年版，第191页。

❸ 参见［英］戴维·M.沃克著，李双元等译：《牛津法律大辞典》，法律出版社2003年版，第1133页。

联邦制国家，也已经存在中央层面的反垄断主管机构对地方立法机关发起审查的先例，其典型代表便是俄罗斯。《俄罗斯联邦保护竞争法》第 1 条赋予了联邦反垄断署"防止和制止联邦政府机构、联邦主体国家权力机构、地方自治机构和其履行上述机构职能的组织和机构，以及国家预算外基金和俄罗斯联邦中央银行的禁止、限制和消除竞争的行为（不作为）和法规"❶ 的强大权力，这其中便明显包含对地方立法行为的审查。在现实中，也曾发生过直接的执法案例，如 2009 年 4 月，俄罗斯反垄断署对麦罗沃州人民代表会议制定的州法律《禁止收购废旧有色金属》发起立案调查，反垄断署判定该法限制企业经营活动，由于事后人民代表会议主动撤销了该项立法，反垄断署的调查即决定终止。❷

综上所述，国家限制竞争反垄断执法的要义即在于通过《反垄断法》的文本修正和反垄断主管机构建制的改革，一方面确立对所有国家限制竞争普遍性的执法依据，另一方面则形成一个反垄断主管机构的"纵横统一式"的普遍性执法权体系，既能对纵向行业管制中的各机构开展执法，又能对横向区域管制中的各地方行政主体乃至地方人大开展执法。

四、基于事后私人执行机制的反国家限制竞争诉讼

对于反垄断法的实施问题，尽管通说认为私人诉讼和公共执法均应当发挥一定程度的作用，但不可否认，私人诉讼的形式存在其难以克服的局限性，可能由于司法被动性带来救济迟延；相比之下，行政执法却具有资源与权力配置上的显著优势。❸ 对于国家限制竞争行为来说，司法的这种局限性体现得更为明显，因为它面对的是公权力主体，恪守消极、被动、中立的司法机制很难建立起一个高效率的针对国家限制竞争的规制机制。因此，整体

---

❶ 转引自李福川：《俄罗斯反垄断政策》，社会科学文献出版社 2010 年版，第 337 页。

❷ 参见李福川：《俄罗斯反垄断政策》，社会科学文献出版社 2010 年版，第 224～225 页。

❸ 参见李剑："反垄断私人诉讼困境与反垄断执法的管制化发展"，载《法学研究》2011 年第 5 期。

来看，尽管反国家限制竞争诉讼是平衡式规制机制中不可或缺的一大环节，但相对管制一般影响评估、管制竞争评估与倡导以及反国家限制竞争执法这三大重要制度，在诉讼环节对国家限制竞争进行规制的作用是最低的。

在按照上文所述对反国家限制竞争的执法机制予以优化的前提下，反垄断诉讼的作用仅在于建立起对行政执法的一种补充性机制。这种补充性机制的作用主要体现在如下两个方面：其一，在反垄断主管机构由于信息偏在或执法懈怠而未及时发起查处活动的情势，以国家限制竞争的受害者提起诉讼的形式开启对国家限制竞争在诉讼层面的规制路径。其二，在反垄断主管机构已然发起执法的情势，建立起基于诉讼的救济措施，如有利害关系人认为反垄断主管机构存在对国家限制竞争的执法不当时，可以对反垄断主管机构提起行政诉讼。但不管何种情形，实质上都是由于某位经营者受到国家限制竞争行为的损害，因此以行政诉讼的形式予以维权，要求其撤销或更正相关行政行为。这种诉讼类型存在的问题是：由于司法手段在这一过程中完全处于被动、消极的位置，当受害者怠于起诉时，相关的违法行为便不可能进入诉讼机制当中予以规制；而受害者对这类行为通常很难有起诉动机，因为一项反垄断诉讼的胜诉通常需要其花费足够成本投注在时间和举证过程中，而国家限制竞争的违法主体却是公权力主体，与一般的违法主体相比，它在应诉能力上可能更强，这便提高了受害者败诉的可能。因此，在国家限制竞争中的受害者，其最有可能的选择是"理性的冷漠"，即不予起诉。这一问题的存在为国家限制竞争的诉讼制造了障碍。

为了解决这一问题，理性的做法有三个：一是建立起宽口径的诉讼启动机制，即通过建立公益诉讼制度的形式，赋予社会中一切组织和个人在国家利益和社会整体经济利益遭受侵害或有侵害之虞时有权申请法院予以救济，❶具体到国家限制竞争问题上，则要赋予任何主体针对本行政区域内国家限制竞争行为的起诉权，这种方式扩展了程序启动的主体范围。二是对诉讼中的举证责任问题进行重新分配，一定程度上适用举证责任倒置，可以考虑借鉴

---

❶ 参见刘大洪，殷继国："论经济公益诉权"，见漆多俊主编《经济法论丛（第十二卷）》，中国方正出版社 2007 年版，第 65~89 页。

《最高人民法院关于民事诉讼证据的若干规定》的相关内容,即"在法律没有具体规定,依本规定及其他司法解释无法确定举证责任承担时,人民法院可以根据公平原则和诚实信用原则,综合当事人举证能力等因素确定举证责任的承担"。❶ 将这一民事诉讼中根据举证能力进行举证责任调剂的规则适用到反国家限制竞争行政诉讼中,即可缓解受害者起诉时的维权困难问题。另外,也可考虑通过制度创新的形式一定程度上打破举证问题仅在原被告双方之间流动的缺陷,如在英美法系得到长期实践的"法庭之友"(Amocus Curise)制度,即通过令非属诉讼当事人的主体向法院提交补充信息或辩论意见的形式,促进案件的审理和裁判。❷ 美国司法部即可通过向法院递交申请的形式接入反垄断上诉程序,并在审理时出庭发表意见。德国法律更是明确规定,当案件涉及反垄断问题时,德国法院应该通知联邦卡特尔局,后者若认为此案涉及公共利益,可能会任命一个代表人,授权其向法庭提供书面意见,并在法庭审理阶段提交相关论据,同时也可以询问当事人、证人和专家。❸ 毫无疑问地,在反国家限制竞争诉讼中,由于案件专业程度较高,且面对的被告是具有公权力支撑的管制机构,原告方的举证能力是极为薄弱的。此时,以反垄断主管机构或与反垄断有关的专家、学者出具"法庭之友"意见,就极能缓解原被告之间这一举证能力的不对等情况,有利于法院作出公正判决。三是一定程度上扩张诉讼的既判力,防范公权力主体实施新的类似行为"摊平"败诉所遭受的不当风险。有学者提出可以借鉴国外"示范诉讼"的制度经验,即法院从存在共同原告或共同被告且事实与证据相同、所要解决的法律问题亦相同的数个案件中选出一个案件,经全体当事人同意,作出相当于合并审理的裁定,对该案件首先进行审理并作出裁决,全体当事人均受该裁决约束。❹ 如果示范诉讼与国家限制竞争领域中能得以适用,则能一方面对同一诉因的受害者起到共同的定纷止争之效;另一方

---

❶ 《最高人民法院关于民事诉讼证据的若干规定》第7条。
❷ 参见于秀艳:"美国的法庭之友",载《法律适用》2005年第4期。
❸ 参见应品广:《法治视角下的竞争政策》,法律出版社2013年版,第169~170页。
❹ 参见应品广:《法治视角下的竞争政策》,法律出版社2013年版,第169页。

面,它也能有效地对国家限制竞争的实施主体产生威慑作用,防止其未来实施类似行为。

当然,前述制度的建立均依托于审理国家限制竞争的法院具有出色的专业性和权威性这一前提。有学者曾提出,在当前的法院体系安排中并无经济诉讼类的专业审判庭设置的情况下,其实可以考虑恢复设置经济审判庭,由其专司具备公益诉讼的经济诉讼案件,如反垄断案件、消费者保护案件、证券欺诈案件、纳税人诉讼案件,等等。❶ 国家限制竞争类案件也理应在审理范围之内。另外,从制度供给角度来看,我国目前仅对反垄断法涉及的民事诉讼问题存在系统规定,即 2012 年的《关于审理因垄断行为引发民事纠纷案件应用法律若干问题的规定》,而缺乏在行政诉讼方面的具体规定。之所以出现这种情况,应与实务界人士也主要着重发挥《反垄断法》对经营者限制竞争行为的规制功能有关,而忽略了在以行政诉讼方式应对国家限制竞争问题上的重要性。在这种制度背景下,可以暂时考虑仿照《行政诉讼法》的相关规定处理诉讼问题,但长远来看,还是应当出台专门的司法解释。

本章小结:建立政府管制的全程控制机制

本章对平衡式规制机制运作机理的分析表明,只有对管制的决策、实施、产生效果的一系列过程施加全程控制机制,方能真正实现对国家限制竞争的周延化规制。图 4.1 揭示了平衡式规制机制对政府管制所施加的这一全程控制机理:从管制影响的一般评估到竞争专门评估和竞争倡导,再到反垄断在执法和诉讼,这一全程规制策略实际上对管制异化为国家限制竞争的整体脉络进行了分阶段控制。

在管制决策阶段,管制机构作出管制决策的最初版本(1.0 版)首先要在监督机构的监督下实施管制影响的一般评估,形成改进版本(2.0 版);尔后由反垄断主管机构进行管制影响的竞争专门评估,如果管制决策通过评估,则进入管制实施阶段;如果没有通过评估,要由反垄断主管机构对管制

---

❶ 参见应品广:《法治视角下的竞争政策》,法律出版社 2013 年版,第 167 页。

决策进行规则制定层面的竞争倡导,形成新的管制决策的改进版本(3.0版)。

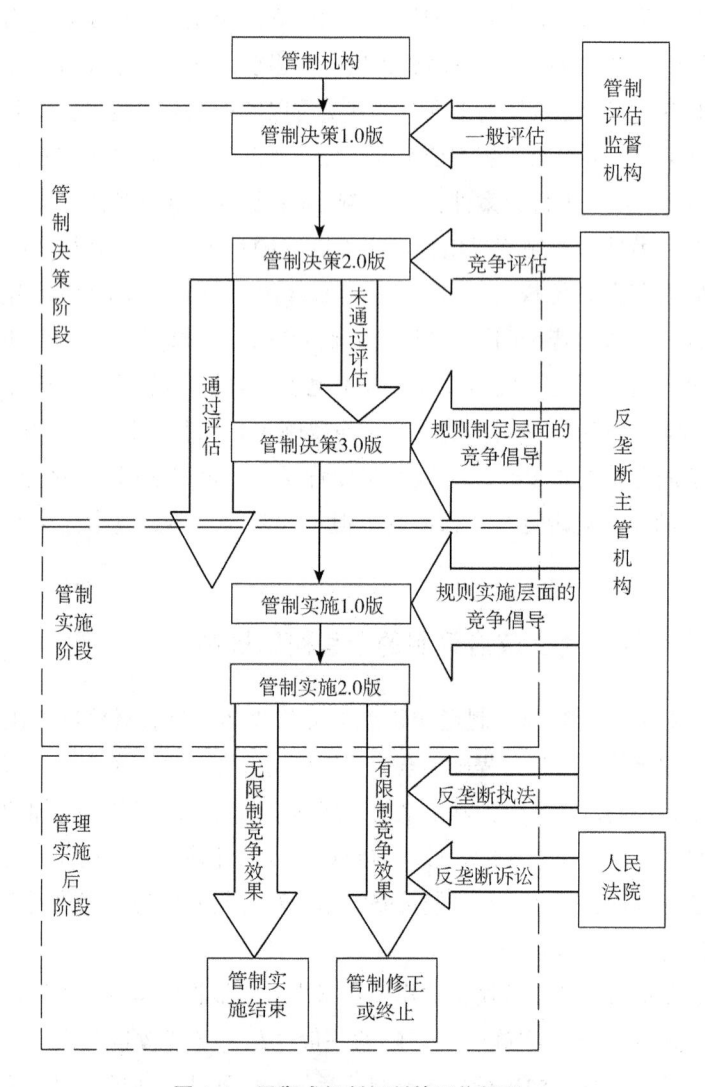

图4.1 平衡式规制机制的运作机理

在管制实施阶段,管制机构按照经过一般评估、竞争评估和规则制定层面的竞争倡导后的管制决策实施管制措施(1.0版),但是,如果在管制实施过程中发生了对竞争的不正当限制效果，反垄断主管机构则有权对其进行规则实施层面的竞争倡导，从而形成一个管制实施的改进版本（2.0 版）。

在管制实施后阶段，如果经历竞争倡导的管制实施如期未发生限制竞争效果，则正式实施结束；如果发生了限制竞争效果，则通过反垄断主管机构的反垄断执法对其予以规制，亦可通过受害者或其他利害关系人向人民法院提起反垄断行政诉讼的形式对其予以规制，此时要按照执法或诉讼结果对管制进行修正或索性予以终止。

综上所述，平衡式规制机制贯穿管制的决策、实施与发生效果的全过程，在各阶段均以预防管制异化成国家限制竞争目的，施加了不同主体和不同运作机理的规制方案，是一整套良性运作、互相补充的规制范式，理应成为我国未来制度改进的目标。

第五章　平衡式规制机制的配套制度改革设计

无论是对发达国家和发展中国家经验的统合分析，还是对中国当今反国家限制竞争现状的反思和检讨，都表明未来中国规制体系的重构需要以建立平衡式规制机制为目标指引。在平衡式规制机制下，国家限制竞争的规制包含事前、事后两个阶段合计四种形态：管制影响一般评估、管制竞争专门评估与竞争倡导、反垄断执法和反垄断诉讼。如果是仅从制度建设的角度，这一平衡式规制机制的构建并无太大困难，无非是按照前述图 4.1 的设计修正相关制度、明确相关职权而已。但是，平衡式规制机制所预设的制度规划需要若干关联性制度的配套改革，它需要以放松管制运动的开展为重要时机，以立法文本的修正和机构建制的改革为制度基础。

第一节　平衡式规制机制的构建前景：中国放松管制运动的开展

一、ECOS 与 PPP 改革：中国放松管制运动的雏形[1]

（一）ECOS 与 PPP 的基本政策解读

西方国家放松管制运动的重点是若干特殊行业经济性管制之放松。而在

---

[1] 本部分内容是对如下研究成果进行改进和完善所形成的：1. 段宏磊，刘大洪："混合所有制改革与市场经济法律体系的完善"，载《学习与实践》2015 年第 5 期；2. 刘大洪，段宏磊："混合所有制、公私合作制及市场准入法的改革论纲"，载《上海财经大学学报》2017 年第 5 期。

党的十八届三中全会以来的改革部署中，中国亦有两项重要的改革决策呈现出对若干特殊行业经营模式及其管制体制的改革，这便是国有企业中的混合所有制（Enterprises of the Composite-Ownership System，ECOS）改革和公共事业中的公私合作制（Public-Private-Partnership，PPP）改革。❶ 从二者的词语构成来看，它们均涉及国有资本与非公资本的合作投资或经营，容易造成概念混淆，因此有必要对各自的基本内涵进行界定。

从政策渊源来看，ECOS 与 PPP 均能在党的十八届三中全会《中共中央关于全面深化改革若干重大问题的决定》（以下简称《决定》）当中寻得最基本的政策依据，尤其是前者。《决定》对进一步深化改革的部署内容共 60 项，第（6）项即开宗明义地要求"积极发展混合所有制经济"，其基本内涵被表述为"国有资本、集体资本、非国有资本等交叉持股、相互融合"，在第（8）项中，甚至使用了"鼓励发展非国有资本控股的混合所有制企业"这一前所未有的提法。由此可见，ECOS 改革实际上是我国自改革开放以来便稳步推行的国企改革在当前的新一轮指导思想，但这一指导思想其实并非《决定》的首创，而是自 20 世纪 90 年代以来国企改革逻辑的延续。1993 年我国确立了社会主义市场经济体制的基本改革方向，彼时一并将建立现代企业制度作为国企改革的目标定位。❷ 在现代公司治理结构之下，股份制与资本多元化是一对相生相伴的姊妹，单一的资本来源根本无法实现股东会、董事会、监事会三元结构的相互制衡和对公司的科学治理。因此，从 1993 年开始，企业资产的混合所有就已然成为国企改革的方向，在 20 年的稳步推进之下，ECOS 已经深入我国市场经济的多数领域，这一结论具有经

---

❶ 公私合作制简称为 PPP 的说法，在学界存在普遍性的共识和应用，但混合所有制简称为 ECOS 的说法，则是笔者本人的创制，学界目前也不存在任何一个对混合所有制的通用英文简称，笔者为混合所有制提供一个英文简称只为与 PPP 形成相并列的话语体系，从而确保语言表达的简洁和对称。

❷ 主要政策文本依据为 1993 年 11 月中共十四届三中全会通过的《中共中央关于建立社会主义市场经济体制若干问题的决定》，它明确提出我国国有企业改革的目标是"建立现代企业制度"，而反映现代企业制度精神的《公司法》也在随后的 1993 年 12 月底通过。

基础设施投资和运营"。正是因为如此，党的十八届三中全会之后，政府的规范性文件当中提及推行"政府和社会资本合作"机制的数量陡然增多。

（二）ECOS 与 PPP 的关系

两种改革部署，一个称为"混合所有"，另一个称为"公私合作"，二者在称呼上相近，内涵上存在雷同之处，本质上都体现为国有资本与非公资本的合作投资或经营，这便使得二者极容易产生概念上的混同。一种观点认为公私合作制属于"一种混合所有制的资源配置方式"，❶ 即将 PPP 看作 ECOS 的实现形式之一，笔者对此并不认同。从基本语词的使用来看，ECOS 中的所谓公私合作，实际上专指资本的合作，表现为国有资本与非公资本对企业的共同持股，不涉及其他；PPP 中的合作方式则更为广泛，BOT、BOO、TOT 等典型经营方式中的公私合作均远超出投资的范畴，主要是指在经营方面的合作。因此，从表现形态上来看，ECOS 针对的是企业股权上的合作，PPP 针对的则是公共事业经营上的合作，二者的差别很明显。

另外，ECOS 与 PPP 在改革所涉领域上尽管存在一定的交叉性，即均涉及普遍竞争性尚未实现的特殊行业，但二者之间的差别仍然是很明显的。宽泛地说，在过往国企改革已经实现一般行业的经营者混合所有背景下，本次推进 ECOS 所涉及的领域主要是经营性的特殊行业，而 PPP 所涉及的则主要是非经营性的特殊行业。诚然，二者的界限并未泾渭分明，尤其是如今很多表现出自然垄断色彩的经营性特殊行业，其经营领域又同时表现出提供公共物品的色彩，如铁路行业、电力行业等，这便发生了两种性质的交叉混同。即使是从《决定》的文本上来看，二者的关联性也极强，其政策渊源均位于第二大类"坚持和完善基本经济制度"下设项目当中，目的均为进一步促进和发展以公有制为主体、多种所有制经济共同发展的基本经济制度。但是，按照国有资产通常分为经营性国有资产与非经营性国有资产的惯例，❷ 我们

---

❶ 陈婉玲："公私合作制的源流、价值与政府责任"，载《上海财经大学学报》2014 年第 5 期。

❷ 经营性国有资产又称为企业国有资产，它经常被单独视为狭义的国有资产的范围。参见杨文：《国有资产的法经济分析》，知识产权出版社 2006 年版，第 6~8 页。

仍然可以寻得二者之间一个大致的界限：以公司制国有企业的形式参与投资经营的领域，国有资产的性质表现为经营性国有资产的行业，通常可被视为经营性行业；而不以企业的形式参与运作，由事业单位、公益组织乃至行政机关处分的涉及基础设施和公共物品的领域，国有资产的性质表现为事业性或资源性国有资产的行业，则通常属于非经营性的特殊行业。当然，二者都显然不可能涉及行政性的国有资产，如政府机构自由处分的不动产、办公用具等，显然既不可能推行 ECOS，也不可能从事 PPP。

具体来说，对于 ECOS 涉及的经营性行业，在排除掉已实现普遍竞争性、已无必要再推进 ECOS 的一般行业之外，主要涉及三种表现类型：其一为国家通过政策法规命令要保持国有资本主体化控制地位的企业国有资产经营领域，国务院办公厅在转发国资委《关于推进国有资本调整和国有企业充足的指导意见》时，国资委曾将这一范围明确为至少包含军工、电网电力、石油石化、电信、煤炭、民航和航运七个领域；❶ 其二为国家未在经济政策中明确其要保持国有资本的控制地位，但通过建立专营专卖管制法规的形式，使其实际上保有对非公资本的排斥局面，如烟草、食盐、化肥等行业；其三为尽管在政策法规上对非公资本设置的准入门槛并不过高，但由于若干隐形的政策阻碍，或由于国家在特定领域推行市场经济体制改革的速度过慢，造成相应行业的国有资本仍暂时处于明显的控制地位，如银行、保险等金融行业，文化出版广播传媒行业，机车车辆制造业，等等。与之相比，PPP 所致力于推广的非经营性特殊行业则被官方明确为"政府负有提供责任又适宜市场化运作的公共服务、基础设施类项目"，相关政策文件以列举的形式涵盖了其所涉及的事业性国有资产或资源性国有资产领域，它包括"燃气、供电、供水、供热、污水及垃圾处理等市政设施，公路、铁路、机场、城市轨道交通等交通设施，医疗、旅游、教育培训、健康养老等公共服务项目，以及水利、资源环境和生态保护等项目均可推行公私合作制模式"。❷

---

❶ 参见许小年："解析'七大行业'"，载 http：//www.infzm.com/content/1951，最后访问日期：2020 年 1 月 1 日。

❷ 《国家发改委关于开展政府和社会资本合作的指导意见》（发改投资〔2014〕2724 号）。

四十多年我国改革开放实践始终面临的一个难题是，在国有资本和非公资本所共同构成的市场中，如何符合市场机制的规律对二者的关系进行妥善处理。一个长期难以改变的状态是，国有资本的投资和经营范围过大、所涉范围过宽，而非公资本却面临多处市场进入壁垒或隐形限制。整体规律是在竞争性领域的一般行业，非公资本尚且能实现进入自由；而在其他特殊行业，进入渠道则并不畅通，由此阻碍了市场机制作用的发挥。在 2008 年经济危机时期，国家更以政府主导并重点支持国有企业的形式推动经济复苏，以至于加剧了前述国有资本与非公资本竞争环境的不均衡状态，一定程度扭曲了危机结束后的市场竞争结构。❶ 危机过后，投资计划所产生的"国进民退"现象遭受到了来自经济学界的诸多批评，❷ 而《决定》所部署的若干改革策略则致力于解决此问题。党的十八届三中全会所强调的发挥市场在资源配置中的决定性作用，无非有双重内涵，即市场的"深度"和"广度"。所谓深度即十八届三中全会前官方语境中所称的市场的基础性作用，它表明对于市场竞争性问题，一切政府管制必须在以市场机制为前提下发挥作用，不仅一般行业应当推行市场机制，在若干被视为关系国计民生的特殊经营性行业，尽管其可能具有一定的自然垄断属性，市场也应当发挥其应有的作用；❸ 而广度指的则是市场的普遍性作用，即使是在以提供公共物品为目的的若干公共事业领域，也并非必然交由国有资本垄断运行，而完全可以通过特许经营、政府购买服务等的形式发挥竞争机制的作用。❹ 由此可见，ECOS 与

---

　　❶ 参见应品广："经济衰退时期的竞争政策：历史考察与制度选择"，见罗培新，顾功耘主编《经济法前沿问题（2011）》，北京大学出版社 2011 年版，第 96~97 页。

　　❷ 对"国进民退"相关观点的争议和案例表现可参见钱凯："关于'国进民退'问题的观点综述"，载《经济研究参考》2010 年第 60 期。

　　❸ 自然垄断在传统上构成排斥市场机制的一个重要理由，但事实上，很难找到一个整体上均属于自然垄断的行业，而通常是某一行业可以实现竞争性业务与自然垄断业务的剥离，对于前者并不需要寡头或独占经营，而有必要适度引入竞争。另外，伴随着市场需求和科技进步的变化，自然垄断业务也是一个流变的概念，整体规律是所涉领域不断缩小，具体的分析可参见刘大洪，谢琴："自然垄断行业改革研究——从自然垄断行业是否为合理垄断的角度出发"，载《法学论坛》2004 年第 4 期。

　　❹ 对市场决定性作用这两方面内涵的进一步解读可参见刘大洪，段宏磊："谦抑性视野中经济法理论体系的重构"，载《法商研究》2014 年第 6 期。

PPP 改革的关系，实际上是在改革已于一般竞争性行业基本完成任务的前提下，推动市场决定性作用得以发挥的"一体两翼"：二者分别着力于经营性和非经营性的特殊行业，分别落实市场的深度和广度，最大限度地拓展非公资本的投资和经营范围，打破我国在特殊行业中保持国有资本控制地位的刚性管制体系，为真正如《决定》所言，实现其与国有资本的"权利平等、机会平等、规则平等"。因此，尽管 ECOS 与 PPP 的改革仍然与真正的放松管制运动相去甚远，但它们无论是从改革所涉领域还是基本内容上，都具有推动中国管制体系改革的作用，具有放松管制的雏形。

二、对 ECOS 和 PPP 改革的评价：机遇与遗憾并存

（一）机遇：为中国放松管制的开展奠定可行性基础

ECOS 和 PPP 的改革领域直指特殊行业，这是中国保持刚性管制体系、长久以来与中国市场经济体制改革的一般性行业呈现出巨大反差的领域。在我国的官方语境中，特殊行业的称呼经常以概括性界定的形式出现在政策文本、法律法规乃至政治教材当中，对非公资本树立起严格的准入壁垒，其实质是一种"国有化"管制，它将生产和分配方式直接从私人经营者手中进行剥离，寄希望于消除其他管制形式试图迫使私人利益服务于公共目标时的内在矛盾，因此通常被视为最为严格和苛刻的一种管制。[1] 在此背景下，非公资本面临着以"资本歧视"为特点的管制法律制度：其一，准入管制的整体原则被界定为在"关系国民经济命脉和国家安全的行业"要保持"国有经济的主体地位"，这一经典表述多次出现在中央级别的政策文件中，并已呈现在《反垄断法》第 7 条，构成特殊行业所有准入管制政策和法律制定时的黄金准则。其二，在前述原则下，尽管迫于经济发展的要求，非公资本获准投资的范围屡次被决策层强调要进行拓展，但特殊行业对非公资本放开准入

---

[1] See C. Offe. Contradictions of the Welfare State (ed. J. Keane, 1984), ch. 1. 转引自 Anthony I. Ogus. Regulation: Legal Form and Economic Theory, Oxford: Hart Publishing, 2004. 265.

的步伐一直缓慢，且时常有反复乃至倒退的情况。❶ 其三，在部分对非公资本开放准入的步伐进展较快的行业，即便在立法上实现了对非公资本的开放，也存在若干隐形准入壁垒，或者即便获准进入行业，但非公资本在获取关键性设施上又面临准入管制所设置的壁垒。其四，在前述三个方面的共同作用下，特殊行业形成国有资本的一元化局面，管制政策偏离了其意图实现的替代竞争或社会公益性目标，演变成不正当管制对国有资本经营者垄断地位的维护，形成明显的国家限制竞争现象。

通过表 5.1 可以系统地了解中国这一建立在一般行业与特殊行业分野原则之下的政府管制体制，而 ECOS 和 PPP 的改革恰好针对管制体系艰深的特殊行业，从而有利于初步消解我国在特殊行业中的刚性管制结构，这能在一定程度上消除我国行业性国家限制竞争的体制因素，为未来中国放松管制的全面开展奠定了可行性基础。❷

表 5.1　中国一般行业与特殊行业的分野标准与管制政策

类型	立法文本	具体包含的领域	政府管制的特点	未来改革方向
一般行业	无	略	基本上改变了计划经济时代的行业主管体制，市场竞争机制普遍性的发挥作用，非公资本和国有资本面临较为对等的管制政策	进一步发挥市场竞争机制的作用，已不构成未来改革的重点关注区域

---

❶ 事实上，在宏观政策层面，早在 2005 年《国务院关于鼓励支持和引导个体私营等非公有制经济发展的若干意见》（俗称"36 条"）就已经大为拓展了非公经济的投资领域，诸如电力、电信、民航、石油等行业均因此而获准非公资本的进入。但与政策上的有效改革相比，现实中非公资本对特殊行业的进入却一直十分缓慢和循环反复。

❷ 值得注意的是，表 5.1 对经营性特殊行业和非经营性特殊行业的厘定，并不意味着在所有相关领域都必然具有从事系统的放松管制运动的必要性，而是需要根据各个行业公共性色彩的浓郁程度予以分别对待。只能说放松管制运动的重点在这些特殊行业之内，而并非是说这些特殊行业一定要从事放松管制，比如我国存在极高准入壁垒的军工行业，笔者即认为基于这一行业商品的极端特殊性，这种管制是极为有必要的，没有必要放松管制。表 5.1 只是划分出了一个放松管制可能发生的领域，至于具体操作的领域，则仍有待对各行业特殊性进行具体分析。

第五章 平衡式规制机制的配套制度改革设计

续表

类型	立法文本	具体包含的领域	政府管制的特点	未来改革方向
特殊行业	国有经济占控制地位的关系国民经济命脉和国家安全的行业以及依法实行专营专卖的行业（《反垄断法》第7条第1款）	经营性特殊行业：包括但不限于军工、电网电力、石油石化、电信、煤炭、民航、航运、烟草、食盐、化肥、金融、文化出版广播电视、机车车辆制造	体现为较强的刚性管制体系，构成了计划经济最后一道堡垒。政府管制结构对国有资本和非公资本存在较强的歧视性待遇，后者进入相关行业面临极高准入壁垒，是国家限制竞争行为的高发地带	本轮 ECOS 改革的重点区域
		非经营性特殊行业：包括但不限于燃气、供电、供水、供热、污水及垃圾处理等市政设施，公路、铁路、机场、城市轨道交通等交通设施，医疗、旅游、教育培训、健康养老等公共服务项目，以及水利、资源环境和生态保护等项目		本轮 PPP 改革的重点区域

从反垄断的角度来看，ECOS 和 PPP 改革即便不直接有利于国家限制竞争体制性基础的消解，也有利于在国有企业领域反垄断执法的开展。国有企业由于天然地与公权力具有资本上的渊源，即便不存在不正当的管制基础，其反垄断执法也先天的难于民营企业。正因如此，发达国家通常会要求在市场竞争中确立"竞争中立"制度，即对国有企业和私营企业一视同仁，通过一系列政策或执法工具确保经营者不会因为所有制而产生竞争优势，当国有企业违背该要求产生不正当的竞争优势的情况下，就会对其采取"矫正措施"。澳大利亚为了执行竞争中立，特别设立了竞争中立投诉办公室（Competitive Neutrality Complaints Office，CNCO）。[1] 从这个角度来看，尽管决策者并非是从竞争中立的角度推行 ECOS 和 PPP 改革，但改革的实际结果却实足有利于消解国有企业的不正当竞争优势，确保竞争中立。

从思想意识的角度来看，ECOS 和 PPP 改革的推进实际上也是一场解放思想的过程，它打破了我国刚性管制体系在政治、经济和社会上的意识形态桎梏，直接致力于我国目前最为典型的国家限制竞争类型——在若干行业以

---

[1] See OECD. Competitive Neutrality and State-Owned Enterprises: Challenges and Policy Options, OECD corporate Goverancce Working Papers, No. 1, 2011. http: www.oecd.org/daf/corporateafaairs/wp.

准入管制的形式排斥非公有资本，表现出放松管制运动的雏形，它坚定地迈出了消解国家限制竞争体制性基础的第一步。

(二) 遗憾：尚不具备系统性的放松管制运动的实质

在充分肯定 ECOS 和 PPP 改革奠定了放松管制的可行性基础的同时，也应当清醒地认识到，目前为止实施的这两项改革，与真正的系统化的放松管制运动尚有明显的差距。如果因为其暂时取得的成效而草率中止，将无疑丧失了放松管制运动的最佳的历史时机。

首先，ECOS 和 PPP 的启动并不是决策层以放松管制为目的而实施的改革，而是在解决经济体制改革的其他问题时，联动影响到管制体系的结果。经营性特殊行业中为非公资本开放准入、非经营性行业促进非公资本参与合作，这一系列改革活动，在 20 世纪欧美国家的放松管制运动中亦有实足的尝试，不可否认，中国目前所从事的 ECOS 和 PPP 是系统地借鉴欧美国家经验的结果。但是，这些改革活动却并不是以放松管制为目的所实施的，而是在解决中国经济体制中的其他问题时"捎带着"影响了刚性管制体系的结果。ECOS 实际上是中国国企改革在经历过多年的停滞后再次重启的结果，[1]而 PPP 则是地方政府面临提供公共服务的财政压力下的选择，它们并不是决

---

[1] 2004~2013 年基本上属于国企改革"失去的十年"，在这一历史阶段，国企改革的步伐基本上处于停滞状态。一方面，2004 年发生了著名的"郎顾之争"事件，郎咸平公开发表了质疑顾雏军在国有企业 MBO 过程中侵吞国有资产的演讲，这一事件引发了决策层对以 MBO 的形式调整国有资产投资结构的改革容易引发国有资产流失事件的关注，导致在 2004 年之后，国有资产 MBO 逐渐偃旗息鼓。而约在 2008 年的经济危机期间，为了应对危机所造成的经济下滑危险，数万亿元投资计划以偏向于国有企业的形式作出，从而导致国有企业逆改革形势而行，在竞争性行业的投资比例再次增加，并一定程度上产生了"国进民退"的效果。直至 2013 年年底《决定》提出 ECOS，国企改革的停滞期才真正度过，国企改革再次提上日程。对这十年时期国企改革若干问题的研究可综合参考如下文献：1. 李政："'国进民退'之争的回顾与澄清——国有经济功能决定国有企业必须有'进'有'退'"，载《社会科学辑刊》2010 年第 5 期。2. 匡贤明："为何重提混合所有制"，载《中国经济报告》2014 年第 4 期。3. 段宏磊，刘大洪："混合所有制改革与市场经济法律体系的完善"，载《学习与实践》2015 年第 5 期。4. 应品广："经济衰退时期的竞争政策：历史考察与制度选择"，见顾功耘，罗培新主编《经济法前沿问题（2011）》，北京大学出版社 2011 年版。

策层系统化地以放松管制为目的的改革措施,尽管其客观作用确实有利于中国刚性管制体系的消解,但在这些改革规划过程中,"放松管制"这一关键词并不直接存在于决策层视野当中。这意味着目前呈现出的放松管制运动的有利时机实际上是"稍纵即逝"的,一旦决策者未意识到未来有管制体系改革的必要性,这两项活动将止步于对国企改革问题和化解地方债务问题的解决,并不会真正系统地促进国家限制竞争体制性基础的消解。

其次,ECOS 和 PPP 改革局限于对纵向的行业性国家限制竞争问题,而忽视了我国在放松管制运动中应有的其他重要部署。两项改革所专注的特殊行业经济性管制体系问题,与欧美国家放松管制运动中的焦点一脉相承,这是值得赞颂的。但是,恰如上文所分析,在中国国家限制竞争的体制性基础较为浓郁的背景下,中国版本的放松管制运动不能局限于对纵向行业性管制的改革,而更应当注意到"地方保护主义"问题在中国区域经济竞争中的普遍性,将改革视野扩张至横向的区域性不正当管制问题的消解上,从而实施一场纵横统一式的放松管制运动。

最后,ECOS 和 PPP 改革的实践操作意义远大于其体制改革意义,未系统地消除国家限制竞争的法制基础。目前实施的两项改革,其实颇有试点性的色彩,它们是在《反垄断法》第 7 条第 1 款以及其他行业管制法律制度体系未作出修正的前提下进行的。换言之,目前的改革是在未改变刚性管制体系的法制基础的背景下,交由实践先行的结果,如此操作的优点在于省却了先行法律制度修正所耗费的时间成本,从而有利于提高效率。尤其是与行业管制有关的若干法律、法规、规章乃至规范性文件,其制度分设极其严重,对其相关内容的修改是一件极度耗费精力和时间的工作,在完成这些制度修正并确保具有改革的法制基础之前,以改革试点的形式先行实践,便更有利于短时间内取得成果。但是,这种方式意味着 ECOS 和 PPP 的合法性基础并不牢靠,随时面临着改革活动违法性的风险。另外,其更重要的一个缺陷是,这种改革活动很难真正反哺法律制度上的变革,从而难以保障对国家限制竞争体制性基础的系统消除。尤其是目前多以部级机构存在的中国的行业管制机构体系,其在本行业内从事管制的职权具有体制上和法律上的坚实基础,这种易于产生不正当管制的结构是很难通过简单的实践操作予以改变的,而必须回归自上而下的体制改革，在目前的改革步伐中，尚未察觉出类似行为的动向。

三、中国开展放松管制运动的未来展望❶

上文分析表明，我们既不能否认 ECOS 和 PPP 的尝试提供了从事放松管制运动的可行性基础，也不能过于乐观，毕竟目前的改革实践仍与真正的放松管制路径相去甚远，后者需要从奠定基本的法制基础、从纵向和横向两个方面系统地实施放松管制等方面稳步实行。而这些内容显然还未构成我们改革实践中所关切的问题。从西方国家放松管制的基本过程来看，这一改革活动极度有利于一个系统的国家限制竞争的规制体系的形成，因此，有必要尽快抓住近两年 ECOS 和 PPP 改革的机遇，开展一场真正意义上的放松管制运动，为国家限制竞争平衡式规制机制的建立提供一个坚实的体制基础。

（一）打破放松管制的思维阻力

如果说中国与西方国家的放松管制运动存在什么意识形态的不同，那便是对中国管制体制改革与否的讨论，除了需承担起为经济社会发展背书的责任之外，还总是与公有制在若干特殊领域中保持垄断地位的"政治正确性"问题藕断丝连。在法律层面，它还涉及宪法中国有经济条款的解释问题："到底是优先考虑公有制条款或国有经济条款，还是优先考虑市场经济条款？"❷ 在党的十八届三中全会之前的很长一段历史时期内，特殊行业的改革一度被视为充满着艰深的政治、经济和社会公益方面的阻力，这成了放松管制运动在中国开展的一个不可回避的难题。但是，笔者认为，这一思维阻力其实早已不复存在。

从政治角度来看，我国以公有制为主体的意识形态被写进宪法，这似乎成为特殊行业保持国有经济为主体的政治正确的理据。但这一逻辑的疏漏在于，非公经济亦被明确为我国基本经济制度的组成部分，且混合所有制改革

---

❶ 本部分内容是对如下研究成果进行改进和完善所形成的：1. 段宏磊，刘大洪："混合所有制改革与市场经济法律体系的完善"，载《学习与实践》2015 年第 5 期；2. 刘大洪，段宏磊："混合所有制、公私合作制及市场准入法的改革论纲"，载《上海财经大学学报》2017 年第 5 期。

❷ 应品广：《法治视角下的竞争政策》，法律出版社 2013 年版，第 210 页。

的发展方向并未有悖于国有资本的主体地位，只是更强调非公资本在特殊行业促进效益和有利竞争的作用。事实上，从国企改革的进程上来看，混合所有制本身即是在减少政治风险下的折中产物，它的实践"可以在一定程度上缓解国有企业内部人对所有权改革的抵触"，❶党的十八届三中全会以后，《决定》中若干语词的变化进一步消除了这一政治上的桎梏：混合所有制被明确作为国企改革的重要方向，且尤其指出要"鼓励发展非公有资本控股的混合所有制企业"；已经去除了类似于在"关系国家安全、国民经济命脉"的行业中坚持国有经济主体地位的语句，而着重指出国有资本的投资目标为"提供公共服务、发展重要前瞻性战略型产业、保护生态环境、支持科技进步，保障国家安全"，并要划转部分国有资本充实社会保障基金，即国有资本的作用更为突出于社会福利作用。这些分析表明，我国目前在特殊行业对非公资本的歧视性准入管制已经不存在政治上的理由，而它们所产生的国家限制竞争现象则应该成为未来放松管制的改革重点。

从经济角度来看，被要求国有经济必须占有主体地位的特殊行业中，有相当一部分在传统上被视为自然垄断行业，这成为国有资本进驻并占据垄断地位的正当理由。自然垄断通常投资规模大且回收慢，而国有经济资本雄厚，相较非公资本便更有力参与自然垄断行业的经营；自然垄断领域的产品具有一定的公共服务属性，这便更与国有经济的社会公益性相切合；另外，由于自然垄断行业通常只能允许经营者寡头或独占经营，将其交由非公资本的做法，也会引发公益性设施控制于私人企业时侵袭民主与公平价值的恐惧，而国有经济则通常不会产生这种怀疑。但是，自然垄断行业的若干特殊属性并不天然地与国有经济相联系，而只是意味着在私人企业难以经营时，国有经济对自然垄断行业的发展承担着最终的保证责任。❷伴随着社会经济的发展，自然垄断行业也是一个外延日渐限缩的词汇，市场需求的扩大或科技的进步均能打破特定领域的天然进入壁垒，从而使私人经营者进入行业参

---

❶ 张文魁：《中国混合所有制企业的兴起及其公司治理研究》，经济科学出版社2010年版，第79页。

❷ 参见谢地编著：《自然垄断行业国有经济调整与政府规制改革互动论》，经济科学出版社2007年版，第17页。

与竞争变为可能；对自然垄断的深入研究则表明可以进行竞争性业务与垄断业务的剥离，而前者并不需要寡头或独占经营，完全可以实现适度竞争。另外，由国有资本控制自然垄断行业的做法也并不天然地有利于经济民主与公平，尽管与非公经济相比，国有经济更容易承担一定的社会公益性职能，从而有利于自然垄断业务中普遍可获得性的实现，但这是以增强管制者与经营者之间的亲密联系为代价的。由于资本的国有性质，国有企业天然地带有一定的公权力属性，很容易与管制者达成共谋，从而导致权力寻租，消解管制手段的有效性，"政府决策权会成为利益集团的俘虏；此外，非友善的政府还可以通过国有化来提升强权，最终反而降低了社会福利"❶；而在非公资本参与甚至是控股的企业中，管制者就会因为共同利益的薄弱而难于被俘获，管制失效的问题也将因此而受到有效遏制，作为不正当管制的国家限制竞争也会由于体制基础的消解而得到系统治理。

从社会公益角度来看，特殊行业中涉及多项公共服务与社会福利事业，只有保证这类行业对社会大众具有普遍的可获得性，才能保证社会公众利益的实现，而国有资本的一元化也因此理由得到了庇佑。这一论证过程的粗糙之处在于：其一，即便是公共服务与社会福利行业，公益也并不是其全部价值追求，在保证基本公共利益的前提下，效益目标也应当受到必要性的关注。非公资本适度进入公共服务性行业能有效地促进竞争和缩小政府在提供公共产品时的财政负担，而这正是20世纪七八十年代以来国际上私有化运动同时得到左右翼政府支持的原因——它既增加了财政收入和扭转了国企的低效率，又有利于缩减政府规模。❷ 其二，兴办国有企业也并不是实现社会公共利益的唯一办法，某些社会目标需要政府本身来完成，还有一些则可以通过政府对私有企业的其他柔性管制来实现，❸ 这恰恰成为对非公资本抛弃

---

❶ [美]热拉尔·罗兰主编，张宏胜、于淼、孙琪等译：《私有化：成功与失败》，北京，中国人民大学出版社2013年版，第20页。

❷ 参见[美]热拉尔·罗兰主编，张宏胜、于淼、孙琪等译：《私有化：成功与失败》，中国人民大学出版社2013年版，第1页。

❸ See Andrei Shleifer: State versus Private Ownership, Journal of Economic Perspectives, 1998 (4).

歧视性准入管制，引导和规范其在特殊行业参与竞争的理据。因此，非公资本获准进入部分具有社会公益性的行业当中，与国有资本组合成混合所有制企业，恰恰有利于政策偏向和商业价值的中和，从国外实证研究的结果来看，不论是发达国家还是发展中国家的混合所有制企业，均对此结论有所印证。❶

综上所述，放松管制运动并不存在政治、经济和社会各方面的风险性，它的开展恰属于我国社会主义市场经济体制建设的应有之义。应当在未来进一步深化改革的时期实现这一思想解放，为放松管制运动的顺利开展铺平制度基础。

（二）在放松管制运动中实现管制结构的再造

放松管制运动的开展绝非简单的"去管制化"，而是意味着对政府管制理念和逻辑的一种重塑。我国目前纵横交错式的政府管制体制，之所以存在对竞争的不正当限制现象，一个重要原因是在众多行业和领域均以准入限制的形式取代过程限制。换言之，对某一问题的政府管制本可以通过对经营者施加额外责任、约束其经营行为等经营过程的管制来实现，但在现实中，管制政策多通过扼住经营者"瓶颈"的形式来实现——直接设置较高的准入壁垒，令不符合要求的经营者难以进入相关市场。这种粗暴化的管制策略是不符合竞争评估中的比例原则的——它在防止风险的同时一并限制了竞争所带来的效益，对社会造成了过高成本。在这种体制下，不但市场竞争环境会受到影响，消费者利益也会难以受到重视：在单一资本来源控制的经营结构下，"生产者（特别是垄断厂商）更容易组织起来影响政府，因此有利于生产者的管制措施必然是中国经济政策的主流措施。只有在特殊情况下（比如通货膨胀压力增大、食品安全风波蔓延），消费者的利益才会被突然重视"。❷

---

❶ 来自发达国家的实证研究可参见 Stephen Brooks：The Mixed Ownership Corporation as an Instrument of Public Policy, Comparative Politics, 1987（1），来自发展中国家的实证研究可参见 Hamid Beladi, Chi-Chur Chao：Mixed Ownership, Unemployment and Welfare for Development, Review of Development Economics, 2006, 10（4）。

❷ 应品广：《法治视角下的竞争政策》，法律出版社 2013 年版，第 87 页。

从这个角度来看，放松管制运动的开展绝非简单的去管制化，而是实现管制结构的再造：降低准入管制产生的壁垒作用，重建健全的行为管制。一方面，要在中国的若干特殊行业和领域"去资本歧视"，打破准入管制对非国有资本施加的"傲慢与偏见"，原则上对国有资本和非公资本适用平等的准入资格要求，在第四章对民航业样本的研究中，这一逻辑即可显见。类似的策略应在中国的区域性国家限制竞争中也得到贯彻，即打破对外地经营者施加的歧视性准入待遇，促进全国统一市场的构建。另一方面，在降低准入管制的同时，则要进行行为管制的制度再造，以确保在对市场经营者开放准入领域的同时，相关的社会公益性问题不受侵扰。这正是欧美国家在20世纪70年代放松经济性管制的同时，增强了社会性管制的根本原因所在。

具体来说，在非公资本由于准入管制去资本歧视性而得以顺利进入相应领域的背景下，可能面临两种亟须规制的风险：其一为发生非公资本"私益"对"公益"的侵蚀，即特殊行业或领域中涉及的国计民生、公共利益乃至国家安全由于非公资本的进入而受到减损。如在城市基础设施建设中公私合作制的推进，非公资本过于以自身收益为目标，而造成基建普遍服务目的的丧失，或公共服务价格水平提高，等等。其二则恰好相反，即以"公益"为噱头侵蚀非公资本之"私益"，即非公资本仅在形式上进入相应领域，但仍然遭受公权力制约，无法实质享有经营决策权，在既得利益所造就的政策偏好之下，政府部门可能仅立足于以非公资本解决在提供公共服务或其他政府责任上的财政压力，而并无真正让非公资本参与经营并盈利的实质目的。两种风险均有可能产生，有必要以健全非公资本进入后的行为规制体系的方式，替代进入前的准入壁垒体系，从而充分保证市场机制与政府干预的有效中和，实现整体效益的最大化。

对于第一种风险，理想的做法是在降低准入管制之后，以优化投资和经营过程中的信息管制和标准管制的做法予以避免。比如要求在关涉普遍服务性、网络互联互通、公共服务等领域中，严格落实经营者的信息披露制度以及限制其盈利比率的价格管制制度，确保这些行业中的社会福祉在非公资本进入后不会受到减损。此时，管制影响评估即应发挥其应有的作用，比如在PPP的特许经营权授予过程中，除了对参与竞标的经营者予以基本的标准考察外，还应

第五章 平衡式规制机制的配套制度改革设计

当要求其出具对未来一定时期内公共服务水平的评估，以确保未来公共物品的提供能稳中有升。政府也应当在 PPP 达成前对此项协议未来财政的承受能力和取得收益予以预估，以确保此项 PPP 协议是"划算"的。除此之外，通过"黄金股"确保政府在私营企业中的特殊权利，在投资或经营协议中对非公资本进行义务约束等，也均是防止私益侵蚀公益的有用手段。

相比第一种风险，第二种风险或许是在政府权力法治化程度仍不高的我国尤其需要防范的。随着政府经济能动性的提高，在保障公共利益的名义下，某些地区通过改变交易规则或进行产权控制，对市场资源配置进行干预，这种"越俎代庖"般的不正当政府投资行为，❶ 在非公资本获准进入的场合下，有可能进一步异化为对其经营自主权的直接侵犯，还会有损政府公信力，后续将难以再行树立改革权威。对于此问题，应当剥离政府在实施 ECOS 和 PPP 改革时的身份混同，实现"经营者"与"管制者"的分离。申言之，由于放松管制中的 ECOS 和 PPP 均涉及国有资本的参与经营，管制者与被管制者存在来自国有资本的天然联系，这便有可能造成执法偏离，有损非公资本参与者的合法权益。因此，有必要以直属国务院管理的形式设立一个专司放松管制职责的办公室，从而实现对直接操作 ECOS 或 PPP 改革的行政机构❷的分离，保证有效执法。除此之外，还有必要以健全司法审查机制的形式保证对非公资本参与者权益受损时的权益补救，比如鉴于政府在达成公私合作时的信息和权力优势，可以规定在某些情况下应适用举证责任倒置；再比如为了防止政府寻租行为所造成的国有资产流失或相应行业公共利益的减损，可普遍性地推行公益诉讼制度；等等。

综上所述，我国未来应当以 ECOS 和 PPP 改革打下的良好基础为契机，开展一场真正意义上的中国版本的放松管制运动，实现准入管制的谦抑化和

---

❶ 参见刘大洪，郑文丽："政府权力市场化的经济法规制"，载《现代法学》2013 年第 2 期。

❷ 由于 ECOS 和 PPP 改革均涉及多种行业或领域，实施过程中涉及的机构其实非常庞杂，但从宏观的主导机构来看，ECOS 主要涉及企业国有资产投资结构的调整问题，其牵头者应为国资委；而 PPP 多为公共事业领域，实际上多由各级财政部门予以牵头负责。

行为管制的再塑造，系统地改革我国纵横交错式的刚性管制结构，改变国家限制行政发生的体制性基础，为平衡式规制机制的建立提供最良好的时机。

第二节 平衡式规制机制的法律文本基础之奠定（一）：《反垄断法》体系结构的重塑

一、《反垄断法》体系结构重塑的基本内容

目前，《反垄断法》的修订活动已经提上日程，国家市场监管总局也已于2020年年初公开了《反垄断法》修订草案的征求意见稿。在这一关键的时点，有必要从优化国家限制竞争规制效果的角度，为《反垄断法》的修订建言献策。笔者认为，《反垄断法》应调整现行立法中反行政垄断的专章规定，以对政府管制专章立法的形式对国家限制竞争法律规制的制度与逻辑进行重构。具体来说，应当将《反垄断法》第7条对特殊行业管制的规定，第8条对行政垄断原则性的规定，第五章对行政垄断的具体规定整合进同一章当中，取代第五章的位置，该章标题可以命名为"对国家经济监管的特殊规定"。❶ 在这一章中，会统一对国家正当管制权的合法性、不正当管制的违法性判断标准、反垄断相较管制的价值优先序位等问题进行统一规定。而对

---

❶ 对此标题有两项值得说明：其一，此处使用了"监管"而非"管制"一词，是因为在我国的立法语言体系中，对 regulation 适用的语境多为"监管"，如《反垄断法》第7条第1款对特殊行业管制的规定，即有"对经营者的经营行为及其商品和服务的价格依法实施监管和调控"的表达。除此之外，我国若干行业管制的立法在简称上也习惯使用"监管"一词，如《银行业监督管理法》的简称便是《银行业监管法》。因此，出于不打乱立法既有语言体系的考虑，此处没有使用"管制"一词。下文如遇类似状况，均为同一理由，不再重复注解。其二，之所以说是"特别规定"，是因为此专章并非《反垄断法》的实体规定，它并不属于第二章、第三章、第四章对诸多限制竞争行为规定的内容，而是处理与《反垄断法》调整范围有关的特别性规定。现行《反垄断法》第五章对"滥用行政权力排除、限制竞争"的规定即由于难以解释其与经营者一般限制竞争行为的关系，而使立法陷入了逻辑体系的混乱当中。按照一般立法惯例，特别规定的相关条款应该置于立法第一章总则部分或最后一章附则部分，但由于相关条文较为冗繁，且如此立法会有损国家限制竞争法律规制的宣示性效果，不适合做此安置。

原第五章"滥用行政权力排除、限制竞争"的提法,则弃之不用,将其规定范围内的所有行为类型统一纳入不正当管制的范围进行调整,这样做的目的有二:其一,在概念上淡化行政垄断的提法,这便能避免行政垄断与经济垄断分野的制度体系下对反垄断逻辑结构的扰乱;其二,将非法管制的外延进行扩张,除行政垄断以外,其他任何具有国家限制竞争属性的不正当管制也都会受到非法性评价,这便解决了行政垄断专章立法时治理国家限制竞争存在法外空间的问题。

作为国家干预的基本工具,管制和反垄断的立法通常处于分野的状态,即在反垄断法律制度之外,以若干单行立法的形式对社会性管制和经济性管制进行立法。从这个角度来看,对管制合法性的判断本不属于主要调整经营者限制竞争行为的反垄断法律制度的"本职工作"。但相关条款在立法中又通常显得极为必要,在国外反垄断立法经验中也并非一个罕见现象,原因在于:其一,这是反垄断法维护自由竞争精神的必然要求。从宽泛的角度来看,任何一种管制也是一种外在于市场的政府施加于消费者、企业和市场配置机制的规则或行为,均不同程度地具有限制竞争的作用。❶ 如任何一种产品质量管制都会限制经营者的生产经营行为,任何一种准入管制都会影响行业的进入与退出,等等,只不过这些限制存在正当或不正当的分别而已。管制的内核被天然地嵌入了一个有可能与反垄断的价值理念相违背的灵魂,作为捍卫市场自由竞争精神的反垄断法,就有必要对这些管制作出评价,并进而厘定出一个管制正当与否的边界,从而维护反垄断理念不受到来自管制力量的排斥或挤压,否则,反垄断法难以做实市场规制基本法的地位。反垄断法这种对政府管制行为予以审查的做法超出了经典反垄断法律制度主要调整经营者行为的界限,却又实足地在反垄断本身蕴含的价值倾向之内。其二,这也是明确反垄断法律制度调整范围的必要。尽管市场的决定性地位以及竞争机制的维护十分重要,但也必须承认,市场的广度是有限的,竞争机制也并非在任何问题的解决上都具有实足的功效,尤其是在公共物品的普适性提

---

❶ 参见[美]丹尼尔·F. 史普博著,余晖,何帆,钱家骏,周维富译:《管制与市场》,格致出版社 2008 年版,第 801 页。

供上，竞争机制会由于公共物品的非排他性和非竞争性而难以发挥作用，此时，反垄断法律制度有时就不适合发挥作用，或尽管需要发挥作用，也应当优先让位于管制。管制和反垄断的一个比较理想的关系是，在广大的市场发挥决定性作用的竞争性领域，反垄断要优先发挥作用，管制手段要保持谦逊和克制；而在涉及社会福祉问题、市场难以发挥作用的非竞争性领域，管制的作用就会受到重视，此时反垄断执法就要受到抑制。这一逻辑在反垄断法具体制度建设上的折射即为反垄断法适用除外制度的应用，即明确若干不在反垄断法调整范围的领域，从而为正当管制的实施保留空间；另外，这也能确保在非反垄断除外适用的竞争性领域，管制的实施都要受到反垄断法律制度的考察，这便明确了反垄断相较管制的价值优先序位。其三，这还是确定执法机关权限分野的必要。在市场规制法律体系中，管制和反垄断是两种重要的国家干预竞争的手段，其执法权配置也存在差别，前者依照不同领域、不同行业而配置给不同的管制主体。而反垄断主管机构则通常不对整体的市场经济划分具体的执法权限，而是统一配置执法机构。这便产生一个现象：在很多领域或行业的市场规制执法中，都要涉及反垄断主管机构与管制机构两大主体，二者如何在具体执法中进行权限划分，从而防止执法权的竞合或真空，是《反垄断法》在对管制的规定中必须要解决的问题。

　　一个理想的替代反行政垄断规定的政府管制专章立法，应当实现如下两个方面的立法目标：第一，存在一个内容明确、范围适当的反垄断法除外适用制度，它能精准地划分出反垄断法的适用范围，在除外的范围之内，管制优先于反垄断法律制度发挥作用，但这一适用除外应该尽可能缩小范围，❶从而保证最大幅度地将管制权力纳入反垄断审查机制中。第二，在反垄断法适用除外制度范围之外，则要明确反垄断相较管制的价值优先序位，以是否符合反垄断的标准界分出合法管制与不合法管制的界限，这便能尽最大限度将不正当管制的范围都能纳入不合法管制的范围内，实现对管制失灵的防范，保证管制在治理市场失灵的正当性边界内运作。

---

❶ OECD：《竞争评估工具书原则2.0》，第14页。

二、反垄断法适用除外制度的范畴明晰

（一）中国反垄断法适用除外制度现状：三种制度范型的并立

中国目前的反垄断法适用除外制度可以分为三类：第一类是置于反垄断立法文本中的"内设"型；第二类是在非反垄断立法文本中的"外接"型；第三类则在前述两类中取得了一个微妙的平衡，它既不是纯粹意义上的"内设"型，也不完全符合"外接"型的标准，笔者将其单列一类，称为"平衡"型。

"内设"型是反垄断法适用除外研究中最常被探讨到的一类，《反垄断法》第 56 条规定的农业适用除外是其中的典型，这一领域通常是国家产业政策更能发挥作用的领域，基于保护农业产业发展和粮食安全等公共利益，将"农业生产者及农村经济组织在农产品生产、加工、销售、运输、储存等经营活动中实施的联合或者协同行为"排除在反垄断法适用范围之外，符合农业产业发展对国家干预的政策性需求。除了农业适用除外制度之外，尽管学界多数倾向于将该法第 55 条对知识产权的规定性质视为适用除外，但笔者不敢苟同。根源在于，第 55 条的规定明确了在滥用知识产权的情况下，是不予适用除外的。而"滥用知识产权"这一提法"是一个非常广泛的概念，虽然它涉及反垄断法的问题，但它又不限于，甚至也不首先是反垄断法方面的问题，因为滥用知识产权首先是与知识产权法本身维护社会公共利益的目标相抵触的"。[1] 从这个角度来看，即使不予适用反垄断法，滥用知识产权问题也通常能在知识产权法制度体系内予以查处；而如果有必要适用反垄断法，也不再是以是否滥用知识产权的标准予以考察，而是以行为是否属于垄断协议、滥用市场支配地位或经营者集中进行分别适用。从这个角度来审视第 55 条，与其说它是一种适用除外制度，毋宁说它处理的是知识产权法和反垄断法的适用竞合问题。

"外接"型的适用除外制度处于《反垄断法》文本之外。从法律效力上来看，《反垄断法》与其他人大制定的市场规制法律制度具有同等位阶的效

---

[1] 王先林："我国反垄断法适用于知识产权领域的再思考"，载《南京大学学报（哲学·人文科学·社会科学）》2013 年第 1 期。

力地位,当二者存在法律适用的冲突时,前者并不必然具有相较后者的优先适用效力。从这个角度来看,反垄断法在效力上并未被真正赋予市场规制基本法的地位,这便使得"外接"型的适用除外制度变为可能。换言之,如果政府管制立法作出了相应领域不予适用反垄断法的规定,那么在现行的法律制度框架下,《反垄断法》并无效力判定其规定的违法性,其相应条款是具有实际的适用除外效力的。这为反垄断法调整范围的明确性和周延性埋下了危险的种子,因为它意味着在反垄断法律制度之外,随时会以行业管制立法的形式对反垄断法的调整范围进行限缩。"外接"型适用除外制度一个最为明显的例子便是中国的图书和期刊定价标注制度。在图书和期刊的封底印刷明确定价已然是这一产业的通行做法,但在《反垄断法》上,这种行为实际是图书出版单位与零售商签订了一个固定图书转售于消费者时的价格的纵向协议,构成转售价格维持。❶ 依照《反垄断法》第 14 条的规定,对此行为本应发起反垄断调查,但在中国的出版界,却从未听闻因此而遭受执法的案例。根源在于,这种转售价格维持的做法存在行业管制法明文规定的支撑,进而构成了一种适用除外制度的"外接"状态。新闻出版总署出台的《期刊出版管理规定》第 31 条明确规定,"期刊须在封底或版权页上刊载以下版本记录:期刊名称、主管单位……定价……"而《图书出版管理规定》虽不存在要求必须标注定价的规定,但第 31 条也明确图书出版单位须依照国家规定在图书上载明图书版本记录事项,依这一记录事项的国家标准,"定价"一栏是必须标明的。图书和期刊定价不予适用反垄断执法的做法并不是我国的独特现象,法国、德国、奥地利、希腊等 10 余个国家亦曾经或至今仍然遵循这一做法。❷ 但在这些国家中,反垄断法适用除外的规定并不均是

---

❶ 参见段宏磊、邱隽思:"图书定价过高的内在动因和解决方案——竞争法的视角",载《惠州学院学报(社会科学版)》2012 年第 4 期。但在实际的图书和期刊销售过程中,这一定价并不是完全刚性的,零售商有权利对出版物定价进行打折销售。因此,从现实的制度运作看,我国的图书定价标注制度与其说是一种转售价格维持,不如说是一种最高转售价格维持。

❷ 参见陈昕:"中国图书定价制度研究——兼论中国图书价格是否偏高",载 http://www.chuban.cc/ky/yj/201211/t20121109_131780.html,最后访问日期:2020 年 1 月 1 日。

"外接"型的,如《日本禁止私人垄断及确保公正交易法》第 23 条第 4 款即以"内设"的形式规定了"发行著作物的事业者或者销售其发行的著作物的事业者,与销售该著作物的对方事业者旨在确定、维持该著作物的转售价格而实施的正当行为"的适用除外。❶

"平衡"型的适用除外制度与上述二者均不相同,它专指《反垄断法》第 7 条。《反垄断法》甫一出台时,对第 7 条的研究便呈现出两种不同观点的交锋:一种观点将其视为特殊行业的适用除外;❷ 另一种观点则旗帜鲜明地予以反对。❸ 如果仅从文义解释的角度来看,第 7 条确实无法视为适用除外:该条两款内容均不存在"不适用本法"的明文表达,且存在此类行业"不得利用其控制地位或者专营专卖地位损害消费者利益"的表述,这便表示其不能脱离反垄断法的调整;另外,在农业适用除外规定于立法第 56 条的情况下,将同性质的此条放于第 7 条的位置,也不符合法条编纂的正常体例。在执法实践中,工商局也曾在反垄断执法的处罚决定书中表述过本条并不属于适用除外。❹ 事实上,若审慎阅读第 7 条的两款内容,就会发现它分别体现出政府管制与促进竞争的逻辑,第 1 款中,"国家对其经营者的合法

---

❶ 转引自戴龙:《日本反垄断法研究》,中国政法大学出版社 2014 年版,第 305 页。

❷ 代表性论述有王茂林:"论我国反垄断法适用除外制度",载《西部法学评论》2009 年第 2 期;吴宏伟,金善明:"论反垄断法适用除外制度价值目标",载《政治与法律》2008 年第 3 期。

❸ 代表性论述有张杰斌:"特定行业的《反垄断法》适用研究——《中华人民共和国反垄断法》第七条评析",载《北京化工大学学报(社会科学版)》2007 年第 4 期;金福海,戚军伟:《反垄断适用除外制度比较研究》,见李昌麒,岳彩申主编《经济法论坛(第 6 卷)》,群众出版社 2009 年版;时建中主编《反垄断法——法典释评与学理探源》,中国人民大学出版社 2008 年版,第 58 页。

❹ 在对辽宁省烟草公司抚顺市公司滥用市场支配地位行为进行处罚时,当事人曾经对其行为正当性进行过抗辩,认为"烟草行业属于国家专营专卖行业,具有法定垄断地位,不适用一般市场竞争行为规则的规范,不应适用《反垄断法》"。但工商局则认为,《反垄断法》第 7 条"第一款中的'合法经营'和第二款中的'依法经营'中的'法',应当包括《反垄断法》。国家要保护的是符合包括《反垄断法》在内的现行法律、法规规定的经营活动,《反垄断法》并未对该行业予以除外"。参见辽工商处字〔2015〕2 号《关于辽宁省烟草公司抚顺市公司滥用市场支配地位行为的处罚决定》。

经营活动予以保护，并对经营者的经营行为及其商品和服务的价格依法实施监管和调控"的表述很明显是这些行业适用产业政策中若干管制手段的语义；而第 2 款中"不得利用其控制地位或者专营专卖地位损害消费者利益"的表述则说明这类行业也不应脱离反垄断法上的竞争政策的干预。换言之，第 7 条的实质是以一种概括性的语言确立了特殊行业的国家干预制度框架，在这一框架下，行业管制手段和反垄断执法手段均为有效的调整工具。[1] 但是，受限于我国仍然普遍存在的行业管制型经济体制，第 7 条并未规定反垄断相较政府管制的优先适用地位，对于二者的关系，它仅给出了一种模棱两可的"平衡"姿态。由此产生的疑问是：当行业管制法中的规定具有排除、限制竞争效果时，其与《反垄断法》的规定直接背离，此时应适用何规定？第 7 条没有给出直接答案，此时只得依据《立法法》的规定以"特别法优于一般法"的逻辑适用，政府管制便得到了优先于竞争政策的"尚方宝剑"，反垄断法的调整范围便受到了限缩。换言之，只有在《反垄断法》的规定不与产业法的规定相违背时，特殊行业才具有反垄断执法的空间。因此，"平衡"型的适用除外制度堪称中国反垄断法律制度中的独特现象，它不具有适用除外之形，却具有适用除外之实；它以折中的姿态处理产业政策与竞争政策的博弈问题，表面上为竞争机制的普遍适用性挽回了一点立法形式上的颜面，但从实际适用结果来看，并无法避免以行业管制的形式排除反垄断执法的现象，反垄断法的实际调整范围因此而受到明显的限缩。

（二）我国反垄断法适用除外制度的缺陷

"内设""外接""平衡"三种范型的并立使当前中国的反垄断法适用除外制度呈现出两大缺陷：范畴不清晰、结构不稳定。

所谓范畴不清晰，是指当前的适用除外制度并未清晰地划分政府管制与反垄断的适用边界。"平衡"型适用除外对特殊行业中的两大关系仅给出了"和稀泥"式的规定，只有在这些领域的反垄断执法不违背行业管制相关规定时，才具有适用空间。另外，即使是《反垄断法》对农业适用除外的"内

---

[1] 张杰斌："特定行业的《反垄断法》适用研究——《中华人民共和国反垄断法》第七条评析"，载《北京化工大学学报（社会科学版）》2007 年第 4 期。

设"型规定，也存在强烈的范畴不清晰现象。该条的立法本意是令弱势的农业经营者群体免受来自反垄断执法的压力，❶ 这种做法的目的在于为国家的农业产业政策腾出必要空间，令政府管制发挥更大作用。"政府必须鼓励或强制建立集中化的市场组织，实施特殊的农业政策，实践中，有些国家已经通过不同形式的强制性管制来操作。"❷ 但是，"农业生产者及农村经济组织"这一适用除外的主体界定方式并没有清晰地将农业领域的非弱势群体排除在外，按照这种界定，即使是强大的跨国粮食生产商也可以视为"农业生产者"。另外，准予适用除外的行为范畴"联合或者协同行为"，其外延也不甚明确，中国的《反垄断法》又将垄断协议称为"协议、决定其他协同行为"，按照这一语义逻辑，农业适用除外中的"协同行为"可以理解为垄断协议一词的同义语，但"联合"一词应作何理解？如果也是垄断协议的意思，那为什么与"协同行为"相重复？如果是经营者集中的意思，那为什么选用了一个完全不符合《反垄断法》文本语境的词汇？这些问题在立法中均无法找到解答。

所谓结构不稳定，是指反垄断法适用除外的范围并不是固定的，而是时刻处于流变状态，且这一状态并不受竞争政策的制定者所控制，而是时刻取决于除反垄断法律制度之外的其他行业管制法律体系的状态。这种缺陷之所以产生，一方面是因为"外接"型适用除外的实际存在；另一方面则是"平衡"型的规定没有明确反垄断法律制度相较行业管制法律制度的优先适用性，《反垄断法》"市场规制基本法"的地位并没有在法律规范中予以明确，一旦与行业管制有关的外部法律制度作出了与《反垄断法》相悖的规定，则按照特别法优于一般法的逻辑，适用除外便因应发生。在这种背景下，即便《反垄断法》通过内部修正的形式对适用除外制度予以规范，其对"外接"型和"平衡"型的适用除外也是无法控制的。

---

❶ 参见李亮国，王艳林："农业在反垄断法中的适用除外研究（上）——中国反垄断法第五十六条之解释"，载《河南省政法管理干部学院学报》2008年第4期。

❷ 时建中，钟刚："试析反垄断法农业豁免制度——兼论我国《反垄断法》第五十六条"，载《财贸研究》2008年第2期。

为最具典型的公共物品,将其予以反垄断法适用除外,应最不具有争议。而至于上文提及的图书期刊产业的转售价格维持,笔者则认为原则上并无必要予以保留。图书、期刊领域贯行转售价格维持的做法,一度被认为可以保证出版物的多样性,因为它有利于防止价格恶性竞争,从而促进中小型出版公司的发展,相关市场经营者数量的增多促进了出版物多样性的保护。但近年来的研究越来越否认这一结论,因为在互联网发展的背景下,若干新型出版方式可以有效降低出版成本,使中小型经营者参与竞争变为可能,而不必须依靠转售价格维持;与之相对应,转售价格维持的负面作用却很明显,因为它会提高处于出版市场上游的批发商控制市场的能力,❶ 并会在出版物市场上下游之间推动价格共谋的达成,进而推高图书和期刊的整体定价水平。❷ 从国际情形来看,也有越来越多的国家或地区开始放弃在出版物上进行明确定价的做法,转而实行自由定价体系,目前对图书行业实行明文的转售价格维持反垄断法适用除外的国家,几乎仅剩下日本。❸ 笔者认为,对于商业性的出版物,确实已无必要予以转售价格维持的适用除外;而对于诸如大中专教材、中小学课本、党和国家的重要文献等公共性的出版物,则应当基于公共利益的要求予以定价管制,❹ 这就更不属于出版商保持刚性定价权的转售价格维持。

三、《反垄断法》中政府管制正当性边界的厘定

在明确适用除外制度的范围之后,《反垄断法》应设置对管制的专章性规定,明确在任何非适用除外的领域中,反垄断相较管制具有价值

---

❶ 参见李剑:"出版物多样性保护与反垄断法的转售价格维持规制",载《中外法学》2013 年第 2 期。

❷ 参见段宏磊、邱隽思:"图书定价过高的内在动因和解决方案——竞争法的视角",载《惠州学院学报(社会科学版)》2012 年第 4 期。

❸ 参见于立、吴绪亮:《产业组织与反垄断法》,东北财经大学出版社 2008 年版,第 258 页。

❹ 这种区分方式符合原国家物价局〔1993〕价工字 14 号《关于改革书刊价格管理的通知》的基本价格改革框架,只是附加了对转售价格维持予以废除的制度建议。

优先性，任何具有不正当限制竞争效果的管制将会遭受非法性评价。这一制度主要通过正当管制的赋权性条款和不正当管制的查处性条款两方面实现。

(一) 正当管制的赋权性条款

《反垄断法》的管制专章立法首先要设立正当管制的赋权性条款，即为国家的正当管制权职予以确认。相关法律条文可以设计成两款：

全国人民代表大会及其常务委员会、地方各级人民代表大会及其常务委员会、行政机关和法律法规授权的具有管理公共事务职能的组织依法有权通过法律、法规、规范性文件的形式对经营者的合法经营活动予以保护，并对经营者的经营行为及其商品和服务的价格依法实施监管和调控，维护消费者利益，促进技术进步的规定。

前款法律、法规、规范性文件的规定含有排除、限制竞争内容的，适用本法规定。反垄断主管机构有权向前款主体提出对相关内容予以修正的建议。

该条对正当管制的赋权性条款采取了适当性原则，既明确了国家基于治理市场失灵所必须实施的管制范围，又将其进行了必要性的限制，防止国家限制竞争的产生。其中，"有权通过制定法律、法规、规范性文件的形式对经营者的合法经营活动予以保护，并对经营者的经营行为及其商品和服务的价格依法实施监管和调控，维护消费者利益，促进技术进步"这一语言表达承继了现行《反垄断法》第7条第1款描述国家管制权力时所使用的语境，但是进行了如下两方面的改动：其一，在适用的主体上取消了"国有经济占控制地位的关系国民经济命脉和国家安全的行业以及依法实行专营专卖的行业"的限制，而是将其扩张至任何领域。理由在于，国家对经济的正当管制应当是普惠于市场经济整体的，而不能局限于特定行业或领域，这种主体方面的扩大有利于避免现有《反垄断法》体系下管制的法外空间。其二，在适用的客体上进行限缩，原立法并没有明确这些管制措施必须是以立法还是执法进行的，实际上则意味着涵盖所有形式；而该条的设置则将其限于"通过制定法律、法规、规范性文件的形式"的管制立法行为,[1]而不包括管制执法。之所以进行此限制,原因在于,从正当管制的赋权角度来看,任何正当的管制实施均需具有合法性的前提,即基于正当的管制立法所实施,该条在第 2 款规定了在管制立法与《反垄断法》存在冲突时,优先适用后者,这便有利于保证对不正当管制立法的治理,从而能一并起到限制不正当管制实施的目的。

显而易见,该条立法设计的第 2 款内容在实现对管制正当性边界的限制的同时,也承担了明确反垄断相较管制的价值优先序位的作用。当前中国《反垄断法》在规制国家限制竞争方面作用有限的一个重要原因,即是在该法之外的众多行业、领域都存在管制的专门立法,如果是按照"特别法优于一般法"的一般逻辑,就会导致这些管制专门立法中的不正当管制得到合法性的庇佑,这是第 2 款内容做此设计所意图避免的情形。即真正在法律效力上塑造《反垄断法》的"经济宪法"或曰"市场规制基本法"地位,将管制的实施限定于治理市场失灵的正当性边界当中。与此同时,考虑到这些不正当管制制定的主体包含地方人大、国务院乃至全国人大,我们赋予反垄断主管机构对相关法律条文提起修正建议的权力,目的是得以启动对相关不正当管制立法的法律清理工作,从而保证市场规制法律体系的科学性。除此之外,这项对法律条文提起修正权力的条款也会成为反垄断主管机构实施竞争评估和竞争倡导的直接合法性依据。

(二)国家限制竞争的查处性条款

在制定了正当管制的赋权性条款之后,不正当管制的查处性条款是管制专章立法的核心,它将实现对一切具有限制竞争效果的不正当管制的非法性评价。这一条款设计的指导思想有二:其一,解决现有《反垄断法》在规制国家限制竞争的法外空间问题,即由于行政垄断概念外延设定过窄导致的若干行为无法查处的问题;其二,对行政垄断专章立法时的经验教训进行统合,以简约和概括式的语言实现对国家限制竞争的全面查处,回避在行政垄

---

[1] 当然,此处的"立法"是广义的,既包括人大层面制定的法律或地方性法规,也包括行政主体制定的行政法规、地方性规章乃至规范性文件。

断立法时由于违法主体或违法行为列举不全而出现的立法技术方面的欠缺。综上，笔者将不正当管制的查处性条款设计为：

行政机关、地方各级权力机关和法律法规授权的具有管理公共事务职能的组织不得以滥用权力、超越权力或者不作为的形式，实施具有排除、限制竞争效果的下列行为：

（一）不合理地限定或者变相限定消费者或经营者的交易对象；

（二）妨碍商品在地区之间的自由流通，或者为外地经营者的经营行为施加其他不正当限制；

（三）强制或者批准经营者从事本法规定的垄断行为，或者对经营者从事的本法规定的垄断行为怠于查处；

（四）制定含有排除、限制竞争内容的法规、规章或规范性文件；

（五）其他具有本法所禁止的排除、限制竞争效果的行为。

很显然，这一法律条文的设计在不正当管制的主体范围上进行了扩张，将原行政垄断的主体"行政机关和法律法规授权的具有管理公共事务职能的组织"扩张至地方各级权力机关，填补了原国家限制竞争规制的法外空间；第（4）项所列举的制定含有排除、限制竞争内容的规范也扩展至"法规、规章或规范性文件"，而不再限于原规定第37条中的规范性文件。❶ 在此规范之下，我们可以实现对当前《反垄断法》规范体系下若干非属行政垄断的国家限制竞争行为的治理，如地方人大的立法行为，行政机关制定法规、规章的立法行为，等等。

在不正当管制的行为列举上，本条下设5项规定的设计系统性地吸取了现行行政垄断规定的经验和教训，进行了"收放自如"式的改革：首先，简化了立法语词，《反垄断法》第32~37条对行政垄断的类型列举十分冗繁，

---

❶ 《反垄断法》第37条的原文是："行政机关不得滥用行政权力，制定含有排除、限制竞争内容的规定。"该条并未明确查处的范围仅限于规范性文件，但是，按照一般立法用语的惯例，如果查处的范围包含行政法规、部门规章或地方性规章，立法会直接以"法规""规章"等词汇予以表达，因此此条应解释为只包含规范性文件，这也与学界一直以来的意见相符，即第37条致力于调整的是行政机关的抽象行政行为，而不包含制定法规、规章等立法行为。参见王晓晔：《反垄断法》，法律出版社2011年版，第319页。

尽管罗列了众多情形，但却有陷入"语法陷阱"之虞，即越细微列举行为的具体表现，越难以避免由于语言外延有限而造成的制度疏漏。因此，此处进行了高度概括化而非具体列举式的立法技术，以精练的语言将原行政垄断的若干典型形式进行了抽象，在此法条设计中，第（1）项基本能对应立法第32条，第（2）项基本能对应立法第33条、第34条、第35条的内容，第（3）项对强制经营者从事垄断行为的规定对应立法第36条，第（4）项对抽象行政行为的查处对应立法第37条。其次，在前述基础上，将立法所涵盖的违法行为进行了扩张，行政垄断条款中的若干疏漏将能得到有效补充。除了国家限制竞争的主体不再限于行政主体外，还将违法形式从"滥用行政权力"扩张为"滥用权力、超越权力或者不作为"，这便更加周延；再如，将对抽象行政行为的查处扩张至一切法规、规章和规范性文件；又如，对于"管制+投资"式的国家限制竞争行为进行规定，即不仅强迫经营者从事垄断行为属于违法，批准经营者从事此类行为，或对经营者此类行为怠于查处的行为，均纳入违法范围。最后，为了防止在行为类型列举不全面的情况下造成的立法缺陷，第（5）项以兜底条款的形式对规则进行补足，这便能最大程度避免不正当管制的法外空间。在此立法之下，原行政垄断的一切表现都会受到法律查处，而原立法中的若干疏漏也都得以补充。通过表5.2可以对现行立法与笔者的修改建议进行一一对比，从而显见本建议对立法的修正和补充作用。

表 5.2　现行规定与修改建议的对比

	现行立法	修改建议
主体范围	行政机关和法律、法规授权的具有管理公共事务职能的组织（第8条）	行政机关、地方各级权力机关和法律法规授权的具有管理公共事务职能的组织
行为性质	滥用行政权力，排除、限制竞争（第8条）	以滥用权力、超越权力或者不作为的形式，实施具有排除、限制竞争效果的行为

续表

	现行立法	修改建议
行为列举	限定或者变相限定单位或者个人经营、购买、使用其指定的经营者提供的商品（第32条）	不合理地限定或者变相限定消费者或经营者的交易对象
	实施下列行为，妨碍商品在地区之间的自由流通：（一）对外地商品设定歧视性收费项目、实行歧视性收费标准，或者规定歧视性价格；（二）对外地商品规定与本地同类商品不同的技术要求、检验标准，或者对外地商品采取重复检验、重复认证等歧视性技术措施，限制外地商品进入本地市场；（三）采取专门针对外地商品的行政许可，限制外地商品进入本地市场；（四）设置关卡或者采取其他手段，阻碍外地商品进入或者本地商品运出；（五）妨碍商品在地区之间自由流通的其他行为（第33条） 以设定歧视性资质要求、评审标准或者不依法发布信息等方式，排斥或限制外地经营者参加本地的招标投标活动（第34条） 采取与本地经营者不平等待遇等方式，排斥或者限制外地经营者在本地投资或者设立分支机构（第35条）	妨碍商品在地区之间的自由流通，或者为外地经营者的经营行为施加其他不正当限制
	强制经营者从事本法规定的垄断行为（第36条）	强制或者批准经营者从事本法规定的垄断行为，或者对经营者从事的本法规定的垄断行为怠于查处
	制定含有排除、限制竞争内容的规定（第37条）	制定含有排除、限制竞争内容的法规、规章或规范性文件
兜底条款	无	其他具有本法所禁止的排除、限制竞争效果的行为

（三）开展政府管制规范体系的"竞争法化"清理

通过正当管制的赋权性条款和不正当管制的查处性条款，管制的专章立法完成了其最基本的任务，一切国家限制竞争行为都将获得在反垄断法层面进行规制的依据。但是，平衡式规制机制的法律文本基础之奠定不仅限于《反垄断法》，还包括其他管制规范体系。保持长久管制传统的我国存在着庞大的管制规范基础，这当中具有国家限制竞争倾向的条文并不罕见，在这些管制的规范基础未经修订的背景下，纵使《反垄断法》层面明确了反垄断相较管制的优先地位，其实际规制效果也因为国家限制竞争的规范"存量"过高而存在难点，因此，有必要开展一场管制规范体系的清理运动，系统地卸载管制异化为国家限制竞争的规范基础。

政府管制的终极目的是"维护正常的市场经济秩序，提高资源配置效率，增进社会福利"❶。也正是由于政府管制基于纠正市场失灵的功能所造成的目标体系的多样性，决定了现实社会中管制实施的普遍性，对政府管制行为进行的立法，其现实表现很容易是纷繁琐碎的。无论是以环保、健康、安全等社会公益性为目标的社会性管制，还是以替代竞争为目标的经济性管制，均需要若干单行立法推行，这些法律文本数量不菲，且伴随着社会经济的复杂化，这种管制立法还易于进行不断地扩张和泛化。这便决定了管制规范体系如下两个方面的特点：其一，管制立法本身具有很强的碎片化倾向，根据所涉领域的不同，管制制度分设于不同的法律规范体系当中。这既是经济社会深度发展所造成的管制需求扩大的结果，也是不同领域市场失灵的表现不同，进而呼唤不同表现形式的管制的结果，它不可能统一置于一个规范体系之下，而只能通过特别立法或单行立法的形式进行。其二，管制的制度渊源表现出多位阶的色彩，既有通过人大制定法律的形式的管制立法，又不乏以行政法规、地方性法规、部门规章乃至规范性文件的形式予以确立的管制规范体系，且从总量上来看，低位阶的规范体系远大于法律、法规等正式的法律渊源形式。这是由于市场经济的表现瞬息万变，完全以高位阶的法律的形式予以调整管制行为，则不免会令相关措施难以相机抉择，这便会在效率上有失精准。

在我国，由于历史悠久的行业主管体制的影响，我国的管制无论是从规范数量、实施主体还是从行政建制上都更加复杂。❷ 以我国铁路行业管制为例，其中涉及的主要规范体系就包括人大制定的法律一部、国务院颁布的行

---

❶ 刘大洪：《法经济学视野中的经济法研究（第二版）》，中国法制出版社 2008 年版，第 281 页。

❷ 参见段宏磊："双边市场结构下市场管制法的挑战与变革"，见刘大洪主编《经济发展中的法治与效益研究（2013）》，湖北人民出版社 2014 年版。

政法规四部、原铁道部制定的部门规章七部和规范性文件四部,❶ 即使如此,这也远未能涵盖现实当中适用的所有铁路业管制规范体系。尽管不能否定这种碎片化和多位阶倾向的内在合理性,毕竟它们为现代社会的正当管制奠定了制度基础,但其负面效果也是巨大的:一方面,增加了相应领域经营者的合规成本;另一方面,规范体系的复杂性也为管制的异化埋下了风险——以各种规范性文件乃至内部会议精神的形式作出与反垄断价值相违背的管制决策。

因此,我国的管制规范体系亟须一场以竞争法化为指导思想,以管制规范的废、改、并、撤为内容的清理运动。所谓"竞争法化",即以反垄断法所倡导的竞争文化、竞争秩序去指导管制立法,使之成为"个别的竞争法",以实现管制法与反垄断法的相互渗透,❷ 进而保证管制规范体系不会产生不合理的限制竞争效果,这种法律规范的清理运动实际上是《反垄断法》对管制专章立法逻辑的延续,即明确反垄断相较管制的价值优先序位,既在反垄断立法层面明确违背反垄断价值的管制效力无效,又要在《反垄断法》外系统地清理管制的规范体系,将现实国家限制竞争的制度"存量"降到最低。所谓"废、改、并、撤",是指将现有的涉及各行业的经济性管制规范体系、涉及各领域的社会性管制规范体系进行一定程度的统筹,适度改变管制规范的碎片化和多位阶过于严重的现状,废除或改革违背反垄断价值的不正当管

---

❶ 人大颁布的法律为《铁路法》,国务院颁布的行政法规包括《铁路留用土地办法》(2008年后废止)、《铁路军运暂行条例》、《中国人民解放军驻铁路、水路沿线交通部门军事代表条例》、《铁路运输安全保护条例》,原铁道部颁布的部门规章包括《铁路技术管理规程》、《铁路行车事故处理规则》、《外商投资铁路货物运输业审批与管理暂行办法》、《合资铁路与地方铁路行车安全管理办法》、《铁道部规章制定办法》、《铁路企业伤亡事故处理规则》、《铁路建设工程招标投标实施办法》,原铁道部颁布的规范性文件包括《国务院关于保护铁路设施确保铁路运输安全畅通的通知》、《国务院关于进一步推进全国绿色通道建设的通知》、《国务院批转国家计委、铁道部关于发展中央和地方合资建设铁路意见的通知》、《铁路旅客运输损害赔偿规定》。本书对中国铁路管制法律法规的系统整理参考了谭克虎:《美国铁路业管制研究》,经济科学出版社2008年版,第197~198页。

❷ [日] 栗田诚:"日本的规制改革与反垄断法及竞争政策",见漆多俊主编《经济法论丛(第10卷)》,中国方正出版社2005年版。

制，撤销已经不符合当今市场经济运行规律的旧管制。在此基础上，要对相应的法规、规章与规范性文件进行适度合并：一方面减少"政出多头"的弊端，降低经营者的合规成本；另一方面也是一次自上而下系统地清理国家限制竞争现象的过程，改变国家限制竞争行为发生的体制性基础。

第三节 平衡式规制机制的法律文本基础之奠定（二）：公平竞争审查制度的改进

一、重置公平竞争审查职权结构

公平竞争审查制度在我国的导入意义重大，它首次将对国家限制竞争的规制从事后补救延伸至事前预防，令平衡式规制机制的构建展现曙光。依照平衡式规制机制的基本设计，一个有效的预防式规制体系应当包含：首先，政府管制机构主要通过开展自我审查的形式实施一般评估，确保管制对社会整体影响的成本和收益符合比例原则；其次，反垄断主管机构通过外部审查的形式实施竞争评估，确保管制是"竞争友好型"的，不会异化为国家限制竞争；最后，赋予反垄断主管机构在评估后具有竞争倡导的职权，以促进限制竞争的政府管制的清理和修整。以此标准审视我国的《关于在市场体系建设中建立公平竞争审查制度的意见》（以下简称《意见》）和《公平竞争审查制度实施细则（暂行）》（以下简称《细则》），其在公平竞争审查制度的职权配置上存在一系列缺失，亟待完善。

（一）当前公平竞争审查制度职权结构存在的问题

首先，管制的一般评估职权缺失。中国公平竞争审查制度并没有遵循西方国家从一般评估到竞争评估的发展脉络，恰恰相反，《意见》的出台是在管制一般评估制度缺失的前提下，基于进一步深化改革尤其是治理行政性垄断的工具理性，优先发展竞争评估的结果。中国的一般评估过程仅在若干政策性文件中进行了浅尝辄止的探讨和倡议，地方实践中虽然也存在诸如2007年《海南省人民政府办公厅关于开展立法成本效益分析工作的实施意见》的有益尝试，但一直未像《意见》一样，以中央的形式进行一般评估的整体制度设计和全面推广。目前真正全面进入实施阶段的反而是在西方国家出现时间最晚的竞争评估。但是，有效的一般评估通常构成竞争评估的经验基础，对一项政府管制是否会限制竞争的评估结论的有效性，需要建立在系统的成本收益分析结论之上；另外，即便脱离一般评估的竞争评估结论是真实有效的，它也不能完全替代一般评估的功能，因为此时我们无法避免一项"竞争友好型"的政府管制造成的其他社会成本是不符合比例原则的。从这个角度来看，目前缺乏一般评估制度有效支撑的公平竞争审查制度颇有一番"空中楼阁"的尴尬。

其次，管制的竞争评估职权的配置错位。西方国家开展管制影响评估的基本经验是：由政府管制机构及其监督机构负责一般评估，实现对政府管制的自我控制；由反垄断主管机构专司竞争评估，确保对政府管制的外部干预。但在《意见》的设计中，公平竞争审查职责的落实却是通过管制机构的自我控制实现的。"政策制定机关在政策制定过程中，要严格对照审查标准进行自我审查。"❶一方面，在中国的政府部门尚未构建起系统的一般评估体系的情况下，其是否具有能力开展这种更为专业的竞争评估，极为可疑。另一方面，这种自我审查机制不但排除了反垄断主管机构的干预，甚至连美国一般评估中的监督机构OMB都没有设置，管制是否符合公平竞争审查标准的决定权近乎完全交由政府管制机构自由裁量，显然会出现审查软约束的情况。"自我审查机制面临着多重悖论式的困局——如果某个行政机构认为事实反竞争行为符合其最大化利益，那么它的自我审查就是不真诚的；反之，如果认为维系竞争对其有利，它自然会主动寻求合规，命令其开展自我审查似乎就是不必要的；如果这是一家竞争立场中立的机构，但欠缺竞争评估所需的能力，那么它的自我审查就是没有意义的。"❷ 考虑到我国的公平竞争审查制度尚处于初创阶段，且中国存在着纷繁复杂的各政府部门的职权

---

❶ 《意见》第三节第（二）项。
❷ 李俊峰："公平竞争自我审查的困局及其破解"，载《华东政法大学学报》2017年第1期。

协调问题,这种暂时交由政府管制部门自我控制的做法尚且算作一个有效的权宜之计,但从未来发展的大方向来看,增设外部主体参与的审查机制显然是必然选择。❶

在管制机构进行自我审查的背景下,反垄断主管机构仅作为一种议事协调机制的提供者存在于《意见》当中,而不具有对管制机构直接的强制性公平竞争审查权。"国家发展改革委、国务院法制办、商务部、工商总局要会同有关部门,建立健全工作机制,指导公平竞争审查制度实施工作,并及时总结成效和经验,推动制度不断完善,在条件成熟时组织开展第三方评估。"❷ 在《细则》中,这一规定又被转化为语焉不详的"宏观指导"职权,即"国家发展改革委、国务院法制办、财政部、商务部、工商总局会同有关部门,建立公平竞争审查工作部际联席会议制度,统筹协调推进公平竞争审查相关工作,对实施公平竞争审查制度进行宏观指导。地方各级人民政府建立的公平竞争审查联席会议或者相应的工作协调机制(以下统称联席会议),负责统筹协调本地区公平竞争审查工作。"❸

最后,管制的竞争倡导职权缺失。反垄断主管机构在竞争评估中具体职权的缺失更令竞争倡导的过程变成"无本之木"。在《意见》的部分语句中,形式上赋予了反垄断主管机构提出建议的职权,如"国家发展改革委、国务院法制办、商务部、工商总局要会同有关部门,抓紧研究起草公平竞争审查实施细则,进一步细化公平竞争审查的内容、程序、方法,指导政策制定机关开展公平竞争审查和相关政策措施清理废除工作,保障公平竞争审查制度有序实施"。❹ "对涉嫌违反公平竞争审查标准的政策措施,任何单位和个人有权举报,有关部门要及时予以处理;涉嫌违反《中华人民共和国反垄断法》的,反垄断执法机构要依法调查核实,并向有关上级机关提出处理建

---

❶ 参见向立力:"中国公平竞争审查制度的理论梳理、制度基础与机制完善",载《法治研究》2017年第3期。
❷ 《意见》第四节第(一)项。
❸ 《细则》第四条第一款。
❹ 《意见》第四节第(四)项。

议。"❶ 但这种功能定位仍然偏重于反垄断主管机构的议事协调职责，它实际上仍未脱离《反垄断法》所规定的原有职权框架——第9条赋予的国务院反垄断委员会对反垄断工作的"组织、协调、指导"职责，以及第51条赋予的反垄断执法机构对行政性垄断的"向有关上级机关提出依法处理的建议"职责。竞争倡导职权的缺失将大大影响公平竞争审查的实际效果。暂且不论这种自我审查、自我纠正的程序是否会诱发制度软约束的情况，即便管制机构勤勉地察觉出限制竞争的管制行为，也会由于自身专业性的限制，难以真正将其管制政策调整到"竞争友好型"的样态。

（二）公平竞争审查制度职权结构改进的基本设计

上述分析表明，目前的公平竞争审查制度设计并无法担任起一个健全的预防式规制机制的重任，它并未构建起一个"一般评估—竞争评估—竞争倡导"三步走的职权结构，而是仅包含竞争评估职权，且该职权也存在配置错位的问题。按照本书第四章所设计的理想的预防式规制机制，应当将职权配置为：政府管制机构进行一般评估，反垄断主管机构进行竞争评估与竞争倡导。但在实践中，由于一般评估的过程或多或少又会包容竞争评估的相关内容，上述将政府管制机构与反垄断主管机构的职权完全分开的做法，又会造成程序冗繁和职权重复的问题。对于这一问题，国际上有如下三种不同的处理方案。

第一种是"嵌入型"方案，即将竞争评估渗透到管制影响一般评估的运作过程当中，使竞争评估成为一般评估的一类特殊工作事项。这一方案有效整合了两类评估制度，实施效率最高，但竞争评估的独立性极差，在政府部门法治化程度不高的场合，很难确保竞争评估结果的有效性。OECD竞争评估工具书表达了这一方案的基本要旨。❷ 如果采用该方案，则仅需在目前的公平竞争审查制度职权框架内，添补管制机构的一般评估程序即可，这显然无法有效消除国家限制竞争的体制基础，也难以遏制评估过程中的软约束问题。因此，"嵌入型"方案不可取。

---

❶ 《意见》第五节第（三）项。
❷ 参见OECD：《竞争评估工具书原则2.0》，第32~33页。

第二种是"外设型"方案，即将竞争评估职权授予一个专门机构，在管制影响一般评估之外设置特别程序进行审查。鉴于反垄断主管机构专司市场经济的反垄断执法、反不正当竞争执法以及相关的消费者保护问题，其对市场经营信息的偏在性最弱，最有可能预估一项管制对市场竞争产生的社会成本与潜在收益，此种方案通常授予反垄断主管机构进行。因此，该方案最符合一般评估、竞争评估与竞争倡导职权划分的理想设计框架。在这一方案中，竞争评估的独立性最强，有效性也最高，欧盟体系中欧委会竞争总司对各成员国国家援助的审查机制即属此类。但由于反垄断主管机构本身也是一类政府部门，该方案成立的前提是其在政府建制中的级别和职权足够强大，方能确保其对其他政府管制机构的强制性审查权。从长远来看，我国理应选择这一方案，但起码目前反垄断主管机构的建制基础尚不能达到要求。

第三种是"折中型"方案，即授予反垄断主管机构在管制影响评估程序之外的独立评估职权，但评估结论不具有法律强制力，仅供管制机构进行决策参考。该方案构成大部分国家的选择，也比较符合中国反垄断主管机构建制的现状。但是，为了能确保评估结果对政府管制机构产生足够影响，从而形成促进其纠正的外部压力，该方案设立的前提是必须赋予反垄断主管机构明确的竞争倡导职权，在竞争评估识别出限制竞争的政府管制时，反垄断主管机构有权提出进一步的改进和修正意见。

笔者认为，中国可以考虑借鉴新加坡经验，将"嵌入型"方案和"折中型"方案相结合。新加坡的管制影响评估采取的是"内部评估制"，即由管制机构开展自我控制型的管制影响评估过程，评估内容既包含基于成本收益分析的一般评估，又包含竞争评估的相关内容，从这一点来看，它是"嵌入型"的。但在内部评估制之外，新加坡另行授予竞争委员会对政府管制的批评和建议权，❶ 这又是独立设置竞争评估和竞争倡导权的体现。此方案的设计最为符合中国国情：一方面，它没有扰乱公平竞争审查制度已经建立的基本职权框架，政府管制机构仍享有自我评估职权；另一方面，它又强化了

---

❶ 参见朱凯："对我国建立公平竞争审查制度的框架性思考"，载《中国物价》2015年第8期。

反垄断主管机构的外部干涉,有利于打破自我评估存在的软约束问题。

2018年,笔者有幸参与了中部某省会城市的"政府规章立法后评估"工作,并亲身参与了评估工作框架的制定。在该评估工作框架中,笔者亲身实践了新加坡式的"内部评估制"框架,将管制一般影响评估与竞争评估的相关内容均纳入其中。其中一般影响评估称为"成本收益评估",主要使用了1981年里根第12291号总统令所设置的评估框架;而竞争评估则直接沿用了《意见》和《细则》适用的公平竞争审查制度的框架。除此之外,由于该项评估属于"立法后评估",则在管制影响评估之外,另行加入了立法的"基础内容评估"和"实施效果评估"两项非属管制影响评估的一般立法评估内容。评估框架分为"评估内容框架"和"评估结论框架"两部分,笔者将主要评估方案罗列为表5.3,可以作为未来公平竞争审查制度改进的一个文本参考。

表5.3 2018年某市政府规章立法后评估方案

评估内容框架	(一)基础内容评估(对立法程序、基本内容、立法语言、技术规范的基本评估)	1. 立法程序评估 2. 内容合法性评估 3. 立法技术规范评估
	(二)成本收益评估(通过对立法的经济分析,考察立法所涉及的政府管制是否符合比例原则)	1. 信息完备性评估 2. 经济效益性评估 3. 目的正当性评估 4. 最小化损害评估 5. 政策兼顾性评估
	(三)竞争专项评估(对立法的公平竞争审查)	1. 市场准入和退出标准评估 2. 商品和要素自由流动标准评估 3. 影响生产经营成本标准评估 4. 影响生产经营行为标准评估 5. 例外性标准评估
	(四)实施效果评估(对立法具体实施效果的评价)	1. 立法的宣传贯彻情况 2. 配套性文件制定情况 3. 制度建设、执行情况

续表

评估结论框架	（一）基本评估结论 根据每一政府规章的具体情况，给予右侧结论之一	1. 无瑕疵（无须修改） 2. 内容性瑕疵（基础内容、成本收益或竞争专项三项评估中存在一项或多项瑕疵性问题） 3. 实施性瑕疵（基础内容、成本收益或竞争专项三项评估无问题，但实施效果评估存在一项或多项重大瑕疵性问题） 4. 综合性瑕疵（同时包含内容性瑕疵和实施性瑕疵） 5. 重大缺陷（立法存在重大程序错误、合法性依据错误；或内容正当性存在问题，应当废除或进行重构性修正）
	（二）根据每一政府规章的具体情况，给予右侧结论之一，并另行附加具体改进方案	1. 无须修订 2. 适时修订 3. 尽快修订 4. 废止

二、健全公平竞争审查实体制度

（一）调整初步评估指标体系

《意见》所设计的公平竞争审查制度，并不存在 OECD 竞争评估工具书那样泾渭分明的初步评估和全面评估两大程序，而只是罗列出"市场准入和退出"、"商品和要素自由流动"、"影响生产经营成本"和"影响生产经营行为"四类合计 18 项审查标准，这些审查标准都以诸如"不得……"之类的语式进行设计，即均为禁止性标准。❶ 对于在公平竞争审查对象范围内的行政法规、地方性法规、政府规章、规范性文件等，除非符合有关的例外性规定，否则，一经构成上述 18 项禁止性标准之一，即应当"不予出台，或调整至符合相关要求后出台"。❷ 在《细则》中，又在第三章"审查标准"中，对这 18 项进行了详细评价标准的设置，详见表 5.4。

我国公平竞争审查制度所设计的 18 项审查标准与本书第四章曾分析过的 OECD 竞争核对清单颇为类似。它实际上只是一个初步评估程序，即通过罗列若干指标的形式，令审查主体便捷地识别政府管制是否具有限制竞争的可能，对于不触及竞争核对清单相关标准的政府管制，则无须进行全面评

---

❶ 参见《意见》第三节第（三）项。
❷ 《意见》第三节第（二）项。

估；反之，则应开展一个审慎的全面评估系统供审查主体操作。但是，与OECD竞争核对清单相比，目前的评估三级指标设计存在一个缺失，即仅存在"经营者标准"，而无"消费者标准"。OECD的竞争核对清单共设计了四类15项评估标准，除了前三项主要以经营者为基准进行判断外，第四类是"对消费者可获信息及其选择的限制"。换言之，在OECD的标准体系中，一项政府管制的限制竞争影响无论是针对经营者还是消费者的，均会遭到审查。而在中国的审查标准中，"市场准入和退出"、"商品和要素自由流动"、"影响生产经营成本"和"影响生产经营行为"四类18项禁止性规定均是经营者标准，欠缺消费者标准的引入。这意味着，如果一项限制竞争的政府管制是仅以攫取消费者福利的形式实现的，那它可能难以在公平竞争审查制度中被有效识别出来。因此，我国的公平竞争审查制度应当增设"消费者标准"，将"限制消费者的选择能力""通过直接或间接增加更换供应商的成本来限制消费者选择供应商的自由""从根本上改变消费者进行高效购买所需的信息"等亦纳入三级指标体系（见表5.4）。

表5.4 公平竞争审查制度的三级指标体系

一级指标	二级指标	三级指标
市场准入和退出标准	不得设置不合理和歧视性的准入和退出条件	包括但不限于：1. 设置明显不必要或者超出实际需要的准入和退出条件，排斥或者限制经营者参与市场竞争；2. 没有法律法规依据或者国务院规定，对不同所有制、地区、组织形式的经营者实施差别化待遇，设置不平等的市场准入和退出条件；3. 没有法律法规依据或者国务院规定，以备案、登记、注册、名录、年检、监制、认定、认证、审定、指定、配号、换证、要求设立分支机构等形式，设定或者变相设定市场准入障碍；4. 没有法律法规依据或者国务院规定，设置消除或者减少经营者之间竞争的市场准入或者退出条件
	未经公平竞争不得授予经营者特许经营权	包括但不限于：1. 在一般竞争性领域实施特许经营或者以特许经营为名增设行政许可；2. 未明确特许经营权期限或者未经法定程序延长特许经营权期限；3. 未采取招标投标、竞争性谈判等竞争方式，直接将特许经营权授予特定经营者；4. 设置歧视性条件，使经营者无法公平参与特许经营权竞争

续表

一级指标	二级指标	三级指标
市场准入和退出标准	不得限定经营、购买、使用特定经营者提供的商品和服务	包括但不限于：1. 以明确要求、暗示、拒绝或者拖延行政审批、重复检查、不予接入平台或者网络等方式，限定或者变相限定经营、购买、使用特定经营者提供的商品和服务；2. 在招标投标中限定投标人所在地、所有制、组织形式，排斥或者限制潜在投标人参与招标投标活动；3. 没有法律法规依据，通过设置项目目库、名录库等方式，排斥或者限制潜在经营者提供商品和服务
	不得设置没有法律法规依据的审批或者具有行政审批性质的事前备案程序	包括但不限于：1. 没有法律法规依据增设行政审批事项，增加行政审批环节、条件和程序；2. 没有法律法规依据设置具有行政审批性质的前置性备案程序
	不得对市场准入负面清单以外的行业、领域、业务等设置审批程序	主要指没有法律法规依据或者国务院决定，采取禁止进入、限制市场主体资质、限制股权比例、限制经营范围和商业模式等方式，直接或者变相限制市场准入
商品和要素自由流动标准	不得对外地和进口商品、服务实行歧视性价格和歧视性补贴政策	包括但不限于：1. 制定政府定价或者政府指导价时，对外地和进口同类商品、服务制定歧视性价格；2. 对相关商品、服务进行补贴时，对外地同类商品、服务和进口同类商品不予补贴或者给予较低补贴
	不得限制外地和进口商品、服务进入本地市场或者阻碍本地商品运出、服务输出	包括但不限于：1. 对外地商品、服务规定与本地同类商品、服务不同的技术要求、检验标准，或者采取重复检验、重复认证等歧视性技术措施；2. 对进口商品规定与本地同类商品不同的技术要求、检验标准，或者采取重复检验、重复认证等歧视性技术措施；3. 没有法律法规依据或者国务院规定，对进口服务规定与本地同类服务不同的技术要求、检验标准，或者采取重复检验、重复认证等歧视性技术措施；4. 没有法律法规依据，设置专门针对外地和进口商品、服务的专营、专卖、审批、许可；5. 没有法律法规依据，在道路、车站、港口、航空港或者本行政区域边界设置关卡，阻碍外地和进口商品、服务进入本地市场或者本地商品运出和服务输出；6. 没有法律法规依据，通过软件或者互联网设置屏蔽以及采取其他手段，阻碍外地和进口商品、服务进入本地市场或者本地商品运出和服务输出
	不得排斥或者限制外地经营者参加本地招标投标活动	包括但不限于：1. 不依法及时有效地发布招标信息；2. 直接明确外地经营者不能参与本地特定的招标投标活动；3. 对外地经营者设定明显高于本地经营者的资质要求或者评审标准；4. 通过设定与招标项目的具体特点和实际需要不相适应或者与合同履行无关的资格、技术和商务条件，变相限制外地经营者参加本地招标投标活动

续表

一级指标	二级指标	三级指标
商品和要素自由流动标准	不得排斥、限制或者强制外地经营者在本地投资或者设立分支机构	包括但不限于：1. 直接拒绝外地经营者在本地投资或者设立分支机构；2. 没有法律法规依据或者国务院规定，对外地经营者在本地投资的规模、方式以及设立分支机构的地址、模式等进行限制；3. 没有法律法规依据，直接强制外地经营者在本地投资或者设立分支机构；4. 没有法律法规依据，将在本地投资或者设立分支机构作为参与本地招标投标、享受补贴和优惠政策等的必要条件，变相强制外地经营者在本地投资或者设立分支机构
	不得对外地经营者在本地的投资或者设立的分支机构实行歧视性待遇	包括但不限于：1. 对外地经营者在本地的投资不给予与本地经营者同等的政策待遇；2. 对外地经营者在本地设立的分支机构在经营规模、经营方式、税费缴纳等方面规定与本地经营者不同的要求；3. 在节能环保、安全生产、健康卫生、工程质量、市场监管等方面，对外地经营者在本地设立的分支机构规定歧视性监管标准和要求
影响生产经营成本标准	不得违法给予特定经营者优惠政策	1. 没有法律法规依据或者国务院规定，给予特定经营者财政奖励和补贴；2. 没有法律法规依据或者未经国务院批准，减免特定经营者应当缴纳的税款；3. 没有法律法规依据或者国务院规定，以优惠价格或者零地价向特定经营者出让土地，或者以划拨、作价出资方式向特定经营者供应土地；4. 没有法律法规依据或者国务院规定，在环保标准、排污权限等方面给予特定经营者特殊待遇；5. 没有法律法规依据或者国务院规定，对特定经营者减免、缓征或停征行政事业性收费、政府性基金、住房公积金等
	安排财政支出一般不得与企业缴纳的税收或非税收入挂钩	主要指根据企业缴纳的税收或者非税收入情况，采取列收列支或者违法违规，采取先征后返、即征即退等形式，对企业进行返还，或者给予企业财政奖励或补贴、减免土地出让收入等优惠政策
	不得违法违规减免或者缓征特定经营者应当缴纳的社会保险费用	主要指没有法律法规依据或者国务院规定，根据经营者规模、所有制形式、组织形式、地区等因素，减免或者缓征特定经营者需要缴纳的基本养老保险费、基本医疗保险费、失业保险费、工伤保险费、生育保险费等
	不得在法律规定之外要求经营者提供或扣留经营者各类保证金	包括但不限于：1. 没有法律法规或者国务院规定，要求经营者交纳各类保证金；2. 在经营者履行相关程序或者完成相关事项后，不及时退还经营者交纳的保证金

续表

一级指标	二级指标	三级指标
影响生产经营行为标准	不得强制经营者从事《中华人民共和国反垄断法》规定的垄断行为	主要指以行政命令、行政授权、行政指导或者通过行业协会等方式，强制、组织或者引导经营者达成、实施垄断协议或者实施滥用市场支配地位行为
	不得违法披露或者违法要求经营者披露生产经营敏感信息，为经营者实施垄断行为提供便利条件	生产经营敏感信息是指除依据法律法规或者国务院规定需要公开之外，生产经营者未主动公开，通过公开渠道无法采集的生产经营数据。主要包括：拟定价格、成本、生产数量、销售数量、生产销售计划、经销商信息、终端客户信息等
	不得超越定价权限进行政府定价	包括但不限于：1. 对实行政府指导价的商品、服务进行政府定价；2. 对不属于本级政府定价目录范围内的商品、服务制定政府定价或者政府指导价；3. 违反《中华人民共和国价格法》等法律法规采取价格干预措施
	不得违法干预实行市场调节价的商品和服务的价格水平	包括但不限于：1. 制定公布商品和服务的统一执行价、参考价；2. 规定商品和服务的最高或者最低限价；3. 干预影响商品和服务价格水平的手续费、折扣或者其他费用

（二）增设深入评估基本流程

我国公平竞争审查制度存在的另一个问题是，并未对初步评估与深入评估程序进行严格划分。目前所设计的18项审查标准其实只能发挥初步评估的功能，尽管18项审查标准统一设定为禁止性规范，但与传统的行政执法领域通常有一个相对明确的判断边界不同，公平竞争审查的标准需要结合市场竞争状况进行综合判断，在多数情况下，它是一个"度"的问题，并没有是否构成禁止性规范的一个泾渭分明的界限。因此，在初步评估阶段，审查主体通常仅能依据18项标准对政府管制是否可能限制竞争有一个朦胧的判断；而更为具体审慎的判断则需要全面评估制度提供更为明确的指引，目前的公平竞争审查制度无法完成这一任务。未来对公平竞争审查制度的改进中，应当将上述18项审查标准明确为初步评估流程，在对这些标准中的某一项或某几项的初步评估表明可能限制竞争时，还需要进入一个健全的深入评估流程。该流程的内容包括：其一，审查该项管制是否具有清晰、具体的限制竞争的理由；其二，审查对竞争的限制与上述政策目标之间是否存在因

果关系，判断竞争限制对实现上述目标的必要性；其三，审查对竞争的限制的成本与收益是否符合比例原则的要求。❶

　　健全深入评估流程的另一个问题是，应当进一步明确公平竞争审查制度的适用除外规则。《细则》为公平竞争审查制度设计了"例外规定"，即"政策制定机关对政策措施进行公平竞争审查时，认为虽然具有一定限制竞争的效果，但属于《意见》规定的为维护国家经济安全、文化安全、涉及国防建设，为实现扶贫开发、救灾救助等社会保障目的，为实现节约能源资源、保护生态环境等社会公共利益以及法律、行政法规规定的例外情形，在同时符合以下条件的情况下可以实施：（一）对实现政策目的不可或缺，即为实现相关目标必须实施此项政策措施；（二）不会严重排除和限制市场竞争；（三）明确实施期限"。"政策制定机关应当在书面审查结论中说明政策措施是否适用例外规定。认为适用例外规定的，应当对符合适用例外规定的情形和条件进行详细说明。"❷ 从正确处理政府管制与反垄断关系的角度来看，设置例外规定是必要的，它有利于为正当的政府管制行为预留空间，豁免来自反垄断执法的压力。但是，由于目前的公平竞争审查制度本身即设计为管制机构的自我控制，欠缺反垄断主管机构的有效干预，这一例外规则有可能会成为实践中导致评估软约束问题的漏洞，进而发挥出类似于"外接型"反垄断法适用除外制度的作用，挤压公平竞争审查制度发挥作用的空间。因此，应当进一步对例外规则的具体适用情形进行阐释和补充说明，压缩实践中对其予以扩张解释的空间；另外，则应当明确反垄断主管机构的竞争倡导职权，强化对评估结果的审核。

---

　　❶ 参见张占江："政府反竞争行为的反垄断法规制路径研究"，载《上海财经大学学报》2014年第5期。

　　❷ 《细则》第十八条、第十九条。

第四节　平衡式规制机制的机构建制基础之改革

一、当前机构建制存在的缺陷

我国当前在反垄断和管制机构的建制问题上，极度不利于平衡式规制机制的建立和发挥作用，其缺陷主要体现在：一方面为反垄断主管机构的"积弱"，如机构不统一、建制不独立、职权有限等，导致其无法真正对管制机构有可能做出的国家限制竞争行为发挥真正的约束力；另一方面，相对反垄断主管机构的弱势，管制机构却"积重难返"，具有强大、深切的管制机构体系，这加重了管制机构基于行业利益导向从事国家限制竞争的可能。

（一）反垄断主管机构建制存在的问题

对我国当前的反垄断主管机构体系，学界有多种不同的界定或修辞：一种说法是"三足鼎立"，[1]即根据《反垄断法》出台时的国务院"三定"方案，商务部下设反垄断局负责经营者集中执法；发改委下设价格监督检查司负责与价格相关的垄断协议和滥用市场支配地位行为执法；工商局下设反垄断与反不正当竞争执法局负责其他不涉及价格的垄断协议和滥用市场支配地位执法。另有一种说法是"双层次，三合一"，[2]这种界定将根据《反垄断法》第9条所设立的国务院反垄断委员会考虑在内。当然，严格地说，反垄断委员会只是一个具有议事协调职能的机构，它主要承担研究拟订有关竞争政策，发布竞争评估报告，制定和发布反垄断指南，协调执法工作等职责，并不是一个真正意义上的行政执法机构，但毫无疑问，作为国务院下设的一个独立委员会，它的相关履职行为会直接影响到三大主要反垄断主管机构的工作，因此，反垄断委员会和三大执法机构构成了一种双层次、三合一的执

---

[1] 王晓晔：《反垄断法》，法律出版社2011年版，第333页。
[2] 李剑："如何制约反垄断主管机构——反垄断主管机构的独立性与程序性制约机制"，载《南京师大学报（社会科学版）》2010年第5期。

法结构。还有一种说法是"3+X",❶"3"是指三足鼎立的反垄断主管机构,而"X"则是指各行业管制机构,这种观点认为,由于《反垄断法》没有明确行业管制机构与反垄断主管机构在受管制行业中的反垄断执法权限问题,因此,诸如工信部、民航总局、烟草专卖局、银保监会等庞大且深切的行业管制机构体系都潜在地具有参与与本行业经营者有关的反垄断执法的可能,这一判断其实与现实反垄断执法的表现并不违背,如在著名的"3Q大战"事件中,北京奇虎科技有限公司与深圳市腾讯计算机系统有限公司相互采取的排斥对方软件兼容使用的做法,涉嫌的是不正当竞争行为和滥用市场支配地位的限制竞争行为,这均属于工商局的执法范围,但是,除了工商局对此参与执法外,在这一事件的整体过程中,作为行业管制机构的工信部的角色其实更为积极和深入。2010年11月20日,工信部甚至发布《关于批评北京奇虎科技有限公司和深圳市腾讯计算机系统有限公司的通报》,对两家企业的违法行为进行了定性,并作出了具有行政处罚性质的通报批评和责令公开道歉的决定。❷

综上所述,如果是从最为周延的角度对我国目前的反垄断主管机构进行界定,应当综合上述三种提法,以"3+1+X"进行修辞最为全面和形象,"3"是指三大核心反垄断主管机构,"1"是指国务院反垄断委员会,而"X"则包括两个方面,一是指潜在的并未被排除特定行业反垄断执法权的各行业管制机构,二是指在当前立法环境下对行政垄断具有执法权的"上级机关"。通过图5.1可以系统了解反垄断主管机构体系的烦琐状态。

值得注意的是,在2018年新一轮国务院机构改革的设计中,上述"3+1+X"式的反垄断主管机构体系发生了变化,新成立的"国家市场监督管理总局"下设的反垄断委员会将成为承担主要反垄断执法职责的主体。根据

---

❶ 时建中主编:《反垄断法——法典释评与学理探源》,中国人民大学出版社2008年版,第109~114页。

❷ 参见杨铁虎:"工信部就3Q大战向奇虎和腾讯提出严厉批评,责令两公司5日内向社会公开道歉",载http://politics.people.com.cn/GB/99014/13273102.html,最后访问日期:2020年1月1日。

2018年中共中央印发的《深化党和国家机构改革方案》第（34）项的规定，"将国家工商行政管理总局的职责，国家质量监督检验检疫总局的职责，国家食品药品监督管理总局的职责，国家发展和改革委员会的价格监督检查与反垄断执法职责，商务部的经营者集中反垄断执法以及国务院反垄断委员会办公室等职责整合，组建国家市场监督管理总局，作为国务院直属机构"。"主要职责是，负责市场综合监督管理，统一登记市场主体并建立信息公示和共享机制，组织市场监管综合执法工作，承担反垄断统一执法，规范和维护市场秩序，组织实施质量强国战略，负责工业产品质量安全、食品安全、特种设备安全监管，统一管理计量标准、检验检测、认证认可工作等。""保留国务院食品安全委员会、国务院反垄断委员会，具体工作由国家市场监督管理总局承担。"换言之，由国家市场监督管理总局承担具体工作的国务院反垄断委员会将成为我国最主要的反垄断主管机构，原"3+1"的分散执法格局不复存在，但"X"即各行业管制机构和行政垄断主体上级机关的相关执法权存在的问题仍未作出改变。

尽管对学界这种分散式的反垄断主管机构一直颇多批评，但结合《反垄

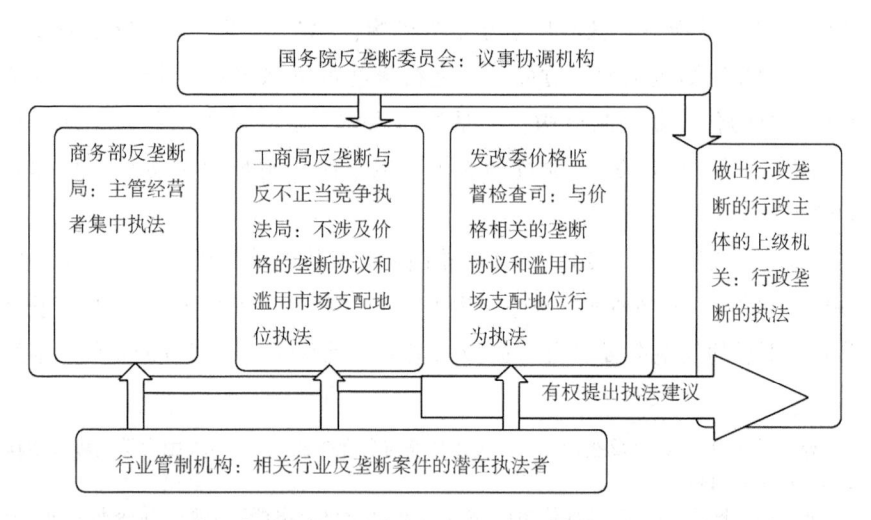

图5.1　2018年国务院机构改革前我国"3+1+X"式的反垄断主管机构体系

断法》立法时的社会背景，它实际上是一个在综合考虑现有行政建制格局，并为未来机构改革提供前瞻性的衡平基础上实现的体制。❶ 当然，如果是从反国家限制竞争的角度来考虑，结合近几年反垄断执法的现状来看，这一机构体系的设置无法保证反垄断相较管制的价值优先序位，反而容易在实际执法中使反垄断让位于管制的作用，从而不利于对不正当管制产生遏制。这种缺陷具体表现在反垄断主管机构的不独立、不统一、不权威、不高效四个方面。

其一，不独立。从欧美发达国家反垄断主管机构的设置来看，通常遵循独立管制机构❷的建制，即"只对特定范围的事务有管辖权，并制定规则、作出裁决、提起诉讼"。❸ 换言之，独立管制机构的运作同时具有负责事项的专司性和集中性两大特点：一方面，原则上不应在主管事项之外承担其他职责；另一方面，在这一促狭的主管事项上，却享有高于一般行政机构的权力，同时享有一定的立法权、行政权和司法权。而我国的反垄断主管机构设置则违背了这一规则，不论是过去的发改委、工商局和商务部，还是如今的市场监管总局，本身都是同时承担有多项政府职能的综合性行政机构，并非专司反垄断一职，在这种情况下，反垄断职责在这些部级单位的实际运作中只表现出"配角"式的特点，❹ 其推动竞争机制运行的效率性目标很容易遭受来自其他执法目标的侵袭。比如发改委，在 2018 年国务院机构改革前，其在承担与价格有关的垄断协议与滥用市场支配地位的执法权的情况下，同

---

❶ 参见王晓晔：《反垄断法》，法律出版社 2011 年版，第 334~335 页。
❷ 值得注意的是，"独立管制机构"中的"管制"一词并不严格符合本书所构建的国家干预经济类型化体系中"管制"的含义，它更类似于中义的管制，即涵盖国家对微观经济的一切直接干预行为，也包含反垄断。因此，美国历史上负责管制的州际商业委员会（ICC）被视为第一家独立管制机构，负责反垄断执法的联邦贸易委员会（FTC）也被视为一个典型的独立管制机构。参见宋华琳："美国行政法上的独立规制机构"，载《清华法学》2010 年第 6 期。此处之所以使用了"管制"一词称呼此类机构，只是为了使论述的上下文语境更统一。
❸ 宋华琳："美国行政法上的独立规制机构"，载《清华法学》2010 年第 6 期。
❹ 参见于立："垄断行业改革与反垄断执法体制的构建"，载《改革》2014 年第 5 期。

时本身还是一个价格管制机构，负责石油价格等的管制问题。近年来，对我国油价"始终坚挺""只涨不跌"的指责此起彼伏，发改委的油价制定过程和结果被给予强烈的管制俘获的嫌疑，油价日渐成为一种国家限制竞争格局下"两桶油"企业通过滥用市场支配地位实施不正当高价的行为。❶ 这便呈现出一种吊诡的现象：一方面，发改委负有查处违法价格垄断行为的职责；但另一方面，发改委自身的价格管制行为又带有强烈的反竞争色彩。这种多项职能交织于一身的现象构成了一种损害反垄断执法的"内陷"的力量，尤其是当在同一执法部门中发生经济性管制职能和反垄断职能的交织后，就容易使反垄断目标让位于不正当管制，从而难以保障反垄断的价值优先性，国家限制竞争的规制便成为无源之水、无本之木。在这一独立性不充分的执法结构下，当前的反垄断执法很可能不是单纯的实施法律的过程，而是一个与管制力量博弈后妥协的结果。

其二，不统一。国家市场监管总局反垄断委员会成立后，反垄断执法中由于"3+1"造成的执法分散和冲突的问题已经得到解决。但是，这一机构改革实际上仅解决了经营者限制竞争行为执法权不统一的问题，即"3+1"的分散式反垄断主管结构不复存在，但对国家限制竞争行为的反垄断执法权配置却并未发生改变，行政垄断主体上级机关的批评建议权以及行业管制机构潜在的本行业反垄断主管权均未明文取缔，针对国家限制竞争的规制仍然难以发挥实际效果。

---

❶ 有研究成果详细总结了油价形成机制中的国家限制竞争现象和管制俘获过程：1999年5月，国务院办公厅转发原经贸委等8部门的38号文，规定"两大集团之外，不允许独立的成品油批发企业存在"，从而彻底改变了中国石油成品油批发和零售市场的生态，中石油、中石化双寡头垄断的市场形成。2009年颁布《石油价格管理办法（试行）》，对成品油价格体制进行了调整，从而形成了一个奇异的价格形成机制，即价格水平上与国际接轨，但价格形成机制上却仍是非市场化的，成为对两桶油价格固定收益的确定。经历了多年稳固，这种部门利益和集团利益形成路径依赖与恶性循环，中石油和中石化可以建立战略联盟，通过合作博弈的方法完全占领和瓜分成品油的销售市场，还可以通过内部价格转移的方法大幅度提高成品油的批发价，从而压缩各加油站的利润空间，还可以用部分石油公司的批发收入补贴两大集团下属的零售网点。详细的分析参见冯辉："'油价问题'的法律规制——以产业法与竞争法的功能组合为核心"，载《法律科学》2012年第3期。

其三，不权威。反垄断主管机构的运行面临与众多社会组织、经济实体乃至国家机关的利益博弈，如果不能将执法者塑造为权威性的主体，将会直接有损执法实际效果。当前反垄断执法权威不足首要体现在其行政级别等于或低于管制机构，难以对国家限制竞争行为发生实际执法效力。另外，对作为"X"的诸行业管制机构来说，在作为其管制权力实施合法性来源的法律、法规或规范性文件中，这些管制机构在行业反垄断或反不正当竞争上的执法权通常会得到不同层面的明确，比如作为民航业管制机构的民航总局，其工作职责除了"安全管理、市场管理、空中交通管理、宏观调控及对外关系"之外，还被描述为"加强民用航空市场管理，建立统一、开放、竞争、有序的航空运输市场，完善行政执法、行业自律、舆论监督、群主参与相结合的市场监管体系，整顿和规范航空市场秩序，维护公平竞争"。❶ 从这些相关词汇来看，民航业的反垄断工作实际上也被视为民航总局的职权之一，这便产生一个难以回答的问题：对于受管制行业的反垄断执法问题，究竟应当交由反垄断主管机构，还是行业管制机构？在管制机构不正当管制频率较高的情况下，是否意味着即使交由前者执法，执法过程中也会遭受来自管制力量的影响？从规范层面，我们暂时找不到这些问题的答案，但一系列现实执法案例则表明，反垄断执法实际上为管制政策让渡了极大的空间：比如在金融危机期间，为了刺激经济实施了一系列产业政策，并以行政干预的形式推动了若干国有企业的并购，2008 年中国联通与网通的合并事实上已经达到了经营者集中申报的标准，应当由商务部进行审查，但由于合并是依据工信部电信改革方案实施的，便不可思议地得到了豁免申报的特权。❷ 2015 年，这一惊人相似的事件又在南北车合并当中再次上演：在国资委和证监会批准合并的情况下，商务部毫无悬念地无条件审查通过了这一面临多方质疑的经

---

❶ 《民航总局工作规则》第 9 条、第 11 条。

❷ 关于中国在 2008 年经济危机期间放松反垄断执法的更为详细的论述可参见应品广："经济衰退时期的竞争政策：历史考察与制度选择"，见顾功耘，罗培新主编《经济法前沿问题（2011）》，北京大学出版社 2011 年版。

营者集中案件。❶

其四，不高效。不独立、不统一、不权威的结果必然是不高效，此处的"效"既指效力，又指效率。当前反垄断执法上的效力不彰，是因为机制的设置并无法保障其执法的权威性，从而不得不在不同层面向不正当管制屈从；而效率上的受损，则是在独立性和统一性无法得到保障的情况下，由于执法权竞合所致。综合来看，我国目前的执法机构体系设置难以满足对国家限制竞争的实际执法需求，难以撼动其体制性基础，进行反垄断主管机构建制改革的要求十分紧迫。

(二) 政府管制机构建制存在的问题

如果是按照纵向和横向的标准对政府管制机构进行区分，则前者是指纵向范畴的行业管制机构，如国家铁路局对铁路行业的管制，后者则是指横向范畴的各区域管制机构，如各地方人大及其行政机关。中国政府管制机构建制存在的问题主要是纵向层面，即由于自上而下行业利益的传导，使行业管制从市场失灵的治理异化为在位经营者行业利益的维护，从而呈现出国家限制竞争的性质。因此，本节所提的政府管制机构的改革，主要是指纵向的行业管制机构体系，而对于作为地方各级权力机关和行政机关的横向区域管制机构，其国家限制竞争法律规制的难点主要在于"地方保护主义"的打破，并不存在政府管制机构建制改革方面的需求。

我国目前的行业管制机构体系艰深且繁杂，从而构成了一个根叶茂盛且难以深度改革的复杂结构。总体来说，中国行业管制机构在行政建制上主要表现出三种生态，即"行业主管式"、"政企一体式"和"委员会式"。

行业主管式是中国目前的主流行业管制机构建制，其基本特征是管制机构隶属于相应行业主管机关之下，受其领导，该主管机关通常是部级单位，负责与此行业有关的所有综合性行政事务，而管制机构则通常为局级单位，在国务院机构设置中，很多此类的行业管制机构构成了"国务院部委管理的国家局"中的重要组成部分。比如民航业的管制机构民航局即属

---

❶ "南北车合并获商务部反垄断审查通过"，载 http://finance.sina.com.cn/stock/hkstock/ggscyd/20150409/081521915610.shtml，最后访问日期：2020 年 1 月 1 日。

于交通部的下属机构；党的十八届三中全会之后撤销了铁道部，并在交通部下设国家铁路局，其性质也与民航局相同。除此之外还有发改委下属的国家粮食局、卫生和计划生育委员会下属的中医药管理局，等等。在行业主管式结构中，管制机构在主管机关的领导下实施管制职责，但由于主管机关通常在相应领域承担综合经济发展、公共服务、行业管制等各项职能，在非管制职能侵扰管制职能时，管制机构便有可能难以在纯粹的治理市场失灵的目的下运行，从而导致国家限制竞争行为发生频率的提高。尤其是当执法行为侵袭到在位的具有国有企业性质的被管制经营者利益时，行业主管机关便有可能以行业利益或国有资本保值增值的目标进行干扰，无法实现执法的独立性，中国近年来多次推行非公资本进入特殊行业的尝试均遭到过大阻力的根源即在于此。

与行业主管式的管制领域通常对应着"国有经济占控制地位的关系国家经济命脉的行业"相比，政企一体式管制机构通常对应于"依法实行专营专卖的行业"，以及部分计划经济体制遗留下的特殊行业。这类机构的特点是"一个机构，一套人马，两块牌子"，即同时担任管制者与经营者的身份，"运动员"与"裁判员"合一。比如归属于发改委体系下的盐业管理局，除个别省份实现了政企分开之外，多数是与同级盐业公司"一套班子、两块牌子、职能分设、合署办公"。❶ 与此种结构一脉相承的还有挂两块牌子的中国烟草总公司与烟草专卖局。撤销铁道部之前的中国铁路行业实际上也是政企合一式的结构，即由铁道部统一负责经营与管制。❷ 整体来说，政企一体式的管制结构混淆了管制者与经营者的身份，经营利益与管制利益发生混同，是最容易诱发国家限制竞争的一种管制结构。而且由于这些领域通常都是法定的专营专卖行业，反垄断执法难以发挥作用，于实际运作中产生了与

---

❶ 从2014年开始，这种政企合一式的食盐专营专卖体制日渐提上改革日程，所以未来数年内，此种管制体制可能将有所变动。"媒体称盐业体制改革方案获通过，拟废除食盐专营"，载 http://money.163.com/15/0403/14/AM9IAM8R00252G50.html，最后访问日期：2020年1月1日。

❷ 铁道部被撤销后，交通部下设国家铁路局负责铁路行业的管制职责，除此之外则另行组建了中国铁路总公司负责经营，实现了政企分开。

适用除外制度无异的效果。也正是由于这个原因，政企一体式通常都是历次国务院组成机构改革所重点关注的领域，近年来的撤销铁道部、食盐专营专卖体制的调整均属此类。

与行业主管式和政企一体式不同，委员会式是指设立了独立于行业主管机关的专业管制机构，通常以"某某监督管理委员会"的形式进行命名，在国务院部委中通常被纳入国务院直属事业单位当中，如金融监管领域的中国银行保险业监督管理委员会，中国证券监督管理委员会，原电力监管委员会也同样属于国务院直属事业单位，但在党的十八届三中全会之后被整合进能源局当中。另外，性质上属于国务院直属特设机构的国有资产监督管理委员会在实际履行职责上也与独立的委员会式管制机构相仿，负责与企业国有资产有关的政府管制。❶ 这种建制实际上是独立管制机构的中国面孔，它有利于保证管制权力实施的独立性和权威性，并能有效防范多目标交叉的行业主管机关的执法干扰，在与反垄断主管机构的博弈过程中，它在三种管制机构建制中可能产生的对反垄断执法的排斥力也是最小的，即尽管在级别上高于局级的三大反垄断主管机构，但由于管制机构建制得到了独立性的基本保障，国家限制竞争的发生频率整体较小，其与反垄断主管机构的关系便会更融洽一些。但是，如果对中国所有的行业管制普遍式地实行这种建制，就不免产生机构冗繁的嫌疑。"容易导致分工过细，性质趋同，职责交叉，造成政出多门、多头审批、多头监管的弊病。"❷ 而这些缺陷已然充分反映在我国金融分业监管体系当中，即在金融混业经营已然表现出不可逆转的趋势下，三足鼎立式的机构必然会发生管制交叉、管制空白以及同类行为管制力

---

❶ 按照《企业国有资产法》第 11 条的规定，国资委的法定职责是"履行出资人职责"，而不是国有资产领域中的管制机构。但是，无论是从其委员会式的命名，还是实际运作的职能，以及未来应然的改革方向来看，国资委都更应当定位为管制机构而非履行出资人职责的机构。进一步的分析可参见顾功耘等：《国有资产法论》，北京大学出版社 2008 年版。

❷ 戚聿东等：《中国垄断行业市场化改革的模式与路径》，经济管理出版社 2013 年版，第 517 页。

第五章 平衡式规制机制的配套制度改革设计

度不同等缺陷。❶ 因此，尽管仅从减少国家限制竞争的角度来看，委员会式最符合独立管制机构的建制要求，最有利于确保行业管制以防范市场失灵为目的，产生国家限制竞争的可能性最小，但若普遍性地实施这一方案，却又有导致国务院部门泛滥和人员冗繁的缺陷。

当然，在现实中，并不见得中国任何一个受管制行业都可以明确判断属于上述三类建制中的何者。有些情况下，行业的管制状态比较复杂，管制机构的建制呈现出多种建制形态的交织。如前面提到的中国铁路行业，党的十八届三中全会改革前的铁道部相当于"政企一体式"，改革后则属于"行业主管式"。这种多类管制结构交织的状态，有时候会令问题复杂化。

比如中国的彩票行业管制：❷ 根据《彩票管理条例》第 5 条的规定，彩票行业享有特许经营权的法律主体为体育总局下设的体彩管理中心和民政部下设的福彩发行管理中心。条例赋予财政部统一负责体彩和福彩的监督管理职能。表面上看来，这种管制结构是财政部下属机构负责管制的行业主管式结构。但是，与其他行业略显不同的是，作为经营者的体彩管理中心和福彩发行管理中心均为事业单位编制，并不是公司制的纯经营性机构，这便决定了它们并不只是彩票的发行和销售方，更承担了对这一经销过程的实际自我管制职权，换言之，体彩管理中心和福彩发行管理中心是"政企一体"式的。名义上享有监管职权的财政部其实并不能对彩票的实质经销过程发挥实际规制效果，而只具有总量管控的间接规制职能：一方面，在彩票发行前，财政部负责彩票品种审批和决定彩票资金的构成比例；另一方面，在彩票发行后，财政部负责制定和执行彩票公益金的分配政策。换言之，如果将彩票经营过程简化为"①核拨业务费，审批彩票品种→②彩票发行→③彩票销售→④彩票中奖、开奖→⑤执行公益金分配政

---

❶ 对中国金融分业监管体系所面临的权责冲突、协调不力等问题的具体分析可参见杨松等：《银行法律制度改革与完善研究》，北京大学出版社，2011 年版，第 464~467 页。

❷ 参见杨成，段宏磊，李丽："中国体育彩票法律规制结构的制度改进"，载《武汉体育学院学报》2016 年第 5 期。

策"的过程，财政部只在①和⑤这两个端口具有管制职权，而②到④的实际过程管制则有体彩管理中心和福彩发行管理中心进行自我控制。由此可见，中国的彩票行业实际上呈现为半行业主管式和半政企一体式的管制结构特色。经营者很大程度上又是管制者，运动员和裁判员身份合一，这便会使众多彩票业的法律制度难以得到真正落实。"将彩票市场的经营权集中到两个政府部门手中，这样做的直接结果是行政权力'只手遮天'，行政行为与市场行为浑然一体……严重制约了市场规则的建立和健全，成为制约彩票业立法的掣肘。"❶

二、反垄断主管机构的品格重塑

为了能在实际执法中抗衡来自管制体系的国家限制竞争力量，应当将反垄断主管机构进行一次独立、统一、权威、高效的品格重塑。应当借鉴国外反垄断主管机构建制的综合经验，以独立管制机构的基本组织形式对我国的反垄断主管机构进行打造，将"3+1+X"式的执法机构体系进行如下"三步走"式的改革：首先，应当按照上文反垄断法律制度修正的策略，取消将对国家限制竞争的执法权交由其上级机关的做法，并明确各管制行业的反垄断执法权不属于管制机构，解决"X"对正式的反垄断执法权限的钳制；其次，应当改变反垄断委员会下设于国家市场监管总局的做法，将市场监管局与反垄断执法有关的编制、人员、职责抽离，设立独立的国务院反垄断委员会；最后，按照独立管制机构的建制对反垄断委员会进行重构，将其打造为具备实际权威和高效的专司反垄断执法的主体。

前述"三步走"的改革策略，是批判式地借鉴欧美国家反垄断主管机构建制的结果。作为反垄断制度体系最为成熟的两个代表性地区，欧盟是一种典型的一元化行政执法结构，由欧盟委员会竞争总局负责统一的反垄断执法；而美国则是一种多元行政，即由司法部反托拉斯局和联邦贸易委员会对反垄断执法权限进行划分，分别执法，为了应对二者可能发生的权限竞合，

---

❶ 骆梅英，朱新力："中国彩票业政府管制研究"，见朱新力，宋华琳等《彩票业的政府管制与立法研究》，浙江大学出版社 2007 年版。

执法实践中通过达成备忘录、设置联络官、进行执法协商等一系列的措施予以解决。❶ 由于美国在反垄断经验上的先进性，这种多元行政的执法机构很容易被误认为是一种先进的经验予以草率移植，但实际上，由司法部反托拉斯局和联邦贸易委员会分头执法的做法，产生了执法成本过高、执法效果不统一等问题，美国学者本身也否认这是一个值得借鉴的有益经验。❷ 无论是从避免执法权竞合、降低执法成本的角度，还是考虑到塑造执法权威，都应当借鉴欧盟一元式的反垄断主管机构。

在国务院反垄断委员会的内部建制上，应当学习欧美国家独立管制机构的建制经验，确保其在独立、统一、权威、高效上的基本品质。独立管制机构实际上是欧美国家为了应对市场失灵问题而在联邦行政层面的一种建制突破，它产生于1887年美国ICC的成立，在20世纪80年代放松管制运动开展后，陆续被英国、德国等欧盟国家所继受，从而日渐成为一个在管制机构建制上的成熟经验。❸ 总体来说，我国反垄断委员会的机构设置应该原则上援引独立管制机构的组织形式，这一经验体系主要包含如下三个方面。

其一为职权上的专司性和集中性。对于独立管制机构产生的根源，中国的多数学者能看到其致力于解决市场失灵的机理，❹ 但事实上，它是以综合防止市场失灵与政府失灵为目的的行政建制上的突破。❺ 一方面，伴随着经济深度发展所造成的市场失灵的普遍化与纵深性，呼吁一个专业且独立的机构对相

---

❶ 参见王晓晔：《反垄断法》，法律出版社2011年版，第327~333页。

❷ See Eleanor Fox. Antitrust and Institutions: Design and Change, Loyola University Chicago Law Journal, Vol. 41, 2010.

❸ 参见李升："美国独立监管制度的演进——兼论德国监管行政法对其的继受与分野"，见漆多俊主编《经济法论丛·总第二十一卷》，武汉大学出版社2011年版。

❹ 代表性的论述有李升："美国独立监管制度的演进——兼论德国监管行政法对其的继受与分野"，见漆多俊主编《经济法论丛·总第二十一卷》，武汉大学出版社2011年版。郝建臻："美国的独立规制机构"，载《党政论坛》2003年第12期。

❺ See Katja Sander Johannsen. Regulatory Independence in Theory and Practice: A Survey of Independent Energe Regulators in Eight European Countries, Energy Research Programme and the Danish Research Training Council, 2003（2）. 作者甚至认为，与防止市场失灵相比，独立管制机构的建制其实在防止政府失灵上的目的更大一些。

应问题予以应对；但另一方面，传统官僚机构的古典行政方式存在缺陷，如由于专业性不足而难以准确治理失灵，由于具备私益性而容易引发寻租行为，等等，这便呼吁一个不同于传统行政建制的机构变革。独立管制机构职权上的专司性和集中性即由此而生。首先，为保证管制过程的专业性和可靠性，独立管制机构被赋予的职责通常是促狭且专业的，如美国的 ICC 专司铁路管制，中国的银监会专司银行业管制，❶ 等等；管制机构以这唯一管制职能的落实为目的配置专业人员，除此项职能之外，独立管制机构原则上不承担其他职责，以防多重目的交织之下对管制目的产生弱化或偏离。其次，为了保证管制的有效性，管制机构权力的行使超出了一般行政机构的纯行政性事项，还在一定程度上负责规则的制定和个案的裁决，美国的独立管制机构还被赋予对违反管制规则的行为提起诉讼的权力。❷ 也正是由于这些特点，独立管制机构的权力通常被视为具有一定的准立法性（quasi-legislative）与准司法性（quasi-judicial），从而成为一定程度上将特定管制领域的立法、行政、司法三权合一的机构，这种特立独行的职权形式使其在美国被冠以"第四部门"的称号。❸ 国务院反垄断委员会的职权即需要仿照这种设置，确保其专司性和集中性：首先，反垄断委员会应专司反垄断执法，以及与执法有关的竞争政策拟定、出台反垄断指南、实施竞争倡导等职权，除此之外，则不再配置其他任何职责。其次，对反垄断委员会职权的落实应体现集中性，将国家发改委、国家工商行政管理总局、商务部的反垄断执法权、具有准立法性的规则制定权❹、具有准司

---

❶ 我国目前尚缺乏正式的完全符合美国实践特征的独立管制机构建制，但是从基本表象来看，银监会、保监会、证监会、电监会等以国务院正部级事业单位的形式设立的以"某某监督管理委员会"为名的若干机构，最符合本土独立管制机构的建制尝试。

❷ See Paul R. Verkuil. The Purposes and Limits of Independence Agencies, Duke Law Journal, 1988 (7).

❸ 独立管制机构还因此而引发了对其是否具有合宪性的讨论。但是，这种准立法权与准司法权，其实质仍与三权分立体系下立法机关与司法机关的职能存在较大差别，因此，"第四部门"的说法与其说是一种事实，不如说只是一种现状的描述。参见宋华琳："美国行政法上的独立规制机构"，载《清华法学》2010年第6期。

❹ 近年来，国家工商行政管理总局、商务部、国家发改委均在不同程度上发挥了这种具有准立法性质的规则制定权，如 2009 年商务部《经营者集中审查办法》、2010 年《工商行政管理机关禁止垄断协议行为的规定》、2011 年国家发改委《反价格垄断规定》。

法性的个案裁决权❶统一配置于反垄断委员会当中,组建成类似于当前的银监会、电监会等具有强烈独立管制机构性质的国务院正部级事业单位。

其二为运行上的独立性和权威性。对独立管制机构来说,"独立"是其建制的核心品格,也正是由于这种执法过程中不受任何委任者和利益相关者影响的独立性,才能保证其执法的权威性。❷ 在人事问题上,一方面,独立管制机构的核心组成人员应当按照管制职权的专业性要求予以委任,从而确保其在职责履行时的专业性;另一方面,对这些专业的管制者应建立任职保障制,从而确保其履职不受委任者和其他任何利益相关者的影响。在机构问题上,一方面,独立管制机构在行政编制上级别要足够高,从而确保其实际执法能产生足够的威慑性,不至于因为"官大一级压死人"的官场生态而影响其实际执法效力;另一方面,对独立管制机构要进行其相应领域的执法权创新,从而方便其在利益纠葛中进行熟稔的斡旋和博弈,确保其相对于除最高立法机关之外任何行政机构、社会组织和利益团体的威慑性和实效性。因此,对于国务院反垄断委员会,应当将原执法机构国家发改委、商务部、国家工商行政管理总局中的专业性编制、人员和执法配置进行统筹,统一置于委员会之下,对核心工作流程和工作人员予以执法公开性前提上的任职保障,保证其执法专业性和在专业性前提上的独立性。在行政级别上,反垄断委员会要给予正部级编制,从而保证其对国家限制竞争行为进行执法时的威慑力;在执法模式创新

---

❶ 整体来看,我国三大反垄断主管机构职权中的准司法性体现不深,整体而言仍是以行政执法为其核心职责,且在《最高人民法院关于审理因垄断行为引发的民事纠纷案件应用法律若干问题的规定》出台后,提起民事诉讼与申请行政执法处于并行的地位,受害者可以自由选择。但是,仍不能否定反垄断主管机构仍具有一定程度的个案裁决上的司法性。一个典型的体现是,《反垄断法》第 13 条对横向垄断协议的规定,第 14 条对纵向垄断协议的规定,第 17 条对滥用市场支配地位的规定,其兜底条款的表述均为"国务院反垄断主管机构认定的其他垄断协议/滥用市场支配地位的行为"。这造成的结果是,由于限制竞争行为民事诉讼的规定是建立在《反垄断法》规范基础上的,对于立法未列明的限制竞争行为,必须先经过"国务院反垄断主管机构认定"方能提起诉讼,这实际上相当于在这些领域确立了行政执法的必经事前程序。在未经执法机构个案裁决中明确属于限制竞争行为的情况下,民事诉讼无权提起。

❷ 参见邢鸿飞、除金海:"论独立规制机构:制度成因与法律要件",载《行政法学研究》2008 年第 3 期。

上，则应当平衡式规制机制的基本部署，对竞争评估、竞争倡导等新型执法权力予以明确。

其三为组织上的任职保障制与合议制。在确保职权上的专司性与集中性、运行上的独立性与权威性之后，独立管制机构得以在与传统行政机构相异的建制模式下运行。但是，仍然会存在对其公正履职上的两个潜在威胁：首先是履职的短视性问题，即机构人员可能会由于较短任期的影响以及行政机关首长的偏好，而使其履职行为倾向于"短、平、快"的产出，而怠于在长期性和持续性的履职上投注过多精力，这便有可能影响其国家限制竞争行为的规制实效。应对此问题的方法是确立任职保障制，即只有在委员会成员❶存在玩忽职守、渎职等特定行为理由时，国务院首长才享有解除其职位的权力，这便能防止由于执政者偏好而产生的对履职的潜在影响。比如美国1887年《州际商贸法》规定，只有ICC成员存在"无效率、玩忽职守或渎职"的情形时，总统方能履行免职权。其次是履职可能产生的专制风险，由于施加了一系列确保管制机构独立性的建制措施，该机构就有可能因为过分的集权性保障而产生专制危险，因此，与一般的行政机构相比，独立管制机构不能实行首长负责制，否则将有重大的政府失灵风险，而是以合议制配置一个集体领导的结构，以多数决的形式作出决策。也正是由于这个原因，美国的独立管制机构通常以"某某委员会"的形式命名，而依一般行政机构惯例命名的"某某局""某某部"则较少。❷ 在以合议制运作的委员制成员中，

---

❶ 此处的"委员会成员"并不泛指组成反垄断委员会的所有公务人员，而只包括作为合议制存在的委员会决策人员。

❷ 此处的"委员会"是指以Board、Council、Commission、Institute等为字眼的管制机构命名方式，这在美国管制机构建制中构成主要体系，如民用航空委员会（Civil Aeronautics Boards）、经济咨询委员会（Council of Economic Advisors）、商品期货交易委员会（Commodity Futures Trading Commission）、国家健康协会（National Institute of Health）等。当然也存在名称更类似于一般行政主体的管制机构，如交通部（Department of Transportation）、食品药品管理局（Food and Drug Administration）等。对美国主要管制机构的详细列举可参见［美］W. 基普·维斯库斯，小约瑟夫·E. 哈林顿，约翰·M. 弗农著，陈甬军，覃福晓等译：《反垄断与管制经济学（第四版）》，中国人民大学出版社2010年版，第10~11页。

通常应有相应领域的专家如经济学家、法学家等，关联行政机构的代表人员，来自公司、公民等的利益相关者，在此基础上任命负有组织和协调职责的委员会主任，等等。因此，反垄断委员会也应当采取类似形式，建立任职保障制前提下的合议制。从目前的委员会组成来看，人员过于单一，是由国务院副总理担任主任，商务部部长、发改委主任、工商总局局长、国务院副秘书长私人担任副主任，委员则由各部位副职首长组成。❶ 在委员会之外另行组建了一个由21名法律、经济学专家组成的专家咨询组，来自对外经济贸易大学、北京大学、中国政法大学、上海交通大学和中国社科院等单位。❷ 这一建构存在的问题是，专家咨询组并不属于委员会实际成员，不能在决策中发挥实质性作用；另外，委员会成员集体均为行政官员的做法，也忽略了来自社会中企业家等利益相关者的作用；将各部委复制首长均纳入委员会的做法，也未免会在委员会决策中产生来自行业管制力量的过高权重，不利于反垄断决策对具有国家限制竞争效果的政府管制的抗衡。未来在实现反垄断委员会独立管制机构的建制后，应当对委员会成员进行调整，将专家咨询组改组为专家组，使其成为正式委员会组成人员；减少部委副职首长的数量，并一定程度上吸收企业家等利益相关者群体成员；同时还应出台组织规定，确定多数决的基本合议制规则。

经过职权上的专司性和集中性，运行上的独立性和权威性，以及组织上的任职保障制与合议制改革后，反垄断委员会得以构成一个具备足够执法权威的独立反垄断主管机构，如此方能保障其对一切国家限制竞争行为的执法威严。

三、政府管制机构的大部制重构

在以独立管制机构的建制对反垄断主管机构予以改革的同时，还必须对

---

❶ 参见《国务院办公厅关于国务院反垄断委员会主要职责和组成人员的通知》（国办发〔2008〕104号）。

❷ 反垄断委员会专家咨询组的组成和运行并未见明确的官方文件予以公示，此处的论述是在2014年发生中国社科院研究员张昕竹被解聘专家咨询组成员后，援引了媒体报道的内容。参见：徐秀："国务院反垄断委员会首次解聘专家"，载http://finance.jrj.com.cn/2014/08/13150217803127.shtml，最后访问日期：2020年1月1日。

我国纷繁复杂的政府管制机构进行一并改革，其指导思想有二：其一，与反垄断主管机构的改革逻辑相类似，以独立管制机构的形式对我国表现形态不一的管制机构进行改革，从而在内部建制上保证管制权力实施的目标单一性——局限于以治理市场失灵为目的，减少其在多重目标干扰下实施国家限制竞争行为的可能性；其二，按照大部制改革的思维对管制机构进行废、改、并、撤，降低中国政府管制的广度和深度，并明确其与反垄断主管机构的职权分工，改变其在与反垄断主管机构博弈时的强势状态。在这种内外合一的改革之下，中国国家限制竞争的体制性基础将得到系统的消解。

综合行业主管式、政企一体式和委员会式的机构设置状况，如果是以保证管制独立性和权威性，进而避免国家限制竞争的目的来看，委员会最优，行业主管式较差，政企一体式最差。但是，如果按照"头痛医头、脚痛医脚"的思维，对各类需要管制的行业分别设置监管委员会，又将会产生机构冗繁的问题，且不利于各行业之间管制权力的协调与对接。因此，最佳的处理方法是借鉴近些年来我国在国务院部委改革中的"大部制"思维，组建综合性独立管制机构。即将在行业主管式和政企一体式中的管制职能与其他职能剥离，使其只以治理相应行业中的市场失灵为目的，然后以行业分类为依据，将若干性质和功能相近的管制主体进行整合，成立几大综合性的独立管制机构，均以国务院直属事业单位的部级机关建制。事实上，在我国垄断行业市场化改革模式的探讨中，已经有学者做过类似建议，即认为可以考虑成立能源监管委员会（负责电力、天然气、煤炭、石油产业之管制）、交通监管委员会（负责铁路、民航、公路、水运、邮政之管制）、通信监管委员会（负责电信、有线电视、互联网之管制）和公用事业监管委员会（负责自来水、燃气、供热、公交之管制），等等。❶ 考虑到我国在独立管制机构上的改革一直以银行、保险、证券金融三业为重要领域，因此这种综合性独立管制机构的改革可以首先从综合性的金融业监管委员会之建立着手，即将三大独立管制机构予以整合，这也能顺应当前金融混业发展的基本趋势。待时机

---

❶ 参见戚聿东等：《中国垄断行业市场化改革的模式与路径》，经济管理出版社2013年版，第517页。

成熟后，再逐步向其他行业管制中推广。这样一来既可以避免机构设置的冗繁和职责交叉，又可以进一步斩断管制者与被管制者之间的利益联系，有效避免前者被后者俘获，增强管制执法的独立性，减少国家限制竞争发生的可能，反垄断主管机构也便更能在这些管制行业推行竞争评估、竞争倡导等新型执法方式。

待实现了对行业管制机构的大部制改革后，还应当对其管制权限进行调整，从而确保与反垄断主管机构的权力分野与对接，这主要指的是在受管制行业发生反垄断执法的问题时，究竟由行业管制机构还是反垄断主管机构进行执法的问题。从国际立法情况来看，主要有三种做法：❶ 第一种是交由行业管制机构予以执法，反垄断主管机构原则上不参与，甚至在若干受管制行业中，会索性豁免反垄断机构的审查；第二种是交由反垄断主管机构予以单独执法，行业管制机构近乎完全剥离在反垄断执法方面的职权；第三种则是试图建立起一种共同执法的合作和分工机制。

三种执法权的配置各有其优劣，整体来说，采用前两种机制的做法，通常会在社会体制基础上的要求比较高，更适合市场经济成熟度较高的国家。由行业管制机构独占行业反垄断执法的做法，其益处在于管制机构对行业信息获取上的充分性，更有利于保障执法的专业性，但也更容易因为维护行业利益的倾向和管制俘获而导致执法软约束，诱发国家限制竞争行为；此时，如果所在国家的行业管制体系十分普遍和深切，则有可能压缩反垄断执法实际发挥作用的空间。因此，如果一个国家的市场经济成熟度高、法治化程度完善，且政府管制的规模较小、自律性强，行业管制机构独占反垄断执法的做法才比较可取。美国作为现代意义上的政府管制的首创者，在历史上即长期采纳行业管制机构独占执法的做法，由此造成的结果是，美国反垄断法的适用除外制度一度是非常泛化的，若干受管制行业实质上都在不同程度不予适用反垄断执法。首先，如果联邦管制立法对相应领域的反垄断执法做出了明示的适用除外，则显然排除了反垄断执法；其次，联邦管制机构甚至在

---

❶ 参见刘桂清：《反垄断法中的产业政策与竞争政策》，北京大学出版社2010年版，第118~120页。

特定范围内有权以行政决定的形式授予适用除外；最后，在前两者明示的使用除外之外，甚至还有默示的除外，即在管制立法对反垄断管辖权不置可否时，但联邦最高法院认定，如果管制条款与反垄断发生明显的矛盾，则视为以默示的方式排除反垄断法。❶ 这一现状在 20 世纪 70 年代美国逐渐开展放松管制运动以后逐渐得到改善，许多行业从管制转向竞争，反垄断发生作用的领域也就逐渐加大。❷ 如今，美国多数行业管制领域已不再表现出行业管制机构独占反垄断执法权的特征，而是与反垄断主管机构呈现出一种合作与分工的状态，比如放松管制后的 1996 年新《美国电信法》，"不仅规定司法部反托拉斯局有权审查电信市场的企业集中，而且还规定联邦通信委员会审查电信市场的企业集中时，必须依据反托拉斯法"。❸

在对市场经济成熟度的要求上，由反垄断主管机构独占行业反垄断的做法有过之而无不及。从行政部门关系的博弈来看，只有在一个国家的行业管制体系十分单薄时，这种做法才有可能真正得以实施，否则，行业管制机构必然会与反垄断主管机构发生管制权限的竞争。因此，反垄断主管机构独占执法的情形，最终的极端演变便是作为行政机构体系的行业管制索性撤销，由反垄断主管机构集反垄断执法权与政府管制全于一身，澳大利亚竞争与消费者委员会，新西兰商业委员会即属于这种情形。❹ 另外，由反垄断主管机构独占执法的做法，也会产生是否足够专业的疑问，作为一个普适于整体市场竞争机制的执法体系，反垄断主管机构不可能对各受管制行业的具体执法

---

❶ 参见［美］霍温坎普著，许光耀，江山，王晨译：《联邦反托拉斯政策：竞争法律及其实践（第三版）》，法律出版社 2009 年版，第 786~787 页。

❷ 同上书，第 783 页。另外，从法制史的角度来看，美国管制机构与反垄断主管机构执法边界的分野和互动是一个非常长期的事情，从"二战"以后，尤其是从 20 世纪 70 年代以来，反垄断主管机构的实施范围才开始有明显的扩大，对这一过程的系统分析可参见张江莉：《反垄断制度与政府管制》，北京师范大学出版社 2011 年版，第 71~103 页。

❸ 刘桂清：《反垄断法中的产业政策与竞争政策》，北京大学出版社 2010 年版，第 119 页。

❹ 参见刘桂清：《反垄断法中的产业政策与竞争政策》，北京大学出版社 2010 年版，第 118~119 页。

具有充分的信息和技术专业性，如果忽略行业实际情况进行草率执法，则将有可能若干偏差。而在这方面，行业管制机构表现出来的执法优势则更明显一些，"一些产业的技术性、专业性日趋复杂，处理这些领域的竞争管制问题，如关键设施的使用、网络型产业的互通互联、技术标准的制定、经营方式的创新等，只有通过长期、密切的关注，掌握特定产业领域的历史数据，理解相关技术应用对该产业竞争秩序的影响，才能在这些产业准去地实施反垄断法"。❶

综上所述，在综合考虑三种制度设计的秉性及中国国情后，在行业管制机构和反垄断主管机构之间构建一种合作与分工机制就成了必然的选择，中国的学者多数也赞同此种机制。国际上也颇多此类型的成熟经验，如《英国竞争法》就在第四节中规定，对于受管制的行业在适用本法时，相应的行业管制机构与作为反垄断主管机构的公平交易均拥有共同执法权。❷但值得注意的是，多数学者所主张采纳的此种模式均是基于单纯的反垄断执法力量与行业管制力量的彼此"约束制衡"与"互动协调"，❸即将二者置于完全平等的位置，这便有忽视反垄断价值优先性的嫌疑。

因此，笔者所赞同的"合作与分工机制"，必须建立于两个前提之上：其一，行业管制规范已然完成了本章第一节所述的"竞争法化"清理，管制法律、法规、规范性文件中有损竞争机制的不正当管制存量已整体偏少，与此同时，行业管制机构的建制也已进行了本节所述的大部制的综合性独立管制机构的改革，这能保证行业管制机构做出国家限制竞争行为的可能性较低；其二，在受管制行业反垄断执法的合作与分工机制中，必须明确反垄断主管机构的"牵头执法者"地位。换言之，行业管制机构在本行业具备实际效力的反垄断执法权应当原则上被剥离，而只体现在一种辅助性的执法权力当中。具体说来，行业管制机构应当仅对受管制行业履行与其管制权力有关的在市场准入、商品和服务价格、互联互通及接入费用等方面与竞争行为有

---

❶❸ 孟雁北：“我国反垄断主管机构与政府产业管制部门的关系”，载《中国人民大学学报》2015 年第 2 期。

❷ 参见史际春，肖竹：“《反垄断法》与行业立法、反垄断机构与行业机关机构的关系之比较研究及立法建议”，载《政法论丛》2005 年第 4 期。

本章小结：塑造政府管制与反垄断的良性互动机制

平衡式规制机制并不是一个一蹴而就的法律制度，它在中国的实现须建立在良好改革时机的择取、关联行政机构的建制改革与权限划分、《反垄断法》和其他政府管制立法的整体改进等一系列前提之上。如果缺乏这些必要的配套要件，平衡式规制机制将难以立足，也无法如期发挥理想的规制效果。

本章为平衡式规制机制设计出了一个配套制度改革体系，其实质是建立起一个政府管制与反垄断的良性互动机制：国家限制竞争之所以产生，无非是管制超越其治理市场失灵的边界进而发生异化的结果，我国当前的若干体制性因素滋生了管制异化的土壤，它令管制权力过于跋扈，本应在市场规制法律制度中发挥更重要作用的反垄断手段却过于谦抑和内敛。在这种政府管制与反垄断的不对等局面中，针对国家限制竞争的平衡式规制机制难以建立。与欧美国家健全的经济体制相比，我国存在着"不健全的市场"、"地位特殊的政府"以及"中国人民长期形成的对政府的依赖的情感"这三大本土性特征，[1]而这些恰恰均容易滋生管制的异化问题。本节所设计的各种配套制度改革，无非是令政府管制与反垄断的关系回复到更加良性的互动机制当中：以放松管制运动的开展和政府管制机构的改革实现对管制力量的"去势"；以相关法律文本的修正和反垄断主管机构的重构实现对反垄断力量的"培育"。只有在这种良性的制度要素下，管制的决策、实施和终止全过程方能时刻以不对市场竞争产生不正当限制为基本要求，平衡式规制机制也才能真正作用于管制的全过程，实现对国家限制竞争及其危害后果的根本遏制。

与其他纯粹的法律问题相比，平衡式规制机制配套制度的改革要求极为冗繁，涉及社会经济体制的方方面面。单是放松管制运动一项，就有可能至少需要十余年的时间，而法律制度的修改和机构建制的改革更是需要磨合多

---

[1] 刘大洪：《法经济学视野中的经济法研究（第二版）》，中国法制出版社 2008 年版，第 10 页。

方社会主体利益，其困难程度也是不言而喻。即使从欧美发达国家的情况来看，它们从 20 世纪 70 年代末开启放松管制运动，然后逐渐探索和完善出一系列有助于规制国家限制竞争问题的法律制度，至今也远未完全停止步伐，OECD 的《竞争评估工具书》近年也在反复修正。这些不可逆转的国际趋势进一步说明，我国必须尽快地推进平衡式规制机制的构建及其配套制度的完善，跟上国际反垄断法的发展趋势，并以此推动中国良性竞争秩序的构建。

结　语

"竞争是我们自由社会的基石。自由市场经济建立如下前提之上：与任何形式的管制相比，市场的无形之手通常是公共福祉更加有力的守护者。"[1]因此，当代社会的反垄断法，不能仅囿于对经营者实施的限制竞争行为的规制，而应辐射至一切主体实施的限制竞争行为，均将其纳入维护竞争精神和法治秩序之下，以政府管制为依托的国家限制竞争行为亦不应成为例外。

国家限制竞争的法律规制问题是一个系统性的制度要求，不同国度在不同时代均曾探索出与其国情相符合的规制机制，西方发达国家是借助放松管制运动的推行形成了以管制影响评估制度为基础的预防式规制机制；而发展中国家，尤其是俄罗斯、乌克兰等国，为了系统地回应在经济转轨过程中国家限制竞争的规制问题，采取的方案则是在反垄断法当中对国家限制竞争进行专门立法。我国则在制定《反垄断法》过程中，形成了颇具本土色彩的"行政垄断"一词，进而，国家限制竞争的规制问题被替换成了反行政垄断问题，然后又基于对欧美发达国家规制经验借鉴的忽视，最终形成了如今《反垄断法》中对"滥用行政权力排除、限制竞争"的规定。

整体来说，我国现行的这一规制机制更偏重于对国家限制竞争的事后补救式规制，而忽略了西方国家预防式规制机制在系统消解国家限制竞争体制性基础的重要性。即使是以执法和司法为主要实现路径的补救式规制机制，在我国的作用也极为有限，这一方面是因为我国在反行政垄断执法主体、法

---

[1] Michal S. Gal, Inbal Faibish. Six Principles for Limiting Government-Facilitated Restraints on Competition, 44 (1) Common Market Law Review 69 (2007).

律责任等方面法律规定的疏漏，另一方面，更重要的是因为"滥用行政权力排除、限制竞争"的规定无法准确地涵盖国家限制竞争的全部概念范畴，从而导致国家限制竞争反垄断法规制的法外空间。因此，我国的国家限制竞争法律规制体系必须做出重构。

本书通过冗繁的分析寄望得出的结论是，我国国家限制竞争的法律规制问题要基于对发达国家和发展中国家有效经验进行统筹的基础上，实现如下突破：其一，在理论研究层面，要尽快地实现从"行政垄断"研究向"国家限制竞争"研究的转变，从而将包含地方立法机关在内的主体实施的限制竞争行为均纳入立法活动之中，超越促狭的"行政垄断"概念。其二，在指导思想层面，要批判性地、系统性地对发达国家和发展中国家的相关制度经验进行综合借鉴，形成一个将两类规制形式的优势功能互补的平衡式规制机制，建立起从事前到事后的健全的国家限制竞争规制体系。其三，在制度实施层面，要理性地认识到平衡式规制机制对若干体制改革、法律文本和机构建制上的基础性要求，从《反垄断法》和公平竞争审查制度的修正、反垄断主管机构和管制机构的建制重构等方面为平衡式规制机制发挥作用建立必要的制度基础；除此之外，还应从事一场中国版本的放松管制运动，为平衡式规制机制的推进建立社会基础。

在本研究所形成的上述一系列结论中，在中国未来建立一个国家限制竞争的平衡式规制机制的建议当属本书的最核心研究成果。这一机制的运作过程实际上是对政府管制权力的运行全程设计一个系统性的规制应对策略——从决策到实施，再到发生管制效果，平衡式规制机制如影随形。这一规制体系的建立有利于保证将政府管制限缩在治理市场失灵的正当性范围之内，谨防管制失灵下的国家限制竞争问题。

在中国当前的主流研究视野中，学者更常关注的是富含本土性色彩的行政垄断一词，对国家限制竞争的研究，则是在近几年才缓慢开始出现的新兴研究视角，目前仍停留在少数几位学者的关注和有限著述中。也正是由于这个原因，目前中国整体学界仍对行政垄断的概念接受度较高，而忽略了它由于概念范畴有限而造成的若干研究局限性。从这个角度来讲，本研究在更新国家限制竞争研究的话语体系和规制创新方面均做出了一定尝试，并取得了阶段性的研究成果。近年来,我国无疑已经进入了新一轮深化经济体制改革的关键期,对中国若干体制改革热点问题的探讨,如政府职能的转变、国有企业的改革、公共财政支出的调配、垄断型行业竞争机制的引入,等等,表面上看来相互之间的关联性不大,但实际上都渗透着国家限制竞争的规制问题。在社会变革呼唤理论支撑的这个关键时期,希望本研究取得的若干研究成果能够成为顶层制度决策者的智识参考,进而为中国竞争环境的优化、竞争文化的普及以及竞争秩序的维护贡献微薄之力。

长风破浪会有时,直挂云帆济沧海。时间终将拉近学者理想与现实间的距离。

参考文献

[1] 刘大洪．经济法学［M］．北京：中国法制出版社，2007．

[2] 刘大洪．法经济学视野中的经济法研究［M］．2版．北京：中国法制出版社，2008．

[3] 漆多俊．经济法基础理论［M］．4版．北京：法律出版社，2008．

[4] 韩志红，宁立志，等．经济法权研究［M］．武汉：武汉大学出版社，2012．

[5] 种明钊．国家干预法治化研究［M］．北京：法律出版社，2009．

[6] 种明钊．竞争法［M］．2版．北京：法律出版社，2009．

[7] 朱崇实．共和国六十年法学论争实录：经济法卷［M］．厦门：厦门大学出版社，2009．

[8] 王晓晔．反垄断法［M］．北京：法律出版社，2011．

[9] 曹士兵．反垄断法研究［M］．北京：法律出版社，1996．

[10] 孔祥俊．反垄断法原理［M］．北京：中国法制出版社，2001．

[11] 姜明安．行政法与行政诉讼法［M］．5版．北京：北京大学出版社，高等教育出版社，2011．

[12] 江国华．中国行政法（总论）［M］．武汉：武汉大学出版社，2012．

[13] 张江莉．反垄断制度与政府管制［M］．北京：北京师范大学出版社，2011．

[14] 张红凤．西方规制经济学的变迁［M］．北京：经济科学出版社，2005．

[15] 余晖．管制与自律［M］．杭州：浙江大学出版社，2008．

[16] 肖竹．竞争政策与政府规制——关系、协调及竞争法的制度构建 [M]．北京：中国法制出版社，2008．

[17] 应品广．法治视角下的竞争政策 [M]．北京：法律出版社，2013．

[18] 山东大学反垄断与规制经济学研究基地．反垄断与规制经济学学术年鉴 2013 卷 [M]．北京：经济科学出版社，2013．

[19] 王雅丽，毕乐强．公共规制经济学 [M]．3 版．北京：清华大学出版社，2011．

[20] 朱崇实．金融法教程 [M]．3 版．北京：法律出版社，2011．

[21] 戚聿东．垄断行业改革报告 [M]．北京：经济管理出版社，2011．

[22] 戚聿东，等．中国垄断行业市场化改革的模式与路径 [M]．北京：经济管理出版社，2013．

[23] 文学国．政府规制：理论、政策与案例 [M]．北京：中国社会科学出版社，2012．

[24] 邓志松．论行政垄断的成因、特点及法律规制 [M]．北京：法律出版社，2012．

[25] 石淑华．行政垄断的经济分析 [M]．北京：社会科学文献出版社，2006．

[26] 胡汝银．竞争与垄断：社会主义微观经济分析 [M]．上海：上海三联书店，1988．

[27] 于良春，等．转轨经济中的反行政性垄断与促进竞争政策研究 [M]．北京：经济科学出版社，2011．

[28] 徐梅．日本的规制改革 [M]．北京：中国经济出版社，2003．

[29] 刘桂清．反垄断法中的产业政策与竞争政策 [M]．北京：北京大学出版社，2010．

[30] 冯玉军．法经济学 [M]．北京：中国人民大学出版社，2013．

[31] 蒋红珍．论比例原则——政府规制工具选择的司法评价 [M]．北京：法律出版社，2010．

[32] 钟刚. 反垄断法豁免制度研究 [M]. 北京：北京大学出版社，2010.

[33] 林艳萍，等. 发展中国家十国竞争法研究 [M]. 北京：北京大学出版社，2010.

[34] 时建中. 三十一国竞争法典 [M]. 北京：中国政法大学出版社，2009.

[35] 时建中. 反垄断法——法典释评与学理探源 [M]. 北京：中国人民大学出版社，2008.

[36] 谢地. 自然垄断行业国有经济调整与政府规制改革互动论 [M]. 北京：经济科学出版社，2007.

[37] 苏永钦. 走入新世纪的私法自治 [M]. 北京：中国政法大学出版社，2002.

[38] 王中美. 以反垄断替代反倾销的法律研究 [M]. 北京：法律出版社，2008.

[39] 金河禄，蔡永浩. 中韩两国竞争法比较研究 [M]. 北京：中国政法大学出版社，2012.

[40] 张文魁. 中国混合所有制企业的兴起及其公司治理研究 [M]. 北京：经济科学出版社，2010.

[41] 杨文. 国有资产的法经济分析 [M]. 北京：知识产权出版社，2006.

[42] 黄建伟. 自然垄断产业的组织演化与管制调整——中国民航运输业的研究 [M]. 北京：国防工业出版社，2014.

[43] 张千帆. 国家主权与地方自治——中央与地方关系的法治化 [M]. 北京：中国民主法制出版社，2012.

[44] 张千帆. 美国联邦宪法 [M]. 北京：法律出版社，2011.

[45] 文红玉. 国权、民权与联邦制——马克思主义国家结构学说中国化进程中的联邦主义 [M]. 上海：上海三联书店，2012.

[46] 朱锦清. 国有企业改革的法律调整 [M]. 北京：清华大学出版社，2013.

［47］李昌麒．中国改革发展成果分享法律机制研究［M］．北京：人民出版社，2011．

［48］顾功耘，等．国有资产法论［M］．北京：北京大学出版社，2008．

［49］杨松，等．银行法律制度改革与完善研究［M］．北京：北京大学出版社，2011．

［50］李福川．俄罗斯反垄断政策［M］．北京：社会科学文献出版社，2010．

［51］谭克虎．美国铁路业管制研究［M］．北京：经济科学出版社，2008．

［52］詹姆斯·M．布坎南．宪法秩序的经济学与伦理学［M］．朱泱，毕洪海，李广乾，译．北京：商务印书馆，2008．

［53］丹尼尔·F．史普博．管制与市场［M］．余晖，何帆，钱家骏，周维富，译．上海：格致出版社，上海三联书店，上海人民出版社，2008．

［54］W．基普·维斯库斯，小约瑟夫·E．哈林顿，约翰·M．弗农．反垄断与管制经济学［M］．4版．陈甬军，覃福晓，等译．北京：中国人民大学出版社，2010．

［55］赫伯特·霍温坎普．联邦反托拉斯政策：竞争法律及其实践［M］．3版．许光耀，江山，王晨，译．北京：法律出版社，2009．

［56］曼昆．经济学原理·微观经济学分册［M］．梁小民，译．北京：北京大学出版社，2009．

［57］戴维·格伯尔．全球竞争：法律、市场和全球化［M］．陈若鸿，译．北京：中国法制出版社，2012．

［58］凯斯·R．桑斯坦．权利革命之后：重塑规制国［M］．钟瑞华，译．北京：中国人民大学出版社，2008．

［59］理查德·A．波斯纳．反托拉斯法［M］．2版．孙秋宁，译．北京：中国政法大学出版社，2003．

［60］史蒂芬·霍尔姆斯，凯斯·R．桑斯坦．权利的成本：为什么自由

依赖于税［M］．毕竞悦，译．北京：北京大学出版社，2011．

［61］热拉尔·罗兰．私有化：成功与失败［M］．张宏胜，于淼，孙琪，等译．北京：中国人民大学出版社，2013．

［62］J. 格里高利·西达克，丹尼尔·F. 史普博．美国公用事业的竞争转型：放松管制与管制契约［M］．宋华琳，李鸧，等译．上海：上海人民出版社，2012．

［63］保罗·彼得森．联邦主义的代价［M］．段晓雁，译．北京：北京大学出版社，2011．

［64］查理斯·R. 吉斯特．美国垄断史——帝国的缔造者和他们的敌人［M］．傅浩，等译．北京：经济科学出版社，2004．

［65］亨利·勒帕日．美国新自由主义经济学［M］．李燕生，译．北京：北京大学出版社，1985．

［66］乌茨·施利斯基．经济公法［M］．2版．喻文光，译．北京：法律出版社，2006．

［67］权五乘．韩国经济法［M］．崔吉子，译．北京：北京大学出版社，2009．

［68］植草益．微观规制经济学［M］．朱绍文，译．北京：中国发展出版社，1992．

［69］刘大洪，谢琴．自然垄断行业改革研究——从自然垄断行业是否为合理垄断的角度出发［J］．法学论坛，2004（4）．

［70］刘大洪，殷继国．论行政垄断的行政法规制——兼评反垄断法说［J］．安徽大学法律评论，2006（1）．

［71］刘大洪，段宏磊．谦抑性视野中经济法理论体系的重构［J］．法商研究，2014（6）．

［72］刘大洪，段宏磊．混合所有制、公私合作制及市场准入法的改革论纲［J］．上海财经大学学报，2017（5）．

［73］段宏磊，刘大洪．混合所有制改革与市场经济法律体系的完善［J］．学习与实践，2015（5）．

［74］段宏磊．全球反行政垄断立法类型论［J］．理论月刊，2015

(8).

[75] 段宏磊. 民航业反垄断执法的管制障碍及改革 [J]. 北京理工大学学报（社会科学版），2015（1）.

[76] 段宏磊. 中国反垄断法适用除外的系统解释与规范再造 [J]. 社会科学，2018（2）.

[77] 张占江. 论政府反竞争行为的反垄断法规制体系建构 [J]. 法律科学，2015（4）.

[78] 张占江. 政府反竞争行为的反垄断法规制路径研究——基于路径适用的逻辑展开 [J]. 上海财经大学学报，2014（5）.

[79] 张占江. 竞争倡导研究 [J]. 法学研究，2010（5）.

[80] 邢会强. 宏观调控行为的不可诉性探析 [J]. 法商研究，2002（5）.

[81] 盛学军，陈开琦. 论市场规制权 [J]. 现代法学，2007（4）.

[82] 李昌麒，应飞虎. 论经济法的独立性——基于对市场失灵最佳克服的视角 [J]. 山西大学学报（哲学社会科学版），2001（3）.

[83] 胡乐明. 公共物品与政府的作用 [J]. 财经研究，2001（8）.

[84] 魏剑. 试论我国的反垄断立法 [J]. 中外法学，1989（3）.

[85] 李中圣. 行政垄断的几个问题 [J]. 政法论丛，1990（2）.

[86] 王保树. 企业联合与制止垄断 [J]. 法学研究，1990（1）.

[87] 梁慧星. 中国反垄断立法的构想 [J]. 法学与实践，1991（6）.

[88] 方流芳. 公司审批制度与行政性垄断——兼论中国公司法的走向 [J]. 中国法学，1992（4）.

[89] 王晓晔. 我国反垄断法立法框架 [J]. 法学研究，1996（4）.

[90] 许光耀. 行政垄断的反垄断法规制 [J]. 中国法学，2004（6）.

[91] 许光耀.《反垄断法》执法机构的管辖权划分与协调 [J]. 价格理论与实践，2013（2）.

[92] 孙晋. 反垄断法适用除外制度构建与政策性垄断的合理界定 [J]. 法学评论，2003（3）.

[93] 时建中. 我国《反垄断法》的特色制度、亮点制度及重大不足

[J].法学家,2008(1).

[94] 时建中,钟刚.试析反垄断法农业豁免制度——兼论我国《反垄断法》第五十六条[J].财贸研究,2008(2).

[95] 王晓.论反垄断法一般理论及基本制度[J].中国法学,1997(2).

[96] 封丽萍.行政垄断与我国反垄断立法[J].浙江大学学报,1999(5).

[97] 漆多俊.中国反垄断立法问题研究[J].法学评论,1997(4).

[98] 张淑芳.行政垄断的成因分析及法律对策[J].法学研究,1999(4).

[99] 李伯侨,吴晔.行政垄断的反垄断法反思[J].广西社会科学,2006(2).

[100] 蔡全胜.行政垄断的法理分析与规制[J].中国工商管理研究,2002(3).

[101] 盛杰民.竞争法视野中的行政垄断[J].中国工商管理研究,2000(4).

[102] 张卫国,任燕燕,华小安.地方政府投资行为、地区性行政垄断与经济增长——基于转型期中国省级面板数据的分析[J].经济研究,2011(8).

[103] 于良春,余东华.中国地区性行政垄断程度的测度研究[J].经济研究,2009(2).

[104] 于华阳,于良春.行政垄断形成根源与运行机制的理论假说——基于制度需求供给视角[J].财经问题研究,2008(1).

[105] 丁启军.行政垄断行业的判定及改革[J].财贸研究,2010(5).

[106] 刘继峰.俄罗斯反垄断法规制行政垄断之借鉴[J].环球法律评论,2010(2).

[107] 赖朝辉.行政垄断法律规制渠道的复位——一个反垄断法误区的澄清[J].政法论丛,2002(6).

[108] 黄辉,胡楹楹. 行政许可法在反行政垄断中的地位研究 [J]. 河南省政法管理干部学院学报,2007 (2).

[109] 薛克鹏. 行政垄断不应由《反垄断法》调整 [J]. 山西师大学报(社会科学版),2001 (2).

[110] 顾丽梅. 规制与放松规制——西方四国放松规制的比较研究 [J]. 南京社会科学,2003 (5).

[111] 卢颂华. 美国放松规制改革的发展与启示 [J]. 行政论坛,2002 (3).

[112] 王立平. 管制与放松管制:美国铁路体制改革的启示 [J]. 郑州航空工业管理学院学报,2007 (6).

[113] 宋华琳. 美国行政法上的独立规制机构 [J]. 清华法学,2010 (6).

[114] 黄涧秋. "开放天空":欧盟航空运输管理体制的自由化 [J]. 欧洲研究,2009 (2).

[115] 刘权. 作为规制工具的成本收益分析——以美国的理论与实践为例 [J]. 行政法学研究,2015 (1).

[116] 刘权. 论行政规范性文件的事前合法性审查 [J]. 江苏社会科学,2014 (2).

[117] 席涛. 政府监管影响评估分析:国际比较与中国改革 [J]. 中国人民大学学报,2007 (4).

[118] 刘东洲. 比较西方监管影响评估分析标准——以美国、欧盟与经济合作与发展组织为参照 [J]. 北京工商大学学报(社会科学版),2008 (4).

[119] 石涛. 政府规制的"成本—收益分析":作用、内涵及其规制效应评估 [J]. 上海行政学院学报,2010 (1).

[120] 蒋红珍. 政府规制政策评价中的成本收益分析 [J]. 浙江学刊,2011 (6).

[121] 易宪容. 法经济学的思想轨迹与当前发展 [J]. 江西社会科学,1996 (7).

[122] 吴秀尧. 奥巴马政府监管的行为法经济学分析——"成本收益国家"在"行为时代"的人性化改革 [J]. 时代法学, 2013 (4).

[123] 陈世香. 新公共管理运动期间美国政府规制改革的基本内容及启示 [J]. 武汉大学学报（人文科学版）, 2005 (1).

[124] 韩大元. 宪法实施与中国社会治理模式的转型 [J]. 中国法学, 2012 (4).

[125] 王锡锌. 依法行政的合法化逻辑及其现实情境 [J]. 中国法学, 2008 (5).

[126] 蔡乐渭. 论公共行政变迁背景下行政法发展的新趋势 [J]. 国家行政学院学报, 2009 (1).

[127] 周牧. 欧盟实践中关于国家援助的判定问题——论"可归因性测试"与"市场投资人测试"的适用 [J]. 欧洲研究, 2011 (6).

[128] 孙炜. 关于中国反垄断法中行政垄断规制对象问题探讨——以日本的规制经验为参考 [J]. 经济体制改革, 2010 (5).

[129] 林仲豪. 韩国行政垄断规制改革及其启示 [J]. 青海社会科学, 2007 (6).

[130] 林仲豪. 美国行政垄断规制改革及其启示 [J]. 经济学家, 2008 (1).

[131] 李海涛. 美国行政垄断规制及其启示——兼评我国《反垄断法》关于行政垄断的规定 [J]. 东方法学, 2008 (3).

[132] 张伟, 于良春. 垄断性行业中行政垄断的形成及治理机制研究 [J]. 中国工业经济, 2011 (1).

[133] 关保英. 行政法治社会化的进路 [J]. 法学, 2015 (7).

[134] 秦前红, 李少文. 地方立法权扩张的因应之策 [J]. 法学, 2015 (7).

[135] 张杰斌. 特定行业的《反垄断法》适用问题研究——《中华人民共和国反垄断法》第七条评析 [J]. 北京化工大学学报（社会科学版）, 2007 (4).

[136] 李剑．反垄断私人诉讼困境与反垄断执法的管制化发展［J］．法学研究，2011（5）．

[137] 戴冠来．我国《反垄断法》反行政垄断的效果评析［J］．中国物价，2013（12）．

[138] 李昱，刘筱君．以行政垄断为视角——评中国反垄断法第一案［J］．辽宁法治研究，2009（2）．

[139] 刘薇．公私合作制模式理论阐释及其现实例证［J］．改革，2015（1）．

[140] 陈婉玲．公私合作制的源流、价值与政府责任［J］．上海财经大学学报，2014（5）．

[141] 李政．"国进民退"之争的回顾与澄清——国有经济功能决定国有企业必须有"进"有"退"［J］．社会科学辑刊，2010（5）．

[142] 李亮国，王艳林．农业在反垄断法中的适用除外研究（上）——中国反垄断法第五十六条之解释［J］．河南省政法管理干部学院学报，2008（4）．

[143] 王茂林．论我国反垄断法适用除外制度［J］．西部法学评论，2009（2）．

[144] 吴宏伟，金善明．论反垄断法适用除外制度价值目标［J］．政治与法律．2008（3）．

[145] 李剑．如何制约反垄断主管机构——反垄断主管机构的独立性与程序性制约机制［J］．南京师大学报（社会科学版），2010（5）．

[146] 于立．垄断行业改革与反垄断执法体制的构建［J］．改革，2014（5）．

[147] 冯辉．"油价问题"的法律规制——以产业法与竞争法的功能组合为核心［J］．法律科学，2012（3）．

[148] 郝建臻．美国的独立规制机构［J］．党政论坛，2003（12）．

[149] 邢鸿飞，除金海．论独立规制机构：制度成因与法律要件［J］．行政法学研究，2008（3）．

［150］余晖．受管制市场里的政企同盟——以中国电信产业为例［J］．中国工业经济，2000（1）．

［151］史际春，肖竹．《反垄断法》与行业立法、反垄断机构与行业机关机构的关系之比较研究及立法建议［J］．政法论丛，2005（4）．

［152］孟雁北．我国反垄断主管机构与政府产业规制部门的关系［J］．中国人民大学学报，2015（2）．

［153］张立省．黄金股研究综述［J］．首都经济贸易大学学报．2012（1）．

［154］于秀艳．美国的法庭之友［J］．法律适用，2005（4）．

［155］江秀辉．中国民航运输业市场化改革绩效的实证研究——基于上市航空公司的数据［D］．沈阳：辽宁大学，2012．

［156］张靖．航空公司的反垄断规制研究［D］．北京：中央民族大学，2010．

［157］刘嘉旭．民用航空领域反垄断法适用问题研究［D］．北京：对外经济贸易大学，2007．

［158］秦超．中国民用航空领域的反垄断问题研究［D］．上海：复旦大学，2012．

［159］D. Daniel Sokol. Limiting Anti – Competitive Government Interventions that Benefit Special Interests［J］. George Mason Law Reviews，2009（1）．

［160］Michal S. Gal, Inbal Faibish. Six Principles for Limiting Government-Facilitated Restraints on Competition［J］. Common Market Law Review, 2007（1）．

［161］OECD. Regulated Conduct Defence［R］. DAF／COMP（2011）3.

［162］OECD. State Owned Enterprises and the Principle of Competitive Neutrality［R］. DAF／COMP（2009）37.

［163］OECD. Guiding Principles for Regulatory Quality and Performance［R］. http：//www.oecd.org/ fr/reformereg/34976533.pdf

[164] OECD. Competition Assessment Principles 2.0 [R]. 2011.

[165] OECD. Competition Assessment Guidelines 2.0 [R]. 2011.

[166] OECD. Competitive Neutrality and State-Owned Enterprises: Challenges and Policy Options [R]. OECD corporate Goverancce Working Papers, No.1, 2011.

[167] OFT. Government in markets: Why Competition Matters-a Guide for Policy Makers [R]. 2009.

[168] Anthony I. Ogus. Regulation: Legal Form and Economic Theory [M]. Oxford: Hart Publishing, 2004.

[169] Stephen Breyer. Regulation and Its Reform [M], Cambridge: Harvard University Press, 1982.

[170] Richard A. Posner. Theories of Economic Regulation [J]. Bell Journal of Economics and Management Science, 1974 (2).

[171] Charles Wolf A Theory of Non-Market Failure [J]. Journal of Law and Economics, 1978 (2).

[172] George J. Stigler: The Theory of Economic Regulation [J]. Bell Journal of Economics, 1971 (2).

[173] Zhengxin Huo. A Tiger without Teeth: The Antitrust Law of The People's Republic of China [J]. Asian – Pacific Law & Policy Journal, 2008 (1).

[174] Miao Ye. The Situation of Income and Distribution in Monopoly Industries and the Public Policymaking [J]. Asian Social Science, 2008 (9).

[175] SUN Jin. On the Defects of Administrative Monopoly in China's "Anti-Monopoly Law" and Its Improvement [J]. Canadian Social Science, 2010 (2).

[176] Wang Xiaoye. Issues Surrounding the Drafting of China's Anti-Monopoly Law [J]. 3 WASH. U. GlOBAL STUD. L. REV. 285 (2004).

［177］ Wang Xiaoye. Highlights of China's New Anti - Monopoly Law, Antitrust Law Journal, Vol. 75 2008.

［178］ Mark Williams. Competition Policy and Law in China, Hong Kong and Taiwan ［M］. Australia: Cambridge University Press, 2005.

［179］ Bruce M. Owen, Su Sun, Wentong Zheng. Antitrust in China: The Problem of Incentive Compatibility ［A］, Conference on China's Policy Reforms: Progress and Challenges, October 14 - 16, 2004. Stanford Institute for Economic Policy Research.

［180］ Jacob S. Schneider. Administrative Monopoly and China's New Anti-Monopoly Law: Lessons from European State Aid Doctrine ［J］. 87 WASH. U. L. REV. 869（2010）.

［181］ W. A. Jordan. Producer Protection, Prior Market Structure and theEffects of Government Regulation ［J］. Journal of Law and Economics, 1972（1）.

［182］ Ernest Gellhorn, William E. Kovacic, Stephen Calkins: Antitrust Law and Economics（5th ed.）［M］. West Publishing Co. 2004, 567-588.

［183］ James C. Cooper, Paul A. Pautler, Todd J. Zywicki. Theory and Practice of Competition Advocacy at the FTC ［J］. Antitrust Law Journal, Vol. 72, No. 3, 2005.

［184］ Andrei Shleifer: State versus Private Ownershipp ［J］. Journal of Economic Perspectives, 1998（4）.

［185］ Stephen Brooks: The Mixed Ownership Corporation as an Instrument of Public Policy ［J］. Comparative Politics, 1987（1）.

［186］ Hamid Beladi, Chi-Chur Chao: Mixed Ownership, Unemployment and Welfare for Development ［J］. Review of Development Economics, 2006, 10（4）.

［187］ Eleanor Fox. Antitrust and Institutions: Design and Change ［J］. Loyola University Chicago Law Journal, Vol. 41, 2010.

［188］ Paul R. Verkuil. The Purposes and Limits of Independence Agencies［J］. Duke Law Journal, 1988（7）.

［189］ Curtis J Milhaupt, Katharina Pistor. Law & capitalism: what corporate crises reveal about legal systems and economic development around the world［M］. Chicago: The University of Chicago Press, 2008.